증권사, 건설(시공)사, 건축주, 은행원, 부동산 금융(IB) / PF 담당자를 위한

**사례로 익히는 부동산 개발 사업**

*시행사의 오답 노트*

# 디벨로퍼 프로젝트 인사이트

박대순 지음

드림디벨롭

## INTRODUCTION
# 두 번째 책을 시작하면서

처음 책의 제목으로 정한 것은 '초보 야생러의 소소한 인사이트 주저리'였으나, 출판사 대표님의 의견이 좀 더 좋을 듯하여 책 제목은 "디벨로퍼 프로젝트 인사이트"라고 정해 보았다.

2021년 6월 30일은 내 삶에서 기념할 만한 날이라 할 수 있다. '사파리인생이론'이라는 제목의 첫 번째 책이 세상에 나온 날이고, 다시금 야생으로 온전히 나오게 된 날이다. 직장에 속해 있을 때는 업무를 보던 중간이거나, 연속되는 업무가 끝나고 다른 업무를 시작하기 전인 업무 사이의 자투리 시간을 나를 위한 시간으로 배정하거나, 혹은 배정했더라도 이런저런 일들로 인해 온전히 제 목적(나를 위해)으로 사용하기가 어려웠던 것이 현실이었다.

첫 번째 책을 쓸 때 잠시 어느 곳에도 속하지 않은 시기였었는데, 지금 이렇게 두 번째 책을 써 보리라 마음먹은 시점도 공교롭게 프리한 상태가 된 것이다. 물론 아무 일을 하지 않는 것은 아니다. 느슨한 연대, N잡러로 2~3곳의 발주처 일을 후방에서 지원 사격 하는 일을 하고 있는 중이다. 그것도 재택근무로 말이다. 그렇기에 뭔가 나를 위한 알찬 시간을 배정하고, 그 목적에 맞게 쓸 수 있는 환경이 딱 안성맞춤인 상태라 생각이 든다. 서점에 출간되는 자기 계발서에 보면 직장에 다니면서 혹은 어느 조직의 일원이었을 때도 스스로의 의지에 따라서 책도 쓸 수 있다고 하는 책들도 나오긴 하던데, 혹시 의지의 문제였을까 하는 의문을 스스로에게 잠시 물어본다. 그러나 나는 이렇게 프리한 상태에서 글을 써 내려가는 것이 더 맞는 거 같다.

책을 세상에 내보인다는 것에 대해서 잠시 회상해 본다면, 첫 번째 책(사파리인생이론)을 세상에 선보일 때도 우여곡절은 있었다. 책의 내용은 일주일에서 열흘 정도에 다 썼지만, 그 이후가 문제였다. 출판사에 원고를 제출해도 연락은 없었고, 연락이 오는 출판사에서는 해당 출판사의 콘셉트, 방향성과 맞지 않는다며 미안하다고 타절하는 연락이 왔다. 기억을 해 보자면 10곳 넘는 곳에 원고를 보냈던 거 같다. 그런데 단 한 군데에서도 오케이한 곳이 없었다. 그러다가 비용을 지불해서라도 출판을 하고 싶다는 생각에 이르러 아내와 상의 끝에 2021년 6월 30일에 첫 번재 책 '사파리인생이론'이 세상에 태어나게 된 것이다. 그때 나의 원고를 알아봐 줄 곳이 있겠지 하면서 출간을 결심하지 않았다면 아마 많이 후회했을 것이라 생각이 든다. 지인들에게 책을 선물하기도 했고, 무엇보다 23년간 디벨로퍼를 업으로 살아온 내 스스로의 자서전 성격을 가진 그 책이 내게 주는 의미를 경험하지 못했을 것이리라.

앞서 출간된 '사파리인생이론'의 주된 내용은 신생, 보육 〈 동물원

〈사파리〈 야생의 공간을 인생과 비유하고, 각각의 공간에서의 특징과 함께 무한 경쟁이기는 하지만 더 큰 무대인 야생을 지향해야 한다는 내용을 담고 있다. 꼭 공간의 이동을 권하는 것이 아니라 생각의 확장성, 생각의 자유로움, 그리고 마음먹은 대로 커질 수 있다는 생각의 디벨롭을 이야기하는 내용이다.

시간적으로는 내가 부동산과 관련된 일을 시작했던 2000년부터 야생적인 생각을 품고 프리한 상태로 야생으로 나와서 생활하던 시간 중 2019년 10월 31일까지의 기간을 주로 이야기하고 있다. 물론 그 시간 이후의 야생에서 좀 더 디벨롭 된 내 생각들이 투영되어 과거를 회상하고 기억하여 쓴 글이기 때문에 현재와 큰 이견은 없다고 볼 수 있을 것이다. 조금 미화된 부분이 있었을 수도 있다. 수첩, 컴퓨터 파일들의 기록과 특별히 생겨난 일들에 대하여 소재를 삼고 이야기를 풀어 갔었던 책 내용이었다.

그렇게 출간하고 나서 시간이 좀 흘러서 두 번째 책에 대한 생각이 문득 들었다. 그 뒤인 2019년 11월 1일부터 조금은 다른 국면의 제대로 된 야생을 다시 시작하는 내 모습과 그때 다양한 사람들과 함께 겪었던 야생의 시행 프로젝트, 용역 업무 등에 대해서도 내가 느낀 인사이트를 좀 남겨 보고 싶다는 생각이 들었다. 그리고 그 내용들이 어떤 누군가에게 좋은 영향으로 혹은 재미난 이야기로 읽히면 좋겠다는 생각을 했다. 어찌 보면 그때가 정말 찐 야생에서 시행 프로젝트를 소싱하던 시기였고, 별의별 사람들과 다양한 프로젝트들을 겪어나가면서 야생을 경험했다고 생각되는 시기이기도 해서 그때의 내용을 좀 더 사례적으로 담아 볼까 하는 생각을 하게 되었다.

다시 종이 책으로 인쇄를 할 것인지에 대해서의 고민도 해 보았고, 전자책 출판에 대해서도 고민해 보았으나, 첫 번째 책이 출판사의 창고에, 우리 집에 재고가 있는 상황에서 두 번째 책을 서둘러 준비하는 것보다는 지난 일들을 정리하고 내 느낌을 다시 생각해 내고 떠올리면서 블로그에 연재하는 형식으로 준비해 보는 게 나을 거 같다는 생각에 이르게 되었다. 그렇게 정리라도 해 두면 향후에 종이 인쇄 혹은 전자책 등의 방법으로의 전환은 아무것도 베이스가 없을 때보다는 나을 거 같아서다. 어떤 발상이든 최초의 생각은 시간이 지나면 그 느낌도, 그 생각이 주는 인사이트도 감소하기 때문에 이 느낌 그대로 주저리 하는 게 좋겠다는 생각이 들었다. 그래서 일단 블로그에 깊은 관여도가 있었던 프로젝트에 대해서의 소싱과 클로징의 과정 그리고 협업했던 사람들 그리고 인사이트에 대해서 적어 나가기 시작했다.

난 아직도 사파리와 야생을 넘나들면서 박쥐와 같은 모습으로 생활하고 있다는 생각이 강하게 든다. 전술한 것과 같이 느슨한 연대, N잡러의 생활로 야생의 생활은 해 나가면서 여전히 시행 프로젝트를 찾아 야생을 돌아다니고 있기 때문이다. 그러나 한편으로는 당장 처해진 일에 따라 스스로의 정체성이 모호해지는 상황이 발생하는 것이 힘들다는 것도 경험했다. 확고하게 정해진 방향성 내에서의 다양성, 유연함과는 다른 이쪽에 비가 오면 저쪽으로 또 저쪽에 눈 오면 이쪽으로 옮겨 다니면서 편안함과 회피의 대상으로 사파리와 야생을 이용하지 않았나 하는 생각도 든다. 그런 의미에서 앞으로의 내가 가야 할 방향성도 보다 확고하게 정해야겠고, 아직은 시행 프로젝트를 찾아다니는 디벨로퍼로서 그간 느꼈던 소소한 인사이트에 대해서 정리를 해 보는 게 좋겠다는 생각이 들었다. 다행히 이번 책의 주요 근거가 되는 2019년 11월 1일부터 하루도 빠짐없이 다이어리에 야생에서의 일정 등을 적어 두었기에 꽤 시간이 지난 과거의 일들에 대해서 충분히 기억을 생생하게 끌어낼 수 있었다.

  이 책은 예전의 기록, 남김, 흔적 등이 충실히 남겨져 있기에 많은 도움을 받았다. 더더욱 기록에 힘써야 하는 이유가 여기에 있음을 절실히 느낀다. 생각이나 기억만으로 떠올릴 수 있는 그 순간순간의 시간과 느낌은 한계가 있을 수밖에 없기에 디벨로퍼는 더더욱 기록에 힘써야 한다. 스스로를 위해서도 말이다. 경험했던 프로젝트들은 2~3년 동안의 일들이지만, 경험하면서 얻은 인사이트는 지금도 큰 교훈을 주고 있고 실제 프로젝트를 경험할 때마다 좋은 가이드가 되어 주기도 한다. 한 번 이상 일어난 일이라면 그런 패턴으로 다양하게 언제든 일어날 수 있음을 의미하는 것이기 때문에 야생 곳곳에서 자주 접할 수 있는 일일 것이며, 스스로의 몸에 체득되어 까먹지 않을 수 있을 것이다.

야생에서 시행 프로젝트를 소싱하고 클로징하는 것은 무한 경쟁이기 때문에 언제든 무엇이든 경계하고 조심히 접근하지 않으면 내가 온 마음 다해 집중했던 그 시행 프로젝트를 제때 클로징하지 못할 수도 있다. 그래서 경험이 중요한 것이다. 프로젝트에 나오는 숫자, 금액이 1이거나 혹은 100인 것이 중요한 것은 아니다. 그 상황 그때의 각자의 이해관계 등이 보다 중요할 수 있기도 하다. 또한 케이스로 다뤄진 25가지의 프로젝트는 야생에 나와서 내가 직접 겪었고 실제 그 미팅 장소에서도 함께 있었기 때문에 더 값진 사례라고 생각한다. 그런 의미로 다뤄지는 사람들의 실명은 가급적 배제했고, 머리글자로 대신해 본다. (다뤄지는 프로젝트에 대한 추가 자료가 궁금하다면 이메일로 의견을 남겨 준다면 오픈해 보려고 한다.)

야생에서 보냈던 그간의 방황을 묵묵히 지켜보고 응원해 준 가족(경선, 상진, 현아, 그리고 막내 라오니)에게 고맙고 사랑한다고 말해 주고 싶다.

2024년 12월 23일 케렌시아에서

## CONTENTS
## 목차

—— 두 번째 책을 시작하면서     003

**01**    공짜 점심은 없다. 정신 차리자.     016

세상에 공짜는 없다. 야생에서는 더더욱 그러하다.
야생 초짜라면 불리한 상황 속에서라도 뭐든 배우고 그 속에서 인사이트를 얻어야 한다. 그래야 이롭다.

**02**    봉이 김선달?     028

2018년 10월 야생에서의 첫 시행 프로젝트를 만나다.
첫사랑은 잘 이루어지지 않는다고 했던가.

**03**    꼭 상대방의 패를 확인한 뒤 액션해야 한다.     042

도시 개발 / 지구 단위 사업 분야의 규모 큰 시행 프로젝트를 지인들과 협업을 해 본다.
야생에서도 신뢰는 생명이다. 서로 믿지 못하면 클로징은 물론 1%의 이익도 없을 뿐더러 아무도 이익을 취할 수 없다.

**04**    보는 것과 하는 것은 천지 차이다.     056

소싱된 사업지에 직접 서 보면 느낌이 온다.
시행 프로젝트도 종이 서류, 온라인의 모습이 아닌 현장에서 제대로 마주해 보면 그 느낌이 다르듯 말이다.
BUT, 느낌 좋은 것, 제대로 보는 것과 클로징의 결과는 전혀 다를 수 있다.

## 05   믿는 도끼에 발등 찍히기가 쉽다.   068

야생에서 만나는 어떤 업무에 대해서라도 소싱하고 클로징하는 것은 운도 따라야 하지만, 그 운을 전적으로 믿을 경우에는 큰 낙심이 뒤따를 수 있다.

## 06   프로젝트 소싱도 전략이다.   084

큰 시행 프로젝트 옆에는 비슷한 환경에 자리하려는 또 다른 멋진 시행 프로젝트가 있을 가능성이 크다.
그러니 큰 시행 프로젝트 주변을 주목해야 한다. 그러면 소싱, 클로징의 가능성을 조금이라도 높일 수 있을 것이다.

## 07   친구들을 잘 사귀어야 한다.   096

안성맞춤 PM 용역을 거의 다 수주했다고 자신 있게 생각했는데~ 아쉬웠지만 프로젝트 소싱, 클로징 과정에서 조화로운 특기를 가진 지인들과 후배와의 협업으로 코웍을 해 보다.

## 08   소싱이 수월하면 이익은 조금 내려놔야 한다.   106

멋있음은 물론 약간의 욕심과 의지만 있었으면 클로징하기 아주아주 손쉬운 시행 프로젝트였었는데~ 의사 결정자가 아니다 보니 끝까지 주장할 수 없었던 아쉬움이 큰 순간을 남긴 사업지였다.

## 09   본격적인 업무에 들어가기 전에는 꼭 도장을 찍어야 한다.   116

구두로의 착취에 속지 말고, 맹목적인 프로젝트 소싱에만도 정신 팔리지 말아야 한다.
당장 그 일, 그 프로젝트가 아니면 죽을 것 같은, 다른 대안이 없는 것 같은 마음이 들어 조바심이 들겠지만, 기다리면 또 다른 양질의 프로젝트 혹은 다른 파생적인 디벨롭 관련 용역들이 나타나기도 한다. 그게 야생이다.

**10** '감'이 온다면 제대로 우겨라도 보자.　　　　　　　　**128**

순간적인 그 느낌을 무시하지 말자.
기회는 여러 번 오지 않기도 하지만 어쩌면 순간적인 그 느낌이 바로 기회일 수 있다.
밑도 끝도 없는 스스로의 '감'을 너무 무시하지 말자. 야생에서 보고 듣고 느낀 것들이 축적된 '감'일 수도 있으니 말이다.

**11** 머뭇거려지더라도 전할 말은 전해야 한다.
그게 모두에게 이롭다.　　　　　　　　　　　　　　　**142**

온 힘을 다해 클로징하려고 노력했지만, 연기처럼 사라지는 시행 프로젝트들을 만날 수 있다. 그럼에도 불구하고 다시금 힘을 내야 한다.
단, 인솔자는 프로젝트에 대한 시작과 맺음을 잘 전파해 주어야만 모두가 기운 빠지지 않고 오해 없이 힘을 더 낼 수 있을 것이다.

**12** '너만 특별히~'라는 프로젝트는 패스!　　　　　　　**152**

보이는 게 전부가 아니다. 멋진 것에 현혹되지 말고, 그 뒤편의 진짜를 보아야 한다. 야생에서는 그 누구도 그냥 멋진 시행 프로젝트를 나의 손에 쥐여 주지 않는다.

**13** 풀 매듭은 여러 개가 있다. 그러니 하나하나 풀어 나가자.　**164**

끝까지 가 보지 않은 상황이라면 혹은 사업지를 검토하는 중간에 내려놓고 싶을 때, 가고자 하는 방향의 그 끝에 하나의 희망이라도 있어 보인다면~ 최선을 다해서 클로징에 전념해야 할 것이다. 최선을 다한 뒤에 클로징이 안 된다면 스스로에게 뭐라도 남을 것이다. 그게 야생이다.

**14    나에 대한 이기적인 레버리지 접근은 사양해야 한다.    178**

야생에서 더 큰 프로젝트를 그리고 더 먼 곳에 있는 프로젝트를 찾아나서 러면…… 좋은 동료를 꼭 찾아서 함께해야 한다. 그래야 이룰 수 있다. 결국 사람이다.

**15    최선을 다하지만, 운칠기삼은 받아들이자.    192**

디벨로퍼가 야생에서 오래 버티기 위해서는 사업지를 보는 안목을 길러야 한다. 급하다고 아무 사업지, 프로젝트나 계약해서는 야생에서 오래 살아남을 수 없다.
계약은 짧고, 정상화는 오래 걸린다, 아주 오래~

**16    급한 요청의 프로젝트는 더더욱 집중해서 봐야 한다.    206**

계속되는 클로징의 실패에 지치지만, 그럼에도 불구하고 힘을 내어 본다. 프로젝트의 소싱부터 제대로 짚어야 클로징에 다가갔을 때 엉뚱한 답이 나오지 않기도 하고, 체력을 아끼고 안배하면서 더 많은 프로젝트를 들여다볼 수 있을 것이다.

**17    늘 나를 바라보는 주변의 시선을 잊지 말자.    218**

진정한 디벨로퍼라면 어디서 어떤 모습일지라도 최선을, 열정을 다해야 하며, 딜 소싱부터 클로징 결과야 어찌 되든 마지막 손을 떼는 그 순간까지 협업하는 동료에게도 최선을 다해 대해야 한다.

**18    깨끗해 보여도 먹던 밥은 티가 난다.    230**

시행 프로젝트를 매매하기로 클로징 결정하는 그 순간의 선택이 10년을 좌우한다.
상대편에서 제대로 보여주지 않으면 뭔가가 있는 거다. 의심해 보자. 결론적으로 뭔가를 감춘다면 클로징하면 안 된다.

**19  새로운 것 배우는 시간이면, 하던 것에 더 집중해 보자.    246**

100% 완벽한 시행 프로젝트가 어디 있던가.
서로를 믿어야 하는데 상호 믿음이 없다면 사업의 진행은 없을 것이다.
불신은 서로의 시간을 갉아먹고 서로에게 상처만 남기게 될 것임은 분명하다.

**20  다 믿어서는 안 된다. 직접 챙겨야 한다.    258**

제대로 된 멋진 사업지는 그리 호락호락하게 소싱 되거나 클로징 되지 않는다. 어떤 리스크가 있는지는 반드시 다음다음다음다음~의 것까지 잘 살펴야 한다.

**21  실패하더라도 안 되는 거 되도록 해야 하는 것이
디벨로퍼다.    272**

야생에서의 소싱과 클로징의 성공은 '운'이 따라 주어야 한다.
그래서 더더욱 사업지를 찾는 디벨로퍼는 늘 최선을 다해 사업지를 살펴야 하고 클로징하기 위한 최선의 전략을 변화하는 상황에 맞춰 지속적으로 수정해야만 한다.

**22  주제 파악을 먼저 해야 한다.    282**

사업지는 모두 다 저마다의 사연이 있기 마련이다.
그 사연을 제대로 해석하고 헤징 방안을 본인의 스타일대로 디벨롭해야 멋진 사업지를 클로징할 수 있다.

**23** **스스로를 과소평가하지 말고, 일단 예스라고 해 보자.** 294

못 해낼 것이라는 걱정보다는, 더 잘 해낼 것이니 용역 비용을 좀 더 높여 달라고 하는 방향으로의 생각 전환이 야생에서는 필요하다. 그리고 온 힘을 다해서 기대하는 것 이상으로 좀 더 잘 해내면 된다.

**24** **'영점' 조준 사격은 한 번이면 족하다.** 306

야생에서의 소소한 경험치도 중요하지만, 모든 경험을 다 할 수는 없다. 그러니 안 되는 것은 빠르게 NO라고 이야기해야 한다. 끌어안고 고민하지 말고 그 고민을 NO라고 밝히고 그 고민에서 탈출해야 한다. 소소한 경험에 대한 욕심이 스트레스로 이어지고 스스로에게 화만 불러올지도 모른다.

**25** **겸손해할 줄 아는 프로젝트를 만나야 한다.** 318

코브라가 몸을 부풀리듯, 모든 사업지들은 순간순간 몸을 부풀린다. 그 부풀림에 속으면 안 된다. 모든 의사 결정의 중심에는 스스로의 기준이 있어야 한다.

— 글을 마치면서······ 328

**26** **부록**

등장인물 소개 INTRODUCTION OF CHARACTERS  334
인터뷰 INTERVIEW  350
추천사 RECOMMENDED WORD  366

:........................:
: **PROJECT INSIGHT** :
:........................:

세상에 공짜는 없다. 야생에서는 더더욱 그러하다.
야생 초짜라면 불리한 상황 속에서라도 뭐든 배우고 그 속에서 인사이트를
얻어야 한다. 그래야 이롭다.

01

# 공짜 점심은 없다.
# 정신 차리자.

## 01

*"세상에 공짜는 없다.
야생에서는 더더욱 그러하다.
야생 초짜라면 불리한 상황 속에서라도 뭐든 배우고
그 속에서 인사이트를 얻어야 한다.
그래야 이롭다."*

 

잠시 사파리에서 야생으로 나왔을 때 초반의 기억을 소환해 보려고 한다. 책 쓴다고 그래도 좀 더 깊게 고민했던 프로젝트들에 대해서 정리해 두었는데 그 파일들을 다시 정리하다 보니 웃픈 시절이 회상된다.

내 경우는 사파리에서 손에 거창한 시행 프로젝트를 들고 한껏 부푼 기대감으로 야생으로 나왔다기보다는 그냥 잘될 것이라는 막연한 기대감을 가지고 야생으로 발을 내디뎠다고도 볼 수 있다. 딱~ 이거다~! 하는 시행 프로젝트도 발견하지 못했고, 지인 중에 함께해 보자고 이야기도 없었던 상태에서 야생으로 나왔었다. 자의적으로 야생에 호기롭게 나왔으나, 사파리에서의 정해진 식단과 특식이 익숙했던 시점이다 보니 시행 프로젝트를 찾기는 할 것인데 바로 안 찾아지는 경우라면 사파리에서의 경력과 비슷한 일을 하면서 별다른 고민 없이 휴리스틱하게 할 수 있는 일을 곧바로 찾아서 하면 되겠거니 생각을 해 보기도 했다. 그런 생각 속에 당장은 야생에서 조금 편안하게 생활하기 위한 추진력을 얻어 볼 심산으로 수도권에 위치한 건설사에 이력서를 제출한 뒤, 면접 일정이 잡혀 면접을 보러 가게 되었다.

나름 수도권에서는 시행도 하고 건설도 하는 종합 건설 회사인 그곳에서 도착해서 나보다 앞선 면접자가 면접을 보는 시간 동안 잠시 접객실에서 대기를 하고 있었다. 건물 내부 곳곳에 인테리어가 '올드'하게 그러나 무게감 있게 되어 있는 것을 눈으로 구경도 하고 어떤 곳일까 어떤 사람들이 모여 있을까 하는 생각들도 해 보았다. 그리고 합격하게 된다면 건설사에서의 근무는 처음이다 보니 시공사에서의 근무는 어떤 느낌일까? 기존 개발 회사와는 많이 다르겠지? 하는 다양한 긍정적 생각들이 머릿속에서 가만히 앉아 있는 나를 계속 생각하고 상상의 나래를 그려 보도록 재촉했다.

앞선 면접자의 면접이 끝나고 내 차례가 되어 회장실에 들어가서 건설사 대표인 회장님과 직각으로 앉아서 면접을 시작하게 되었다. 이력서를 근거로 이런저런 사항들을 물어 왔고 무난하게 대답한 거 같긴 한데, 결과적으로 입사는 안 되었다. 그런데 좀 특이했던 것은 면접을 본 건설사에서 안성 쪽에 매입해 둔 상업 용지가 있는데 어떻게 개발해야 할지 내부적으로 의견이 분분하니 나에게 그 사업지에 대한 간략한 시장 조사 보고서 혹은 검토 의견서를 제출해 줄 수 있겠느냐고 하는 이야기를 물어 왔던 거였다. 흔히 생각하는 제대로 된 회사, 조직, 취업 일정이라면 입사 일정 확인하고 입사해서 해당 현장을 담당으로 맡고, 그리고 난 뒤에 문제점, 개선 방안, 활성화 전략 등을 계획하고 의논하면 될 일이라 생각했다.(어차피 의견이 내부적으로 분분하다고 했으니 당장 급하게 뭘 할 것이 아니라면 말이다.)

다른 한편으로는 회사 입장에서도 이력서 하나만 가지고 혹은 면접 보는 시간 동안의 그 대화를 가지고 중간 관리자급을 채용하는 것이 부담일 수 있겠다는 생각도 들기도 했다. 더 보태자면 내가 어떤 수준인지 나에 대한 포트폴리오 혹은 내가 작성하는 페이퍼(사업 계획서, 시장 조사 보고서, CF 등), 그리고 내가 가진 디벨로퍼로서의 자질을 보고 싶은 것이라는 생각도 들었다. 그렇게 나를 내 스스로 이해시키면서 시장 조사 검토 의견을 제출하겠다고 하고 면접을 마무리 지었다.

물론 이전부터의 경험상 면접장에서 채용하는 입장을 무기 삼아 면접자에게 이런저런 아이디어를, 보고서 작업을, 시장 조사차 현장에 다녀오는 수고를 요구하는 경우가 있는 건 비일비재한 것이야 알고 있었다. 그리고 그건 양아치들이나 하는 방식이라고 생각이 들었지만 면접 본 곳은 시행, 시공을 함께하는 그래도 나름 네임 밸류 있는 회사가 아니었던가. 그런데 막상 그 상황에 내가 직면하게 되니 Yes라고 대답할 수밖에 없는 그런 묘한 상황이기도 했다. 되짚어 생각해 봐도 안타까운 현실이다. 또한 시장 조사를 다녀와서 아이디어를 담은 보고서를 접수한 뒤 기름 값이라도 준다고 했는데 그에 대한 비용 정산을 받지도 못했다. 참 약속은 안 지킨다.

며칠 지나지 않아 사전 조사를 위해 안성 해당 토지 및 주변에 대한 자료를 리서칭하여 기본적인 개념을 잡고 나서 카메라를 챙겨 시장 조사를 하러 출발했다. 나름 사파리의 개발 회사에서 대형 상업 시설 3개(각각 연면적이 1만평이 넘는 대형 상업 시설이다) 현장의 콘셉트 도출, 인허가, 마케팅, 준공, 민원 등을 챙겼기도 했고, 대학 재단에서 직영으로 운영하는 임대 상가의 MD, LM도 했던 경험치가 있었기에 '상업 용지'에 대한 개발 콘셉트 및 개발 방향에 대해서의 정리는 큰 부담은 없었으나, 모르는 동네, 처음 가 보는 지역에 대한 '지역성'과 더불어 해당 지역에서 벌어지는 미묘한 수요 흐름 등에 대해서는 직접 가 보지 않으면 알 수 없기 때문에 그 부분을 빠르게 캐치하는 것이 관건이라 생각하면서 현장에 도착했다.

면접을 본 회사에서 매입한 토지는 기반 시설 조성 공사가 다 완료된 계획 구역 내에 위치한 상태였고 주변으로는 필지별로 막 공급이 진행되는 상황이었다. 향후 분명 주변 부지에 건물이 들어서서 배후 주거, 상업 시설이 어우러지는 '블록'을 형성할 것이라고 생각이 들기는 했지만, 당시에는 그냥 휑한 상업 지역이었다. 그러다 보니 면접 본 회사에서도 어찌해야 할지 고민했던 것이 아니었나 싶다.

주변 단지 내 상가 분양 사무실을 들러서 분위기에 대해서 물어도 보고, 발로 몸으로 현장을 기억하기 위해서 해당 지역을 크게 그리고 좁게 지그재그로 사선으로 등등 걸어 보았다. 그렇게 시장 조사를 마치고 내용을 정리하고 사업 수지를 앞혀 보았더니 생각보다 큰 매력이 없는 수치들로만 조사되었다. "아~ 그래서 토지를 사 두고도 진행을 하지 못하고 생각이 많구나"하는 생각이 들었다. 그러나 조사되어 보이는 숫자들을 기초 삼아 사업 진행이 어렵다는 내용으로만 소견을 작성하여 보낸다면 면접의 성패와 연결될 수 있다는 생각이 들었기 때문에, 현장의 상황은 어려운 상황이었지만, 그 상황 속에서도 뭔가 방향성 제시를 위해서 노력해 내기 위해서 아이디어를 짜내기 시작했었다. 최종적으로 현장 시장 조사를 통해서 보고 듣고 체감한 내용을 기반으로 하고, 그간의 경험으로 쌓은 내 스스로의 디벨로퍼적인 생각들을 디벨롭하여 보고서를 정리하고 메일을 보냈다.

그런데 그러고 나서 한동안 연락이 없었다. 메일 수신은 한 것으로 확인되는데 연락이 없다면 채용 의사가 없다는 것일 거였다. 그럼에도 불구하고 바로 직전까지 사파리에서 왕성하게 근무했던 나였기에, 나는 나 스스로에게 아주 매력이 넘치기 때문에 입사에 대해서 크게 걱정하지 않아도 된다고 판단을 했던 거 같다. 시장 조사부터 전략까지 다 재다능하니 곧 연락이 올 것이라고 생각을 굳게 했었다. 머잖아 나에게 큰 경종을 울리는 상황이 되어 감을 그때는 알지 못했던 거 같다. 왜? 이렇게 정성껏 내용을 정리하고 아이디어도 좋고 다재다능한데 왜? 하는 생각으로만 지켜보다가 회장님에게 문자를 보냈다. 이 글을 적으면서 다시 확인해 보니 4번 문자를 보냈는데 답변은 없었다. 씁쓸한 야생에서의 방황 1탄이라고나 할까……. 그런 일들이 있었다.

몸은 야생에 나섰다고는 하지만, 아직 정신 자세까지 온전히 야생에 나온 게 아니었던 시기(퇴사하고 한 달 이내에 벌어진 일이다)에 "이것이 야생이다"라고 하는 것을 알게 해 준 에피소드였다. 내 중심으로만 이야기해 보자면 채용을 빌미로 해서 난 '이용당한 것'이고 상대편의 관점에서 이야기해 보자면 채용을 위해 최선을 다했는데 모자라는 부분이 있었던 거다. 고로 '순진하다. 세상 물정 모른다고 이야기해도 될 만큼 어리바리했던 상황이 아니었을까. 그게 가장 명쾌한 설명이지 않을까 싶다. 그러나 그 면접 상황에서 보고서를 부탁해 오는 그 요청에 대해서 이번 허들만 넘으면 취업이 될 것이고 다시금 사파리의 그 안락함에 기댈 수 있는 상황이 될 수 있는 '미션'일 것인데 내가 No라고 이야기할 배짱은 없었던 것이었다. 그러니 야생에 나가서도 누구에게든 뒤통수를 맞거나 속임을 당할 수 있는 자만심과 전략적이지 못했던 나 스스로이었음을 창피하지만 부인하지는 않겠다. 그나마 시장 조사 다녀온 것 그리고 수고를 들여 보고서를 쓴 것 정도로만 큰 경험치를 쌓은 것을 오히려 고마워해야 하는 걸까 싶기도 하다.

그만큼 야생은 거칠고 잠시 멍하니 있으면 코 베어 가는 세상임을 진작에 알았어야 했는데 말이다. 당장 No라고 이야기하는 게 결코 리스

**01** 공짜 점심은 없다. 정신 차리자.

크하지 않다는 것을 알았어야 했는데, 그 사파리의 밥, 특식, 간식에 눈이 멀어서 무엇이 중요하고 어떤 방향으로 가야 하는지에 대한 중심을 잡지 못하다 보니 눈앞에 있는 하나하나의 그 이해관계에만 집중하면서 스스로를 더 힘들게 하는 판단과 결정을 불가피하게 내리는 모습을 보이게 되는 것이 아닐까 싶기도 하다. 길게 보고 방향성을 제대로 잡았어야 하는데 말이다. 입사를 볼모로 이것저것 부당한 것을 시키는 것에 대해서 제대로 들여다보지도 않고 스스로를 설득하면서 합리화시켰던 그런 자세가 웃음이 나온다. 바로 눈앞의 입사에 대한 유혹, 입사 후 받게 되는 식사, 특식, 그리고 무턱대고 입사한 이후에 대한 불확실성에 대한 것들에만 집중하면서 현실을 직시하지 못했던 내 모습이 이제야 보이게 되는 것이 안타까운 마음이 든다.

• 배치도

• 현장 모습

- 사업지 위치

- 약식 사업 수지

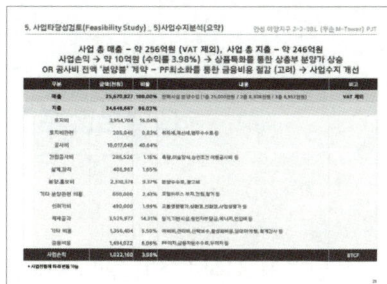

어느덧 2018년 기준으로 6년이 지나고 있는 상황에서 지난 그 시절의 나를 바라보니 측은한 마음도 든다. 시간이 지나서 그때 작성했던 시장 조사 보고서를 통해 어떻게든 야생에서 시행 프로젝트를 소싱하고 클로징하면서 지내 보려고 노력했던 그때, 그 나름대로의 최선의 모습들을 다시 보게 되니 다양한 생각, 느낌이 든다. 야생은 쉬운 공간이 아니다. 늘 뒤로만 빼 앉는다면 그게 고착화되고 습관이 되어 야생에서의 주변인이 될 수밖에 없음을 기억해야 한다. 어디서든 제 목소리를 내고 자신이 잘하는 것을 해야 하고 최선을 다해 나가야 한다. 안주하려고 하면 안 된다. 늘 노력해야 한다. 진심을 다해서 그런 내실을 다진 다음에 시행 프로젝트를 찾아나서도 늦지 않는다. 당장 배고프고 춥고 힘든 것은 누구에게나 있을 수 있다 그걸 이겨 내야 한다. 그래야 더 배부르고 따뜻하고 더 즐겁고 행복하게 보낼 수 있는 것이다. 그냥 얻어지는 건 이 세상에 아무것도 없다. 야생에서는 더더욱 그러하다.

## 디벨로퍼 프로젝트 인사이트 1

달콤한 '취직'의 안일함에 취해, 이용당했던 기억의 순간이었다. 살다 보면 이런 일들이 한번씩은 있었을 것이라 생각을 해 본다. 이것만 되면~ 인천 앞바다에 배 들어오면~ 투자 받으면~ 등등 디벨로퍼 업계에서는 스스로의 이익을 위해 별의별 트로피를 당근 삼아서, 설계, 대행사, 광고사 등의 노동력을, 그들의 시간을 갉아먹고 있기도 하다.

그 트로피에 눈이 멀거나 혹은 스스로의 방향성에 대한 중심을 잡지 못하여 아까운 노력을 갈아 넣고 계속 끌려 다니게 되다 보면 피폐해질 수밖에 없다. 그나마 수고했다고 비용이라도 정산해 주면 다행이나, 안성에 다녀온 비용도 그리고 문자에 대한 답변도 매끄럽게 받지 못한 것과 같이 그냥 흐지부지 흐려지는 것이 다반사다.

지나고 보면 입사하지 않은 것이 다행이었다는 생각이 들기도 한다. 물론 그때는 사파리에서처럼 기댈 수 있는 지속적인 식사와 특식이 필요했다고 생각도 했지만 시간 지내 곱씹어 보니 회사 대표 지위의 사람이 한 약속도 지키지 않을 곳이라면 뻔한 것 아니겠는가. 직장 내부로 들어가면 더더욱 항변하지 못했을 것은 분명할 테니 말이다. 그러니 당장의 달콤함에 내 스스로의 가장 귀중한 시간, 노력 등을 갈아 넣지 말자.

> 주자 만루라고 투수가 던진 아무 볼에나 배트를 휘두르면 삼진당할 수 있으니, 내 볼을 노리고 제대로 휘둘러 보도록 하자.
> 어려운 이야기지만, 한 박자 쉬면서 때를 기다리는 시도라도 해 보자~

## PROJECT INSIGHT

2018년 10월 야생에서의 첫 시행 프로젝트를 만나다.

첫사랑은 잘 이루어지지 않는다고 했던가.

## 02

# 봉이 김선달?

(02)

"2018년 10월
야생에서의
첫 시행 프로젝트를 만나다.
첫사랑은 잘 이루어지지 않는다고 했던가."

이야기의 흐름상 2019년 10월 31일까지 첫 번째 야생 이야기를 적었던 '사파리인생이론'이 끝난 이후인 2019년 11월 1일부터의 '야생'에 대한 이야기를 해야 하는 것이 맞을 수 있으나, 이 프로젝트는 그때 다루지 않았었던 내용이었기도 하고, 큰 프로젝트 인사이트를 주었던 내용들이 있어서 이곳에서 회상해 보려고 한다. 2018년 7월 31일 나름 잘나가던 개발 회사를 퇴사하고 나서 나 홀로 프리하게 야생을 돌아다니던 중에, 오래전부터 알고 지냈던 A 선배와 잠시 합을 맞춰서 여기저기 시행 프로젝트를 검토하기 시작했었다. 그때 A 선배가 처음으로 연락이 와서 함께 클로징을 해 보자고 했던 프로젝트가 종로에 있는 이 사업지였다. 그런 의미에서 첫 야생에 나와서 아무것도 모를 때 여기저기 다니며 견문을 넓히려던 그때의 이야기를 잠시 해 보려고 한다.(단, 현재

가지고 있는 다이어리의 시작일이 2019년 10월 18일이기 때문에 기존의 다이어리 대신 기억과 그때 작성했던 관련 서류들에 의존해야 하는 상황이며, 최대한 그때의 기억을 소환하기 위해 노력해 보려고 한다.)

2018년 7월 31일 퇴사하고 나서 사람들도 만나러 다니고, 상업 시설 구경도 하고, 독서도 하는 나만의 프리한 시간을 보내고 있었다. 물론 야생에 나왔으니 제대로 된 시행 프로젝트를 메이드해 보자는 호기로운 마음이 있었다. 또 한편으로는 기회가 되면 사파리로 다시 되돌아가고 싶다는 마음도 있었다.(그래서 수도권 소재 건설사에 면접을 보았었고 채용은 안 되고 시간, 노력을 이용당하며 내게 야생에 대한 나름의 인사이트를 준 사건이었지만…….)

기대감으로 부풀었던 야생은 생각과 다르게 많이 막막했고, 막연했고~ 사파리에서 그려 왔던 생각처럼 대접 받으면서 내가 일하고 싶을 때 일하는 환경들이 바로바로 마련될 줄 알았으나, 야생은 그게 아니었다. 시행 프로젝트를 잘 메이드하기 위해서 현장을 보러 가고, 자료를 수집하고 간략한 IM을 만들고 콘셉트를 잡고 규모 검토를 하는 등의 그런 준비 작업이 의외로 많았고, 그동안 소소하게 벌어 둔 알토란 같은 돈들을 생활을 유지하기 위해서 계속 쓰기만 하는 상황들은 계속되었다. 사파리인생이론에서도 이야기했지만, 사파리에서 있으면서 야생을 경험하는 게 가장 좋다는 생각은 변함이 없다. 실제 스스로 야생에 뛰어들어 뭔가 시행 프로젝트를 클로징해서 잘 먹고 잘 살려고 하는 그

꿈, 로망은 상당히 오랜 시간을 숙성시켜야 찾아오는 것이란 걸 퇴사 후 3개월이 지나면서 서서히 느껴 가고 있었다. 다시 사파리로 갔으면 하는 바람도 커지고, 사파리에서 안정적으로 삶을 꾸려 나가는 누군가가 손 내밀어 주었으면 하고 생각하는 시간도 자주 있었다. 그럼에도 마음 한편에는 그토록 바라던 멋진 시행 프로젝트가 당장이라도 눈앞에, 손만 뻗으면 닿을 것 같은 느낌은 계속되고 있었던 거 같다.

2018년 7월 31일 퇴사를 했던 그 개발 회사의 오너와 막역한 사이인 A 선배로부터 전화가 왔다. 사업 수지표(엑셀)를 보냈다면서, 한번 내용 봐 보라고~ 마케팅 회사에 분양성, 분양가 등 조사시켜 두었으니 그 회사에서 의견 오면 다시 이야기해 보자고 말이다. 그리고 며칠 뒤 A 선배의 전화를 받았고 통화를 했는데, A 선배는 현재 다니는 직장에서 나올 수가 없는 상황인데 A 선배를 믿고 의지하는 또 다른 B 선배(A 선배의)가 검토하는 사업장에 A 선배 대신 믿고 맡길 수 있는 그리고 A 선배 자신에게 무엇이든 감추지 않고 벌어지는 상황들을 충실히 보고할 수 있는 그런 사람이 필요한데, 그 사람으로 나를 생각하고 있다고 이야기를 해 왔다.

그러면서 그 최초의 시행 프로젝트로 종로 5가에 있는 오피스텔 신축 부지를 보고 있다고 했다. 나중에 B 선배가 차린 회사가 자리 잡게 되면 그때 A 선배도 합류할 것이라고 하면서 말이다. 그때 A 선배가 준 그 종로 5가의 오피스텔 신축 프로젝트가 어찌 보면 내가 야생에서 가장 먼저 큰 꿈을 그리고 디벨로퍼로서 뭔가 '아~ 이제 다 되었구나~' 하는 그런 로또 1등 당첨되기 바로 직전의 마음을 갖게 된 첫 프로젝트였다.

그 전화를 시작으로 A 선배, B 선배가 소싱한 시행 프로젝트를 약 2년 동안 클로징하기 위해서 지속적으로 조사하고 내용 정리하고, 자료 찾고 시장 조사 하고, 사업 계획서, 수지 분석을 작성하면서 때론 밤을 새워 가면서 클로징을 위해 그렇게 노력했던 거 같다. 그 가능성 하나만 바라보고 말이다.

• 수지표

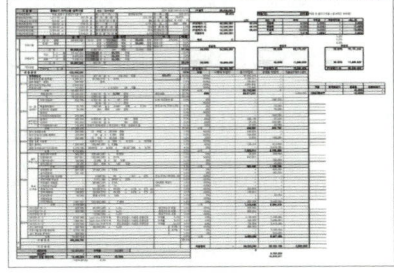

• 현장 사진

나의 접점은 A 선배였지만, A 선배의 뒤에는 B 선배가 있었다. 그리고 그때는 알지 못했지만 B 선배의 뒤에는 '금융권'이 든든하게 버티고 있었다.(물론 나중에 수차례 일을 협업하면서 그 뒤의 금융권 이야기를 듣게 되었지만 말이다) 나는 사파리에서 대형 프로젝트에 대한 실무 일을 맡아서 진행하다 보니 야생에 나와서 프로젝트에 대한 소싱, 클로징을 제대로

해낼 줄 알았었는데, 이 종로 사업지를 시작으로 야생의 선배들이 소싱해 오는 시행 프로젝트의 난이도를 보면서 난 아직 멀었구나 생각이 들 정도로 야생에서의 내공은 사파리에서 실무적인 일을 본 것으로는 동일한 점수를 줄 수 없음을 느끼게 되기도 했다.

실질적으로 시행 프로젝트의 소싱과, 가장 중요했던 자금 부분에 대한 큰 틀에서의 의사 결정은 거의 A 선배와 B 선배의 몫이었다. 실무자인 나로서는 뭔가 해 보려고 했으나, 결정할 수 없었고, 클로징에 대한 이런저런 아이디어를 낸다고 하더라도 그건 당장 초기의 프로젝트를 진행하는 것과는 조금 먼 거리에 있는, 당장의 현실과는 다소 동떨어진 말 그대로 실무자 차원에서의 개발 콘셉트 혹은 마케팅 전략 등의 부차적인 것이었다. 결국 시행 프로젝트를 클로징하기 위한 초기의 모든 뼈대는 내 몫은 아니었다. 내가 그중 제일 막내였으니까 말이다. 힘도 없는 막내. ㅎㅎ 그래도 그렇게 팀, 조직을 이뤄서 뭔가 도모하고 기대감을 가지게 하는 그 순간은 야생을 다 가진 듯한 기분이 있었고, A 선배가 이야기한 B 선배가 차릴 그 회사가 대박이 날 것 같은 기대감은 숨기고 싶었지만 자꾸 표현되고 터질 듯 가만 있지를 못했다. 고생 끝 행복 시작일 것만 같은 그런 시간들이었다.

• 검토 보고서

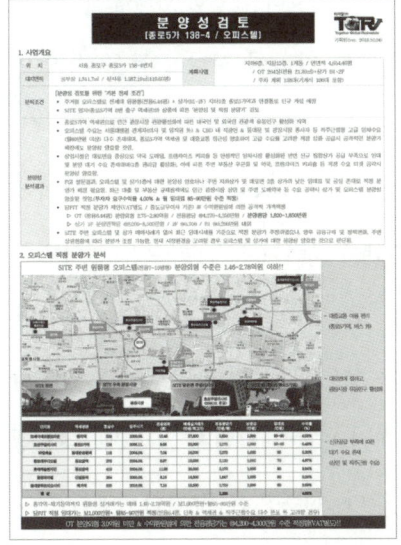

• 검토 보고서

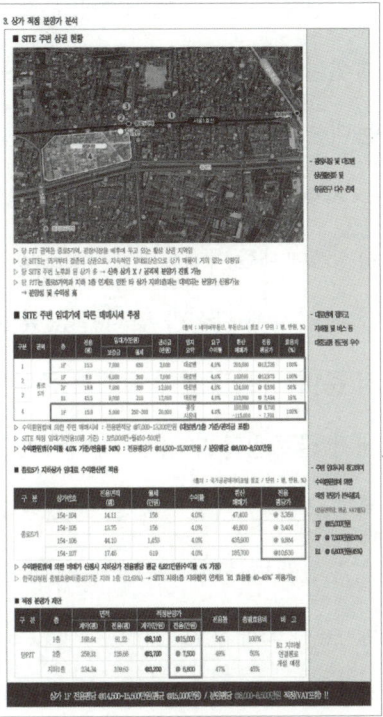

　　시행 프로젝트는 야생에서 돌고 돈다. 토지주를 알거나 프로젝트를 소싱하는 브로커들이 한 번에 여러 디벨로퍼에게 해당 물건을 뿌리는 것 때문에 오로지 나만 알고 있는 프로젝트는 없다고 봐도 무방할 것이다. 그때 지인들에게(정보를 공유하는 나의 지인들이 있었으며, 새로운 시행 프로젝트가 나타나면 어떤 프로젝트인가, 얼마나 사업 이익을 실현할 수 있는가~ 어디가 어떠냐 등으로 정보를 공유하던 그런 그룹이 있었다. 그러나 각 그룹의 사람들은 서로 몰랐으며 내가 그 중심에서 사람들 간의 교류에 나름 힘쓰던 시절이기도 했다. 물론 그 그룹은 지금도 잘 유지되고 있으며, 각별한 관계로 잘 연대하고 있는 중이다) 해당 시행 프로젝트에 대한 간략한 정보를 들을 수 있었는데~ 그때 지인들에게 받은 참고 자료만 해도 스무 개 파일이 넘는다. (그 자료들 중 직접적인 그 시행 프로젝트에 대해서 다룬 내용도 있고 그 주변의 경쟁 상품에 대한 이야기가 있는 것도 있었지만~) 그러나 모두들 잘 안된다면서 그 사업지에 관심을 갖지는 않았었다. 그 자료들을 참고하여 내 수준에서 준비해야 할 것에 대해서 준비하는 것으로 그 사업지를 A, B 선배와 내가 클로징할 수 있을 것이라는 기대감이 높아지면서 그렇게 혼자 행복하고 가슴 벅찬 시간을 보냈던 거 같다. 한동안은 말이다

A 선배로부터 자료를 받은 건 수지표와 마케팅사의 검토 의견이었는데, 수지표에 보면 '에쿼티'가 없었다. 즉 사업 시행자가 토지, 필수 사업비용 등 사업 진행을 위해서 최소한으로 지출해야 하는 그 금액이 '0원'으로 표시되어 있는 것이었다. 토지비용이 1000억이라고 한다면 계약금으로 100억이 필요하고(토지 금액의 10%) 거기에 인허가를 위한 설계 비용과 토지 중개 수수료 등 토지 잔금을 납부하기 전에 필요한 필수적인 비용이 있어야 사업이 가는 것인데 그게 '0원'으로 되어져 있으니 그 동안 내가 겪었던 시행 프로젝트에 대한 접근 방식과 바라보는 프레임 자체를 바꾸지 않으면 이해를 못 할 수지표였다. 당시 사파리에 있다가 야생으로 나온 나의 시각에서는 말이다.

'아~ 이런 사업도 있구나~' 마냥 신기해하던 나였고, 그만큼 더 B 선

배에 대한 환상은 커졌던 거 같다. 얼마나 대단한 사람이기에 자기 돈 하나 없이 도심권에 이 큰 사업을 진행한다는 것인지……. 그렇게 A 선배가 준 내용으로 내 프레임을 바꿔 나가고 있었다. 열심히…….

그런데 얼마 지나지 않아서 A 선배로부터 내 야생에서의 첫 시행 프로젝트를 클로징하지 못할 것 같다고 이야기를 들었다. 사업지 주변에 재래시장이 있는데, 진입로 등 이런저런 리스크한 부분이 있어서 협의가 안 될 거 같다면서. 토지를 매입하는데 마지막에 해당 문제점이 불거져서 해당 부지를 매입하지 못한다는 것이었다. 즉 엄청 기대감이 컸던 그 시행 프로젝트를 클로징하지 못한 것이다. 사업지에 정이 붙으려고 하는 상황이었는데~ 그 시행 프로젝트를 포기하라고 하는…… 포기해야 할 것 같다는…… 그런 말이었다. 난 다 준비되었고 잘할 수 있는데~ 그리고 상품에 대한 특화를 어떻게 할지도 생각해 두었는데~ 그 시행 프로젝트는 아니라고 하니…… 난감했다. 그러나 내가 결정할 수 있는 건 없었기 때문에 그렇게 그 시행 프로젝트는 눈앞에서 사라져 버렸다.

그로부터 6년이 지난 지금 그 사업장을 살펴보니, 2022년 이미 오피스텔 상품으로 준공되어 있었다. 상품의 이름은 '종로5가역 하이뷰더광장'이라는 상품이다. 건설사는 정우개발㈜이고, 1개동 294세대, 전용 5.73 단일 평형으로 되어 있고, 시세를 보니 매매가는 2.7억~3.2억 수준으로 형성되어져 있다.(실거래가는 2024년 1월 2.7억이 확인된다. 2023년 12월에는 3.1억도 보인다.) 2018년 10월 이 사업지를 받아 들 때의 컨디션과 세대수는 똑같고, 다만 세대 전용 면적이 조금 작아진 것이 차이가 난다. 세대별 분양 외형을 유지하고 세대수를 줄인다는 것은 조금 더 사업 수지 개선을 위해서 욕심을 냈다는 결과일 것이다. 결국 A 선배의 말대로 재래시장 때문에 못할 사업장을 누군가는 협의를 통해서 해당 프로젝트를 매수해서 개발하여 2022년에 준공시킨 상황이 된 거다. 그 디벨로퍼는 그 어려움을 헤징해서 그 시행 프로젝트를 클로징했음을 현재 그 건물로 증명해 내고 있다. 우리도 그때 그럼에도 불구하고 재래시장과 협의하여 그 프로젝트를 클로징했다면 어땠을까?

• 위치, 현재 이미지

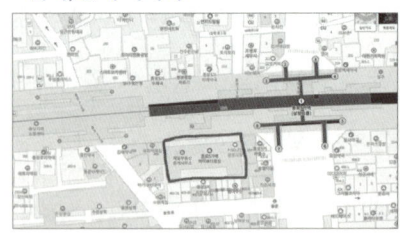

그 프로젝트를 클로징했더라면 지금 많은 것이 달라졌을까? 아니면 그때 클로징을 하고, 분양을 하고 나서 2022년 고금리, 원자재 상승 등의 직격탄으로 그 이후 완전 폭망했을까? ㅎㅎ 이런저런 질문들이 꼬리에 꼬리를 물고 서로 나서려고 한다. 이미 지나간 버스는 안 돌아오듯, 그때 그 종로 5가 오피스텔 사업지, 그 도심 속의 내 첫 시행 프로젝트는 클로징을 못 한 것이고, 그 누군가는 그 프로젝트를 클로징해서 준공까지 완료한 것이다.

그 순간 최선을 다한 결과라고, 그리고 자본금 0원으로 진행하기에 더더욱 신중했었어야 했다고 그렇게 되새겨 본다. 아무리 어렵고 골치 아픈 문제들이 산적한 시행 프로젝트라고 하더라도 갈 사업은 누군가에 의해서 반드시 진행된다는 것. 그게 야생의 진리다.

## 디벨로퍼 프로젝트 인사이트 2

세상에 공짜 점심은 없다고 했던가.

자본금이 '0'원이라고 하는 것은 반대로 이야기하면 사업 이익의 대부분을 레버리지의 그 주체에게 주어야 한다는 것이다.

즉, 열심히 클로징하려고 뛰어다니고 이리저리 최선을 다한 디벨로퍼에게는 남는 게 없는 셈이라 할 수 있다.

그러니, 최대한 클로징한 후 사업 이익이 많이 남는 시행 프로젝트를 쫓아야 하는 것은 당연할 터. 그러나 그런 시행 프로젝트는 그리 쉽게 발견되지도 또 쉽게 클로징 되지도 않는다.

공교롭게 이 글을 적는 2024년도에는 브릿지론 등의 부실로 인해서 금융권 부실 등이 뉴스에 등장하고 또 조치까지 거론되는 상황이기도 하다. 에쿼티가 적은 사업 시행자에 대한 대출 금액의 축소에 대해서 말이다. 디벨로퍼의 에쿼티 비율을 원천적으로 높이려고 하는 이야기들이 나오고 있다.

그러니 그때 이 시행 프로젝트를 클로징했어야 하는 것이 아닐까 하는 생각이 더더욱 아쉽게 다가온다.

대내외 환경의 급변 속에서 개발 업계에도 이런저런 상황들은 갈수록 빈번하고 불특정적이게 발생되어질 것이고 그런 상황에 대한 보완은 더불어 더 강해질 것이기에 진작에 행하지 않는다면 어떤 제

> 약으로 제대로 클로징하지 못하는 상황을 맞이할 수 있을 것은 자명해 보인다.
> 그래서 첫사랑은 이루어지지 않는다고 했나 보다 싶다.

················· PROJECT INSIGHT ·················

도시 개발 / 지구 단위 사업 분야의
규모 큰 시행 프로젝트를 지인들과 협업을 해 본다.
야생에서도 신뢰는 생명이다.
서로 믿지 못하면 클로징은 물론 1%의 이익도 없을 뿐더러
아무도 이익을 취할 수 없다.

## 03

# 꼭 상대방의 패를 확인한 뒤 액션해야 한다.

( 03 )

*"도시 개발 / 지구 단위 사업 분야의
규모 큰 시행 프로젝트를 지인들과 협업을 해 본다.
야생에서도 신뢰는 생명이다.
서로 믿지 못하면 클로징은 물론 1%의 이익도 없을 뿐더러
아무도 이익을 취할 수 없다."*

"신생아실 〈 동물원 〈 사파리" 각 구역에서는 외부에서 소싱한 사업지에 대하여 각각의 프로젝트 성격에 맞는 내용으로 각 구역별(신생아, 동물원, 사파리 등)로 회사별 전문 분야 및 수익을 만들어 내는 시스템화된 형식에 근거하여 검토를 한다. 각 구역별로 몸담고 있는 조직의 오너 취향에 맞는 의사 결정에 부합되도록 사업성 분석, 마케팅 검토, 분양가 책정 등에 대한 업무를 진행하게 된다. 일반적으로 일주일 이내에 기본적인 의견을 실무자가 정리해서 임원 혹은 오너에게 보고하는 일정을 소화하게 된다. 대체로 사업지 검토 대상의 물건은 토지가 정리되어 있는 상태가 대다수이다. 해당 사업지를 1~2명이 보유하거나 의사결정상 GO! 사인이 떨어지면 곧바로 매수하는 데 문제가 없는 심플한 소유권 형태가 거의 대다수라 할 수 있으며, 사업지를 정리한 브로커가 중

간에 끼어 있는 사업지가 대다수이다. 해당 사업지에 큰 Risk가 없거나, 해당 사업지에 대하여 또 다른 누군가보다 더 빠르게 검토하여 의사 결정을 도출해 낸다면 해당 사업은 클로징을 향해 진행될 가능성이 높다.

이전의 경험상 사파리에서 검토했던 부지는 대체로 1~2명의 토지(아주 많아야 4~5명 이내였다)가 소유한 형태로 매수자가 의사 표시만 하게 되면 심플하게 토지 소유권에 대한 매매가 이루어졌었다. 사업지의 디테일한 정보와 실제 소유주인 토지주를 알고 있는 브로커는 그렇게 토지 작업이 다 완료되었거나 혹은 인허가까지 완료된 부지에 대해서 프로젝트 소싱을 해 온다. 더 나아가 기존 사업자의 사업권까지도 소싱해 오는 경우도 있다. 더 극적인 건 법인까지도 양도·양수하는 물건을 보내오기도 했다. 전자 우편, 팩스 등으로 브로커가 전해 오는 시행 프로젝트는 흡사 길거리에 널려 있는 옷가지들 중에서 잘 건지면 가격 대비 훌륭한 옷을 고를 수 있는 그런 상황과 비교될 만큼 가짓수도 많았고 지을 수 있는 상품의 종류도 다양한 사업지가 다수 존재했다. 믿을 수 없지만 아무에게도 보여 주지 않았다고 하는 사업지부터 사업지에 대한 기초 서류가 복사에 복사를 거듭해서 잘 보이지도 않은 그런 사업지를 중개하는 브로커도 있었다. 결국 운칠기삼이듯 소싱하는 브로커와 지속적으로 잘 지내야 하는 이유도 거기에 있을 것이리라.

그런데 야생에 나와 보니 어떤 시행 프로젝트를 소싱해야 할지의 결정에 대한 부분 이전에 그 시행 프로젝트가 회자되고 정보가 거래되는 브로커들의 동태를 파악해야 하는 상황이 되었다. 즉 본인 스스로가 브로커와 눈높이를 같이하는 준 브로커가 되어야 하고, 사업 시행자로서의 오너도 돼야 하고, 눈에 쏙 들어오는 시행 프로젝트에 대한 검토까지 해야 하는 실무자가 되어야 하는 것이다. 제대로 된 시행 프로젝트라는 확신이 들면 사파리에서 그간 터득했던 모든 노하우를 총동원하여 혼자서 커버가 가능할지~ 아니면 내가 부족한 능력을 가진 동료가 필요한지에 대한 판단까지도 해야 한다. 결론적으로 그 시행 프로젝트를 소싱해서 클로징하기 위한 A to Z에 대한 전 과정을 스스로 챙겨야 한다.

사파리에서 나온 나와 같은 디벨로퍼들은 무한 경쟁이 펼쳐지는 야생에서의 방향을 잘 파악하지 못하다 보니 먼저 야생에서 적응 중인 선배들의 도움이 아주아주 절실하다. 서로 코웍이 되어서 시행 프로젝트를 소싱하고 클로징하기 위한 역할 분담은 필수적이다. 그런 과정 속에서 부득이하게 나이 혹은 그간의 관계에 영향을 받게 됨은 어쩔 수 없으며, 단박에 멋진 시행 프로젝트를 잡지 못한다면 흔히 말하는 막내 생활부터 시작해서 시행 프로젝트를 소싱하고 클로징해야 한다. 그 나름의 조직에서 제일 밑바닥 일부터 해야 하는 것이 야생에서의 첫발일 수 있다. A 선배와의 협업은 계속해서 이어졌으며, A 선배의 인맥으로 레이더(인적 네트워크)에 포착된 이 사업지는 정말 큰 규모의 시행 프로젝트였다. 도시 개발을 진행하다가 잘 진행되지 못해 지구 단위 사업으로 진행하려고 하는 사업지였다.

토지 필지 수가 130개 필지가 되었고, 국공유지가 15개 필지가 되었던 멋진 사업지였다. 계획된 매입 대상 토지는 3만 평이 넘었고, 지구 단위 계획의 일정을 거쳐 새롭게 탈바꿈하게 되면 새로 지어지는 계획 세대수가 1,500세대가 되는 아파트 상품이었기 때문에 진행만 된다면 큰 매출 이익과 더불어 사업 이익 더 나아가 추가적인 인센티브까지 만들어 낼 수 있는 컨디션이었다. 물론 기존 도시 개발 사업의 진행에서 멈춘 이유에 대한 명확한 분석이 필요했지만, 기존까지 해당 부지에서 토지주의 위임을 받아 토지 작업 및 도시 개발 사업을 진행하던 업체에서 도시 개발 진행이 아닌 지구 단위 계획으로 변경하여 추진할 수 있다고 하였기 때문에 그 부분만 확실하다면 이런 크고 멋진 시행 프로젝트를 마다할 이유는 없었다.

• 설계 개요

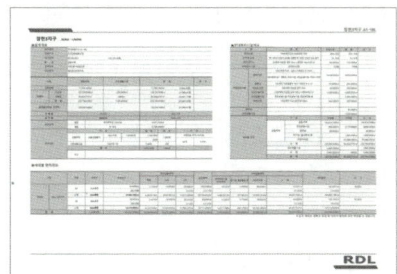

• 이용 계획

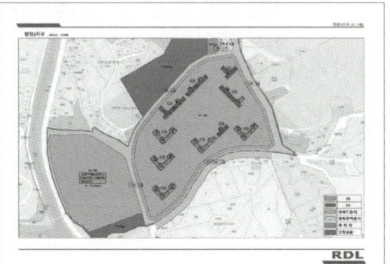

영화 어벤저스에도 보면 각자 특기가 있듯, 지구 단위 계획에 대한 내용을 다루는 지단 업체, 규모 검토를 위한 설계 사무소, 그리고 기존

도시 개발 사업 시점의 토지 작업 용역을 수행한 업체, 그리고 해당 사업지를 매입하여 제대로 된 현장으로 변신시켜야 하는 디벨로퍼 등등 이런 각각의 역할이 필요한 상황이었기 때문에 A 선배의 지인인 지구 단위 업체 대표와, 내 친구가 임원으로 있었던 설계 사무소, 그리고 오래된 인연으로 함께 뭔가를 도모해 보자고 의기투합했던 C 선배 그리고 사업 대상지에 대한 구획을 표시하고 빠진 토지에 대한 부분을 봐주었던 후배들이 함께 일을 도와주었다. C 선배와 내 역할은 디벨로퍼 역할이었다. 비록 A 선배, B 선배는 관할 지자체와 현장의 토지 작업자와 직접적인 미팅은 참여하지 않았지만, 현장에서는 각자 특기를 가진 다양한 부류의 사람들이 모여서 그 큰 시행 프로젝트인 지구 단위 계획 개발 사업지에 대한 클로징을 위해서 만반의 준비를 하고 있었다. 기억을 더듬어 보면 이때는 서울 도심 역세권에 위치한 청년 주택을 진행하는 시행사에서 근무하고 있을 때라 조심조심 병행하여 업무를 보던 시기이기도 했다. 간도 크게 말이다. 그러나 야생으로 온전히 나오기 위해 사표를 냈던 상황이었어서 조금은 편안하게 업무를 보았기도 했다.

• 지구 단위 계획 구역 표시    • 사업 수지 분석

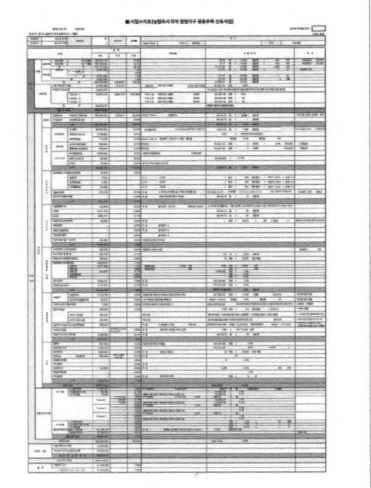

　문제없는 사업장이 어디 있겠냐만, 시청 도시과에서는 인구 배정에 대한 부분이 가장 이슈였고, 지구 단위 계획 접수를 위해서 토지는 10만 제곱미터 이상이라는 면적이 충족되어야 했고, 사업 대상지의 근처에 흥선대원군 묘가 위치해 있었기에 일정 거리(300m) 이격 및 신축되어지는 건물의 높이에 대한 부분의 협의가 필요했다. 다행히 흥선대원군 묘를 기준으로 이 사업지는 정남향의 아랫 부분으로 배치되지 않게 설계에 반영했기에 지구 단위 계획을 포함한 인허가의 과정 속에서 관련 부서와 협의를 해 나가는 방법으로 정리하면 돌파구가 보일 거 같기도 했다.
　시청 도시과 담당자로부터 지구 단위 계획 진행 시 요건만 갖춘다면 무리 없이 진행 가능할 것이라는 구두 의견을 받았다. 이제 무엇보다 가

장 중요한 사업의 정상적인 진행을 위해서 다시금 체크해야 하는 가장 큰 문제는 매입 토지 구역 내 토지를 소유한 토지주에 대한 지구 단위 개발 동의와 매매 계약에 대한 체결 그리고 토지 가격에 대한 상호 간의 눈높이를 맞추는 것이 남아 있었다. 해당 사업지를 도시 개발로 진행하려고 하다 권리를 양도하고 우리 측이 매수하게 된 이후 토지 매입 용역을 하게 될 그 업체는 동의 매매 등에 있어서는 큰 문제 없다고 장담했으나, 프로젝트를 소싱하고 클로징하는 매수자의 입장에서는 이때부터가 정말 걱정이 시작되는 시기이기도 했다.

토지 용역에 대한 계약금을 지불하고 용역을 발주해야 일은 시작되는 것이고, 그 토지 용역이 완료되는 수개월 동안 함께 의기투합하기 위해 모인 지인들과 함께 지구 단위 계획을 수립하고, 설계에서는 용적률, 건폐율의 기준에서 가장 효율적으로 세대를 배치할 수 있는 단지 배치를 그리고, C 선배와 나는 사업 수지를 분석하고 사업 계획을 세워서 토지 계약금과 이후의 자금에 대한 세팅을 위한 앞 단의 업무를 마무리해야 하는 상황이 필요했다. 추가적으로는 도시 개발 사업의 진행부터 토지주와의 인연으로 토지 매입 용역을 수행하겠다고 하는 업체가 제공한 토지 조서 및 제반 서류 등은 오래된 것이었고, 이를 조금 더 최신 것 그리고 10만 제곱미터 이상이 되는 부분으로의 싱크로(서류와 토지의 구역계가 같은지)가 되는 것을 확인한 뒤에 계약을 하고 싶었다. 그런데 기존 도시 개발 사업자는 용역 계약이 먼저라면서 매수자인 내가 속한 측과 상반된 의견을 제시했고 한동안 지루하게 시각 차이를 나타낸 채 팽팽한 줄다리기를 시작하는 시기가 지속되었다. 토지 용역 계약서는 서로 수정하면서 디벨롭을 했으나, 그 과정 속에서 양측 간의 가장 큰 쟁점이 되는 토지 계약 완료의 기간에 대한 것과 비용에 대한(토지 대금) 시각 차이를 좁히기에는 한계가 있었다. 늘 그렇지만 토지 작업을 수행하는 측은 용역 대금을 빠르게 받고 싶어 하고, 매수자는 짚어 볼 것들을 제대로 짚어 보기를 원하기 때문에 니즈가 부딪히는 시기이기도 하기 때문이다.

C 선배와 현장도 방문하고, 기존 토지 용역 사무실에서 이야기도 들어 보았다. 이 사업지에 대한 가능성을 보았기에, 소싱한 사업지에 대한 클로징을 위해서 다양하게 노력을 진행했으나, 도통 진도가 잘 나가지 않기도 했다. 현장을 돌아보는 과정 속에서 신축된 빌라도 눈에 들어왔고 신규로 사업지 내에 빌라가 곳곳에서 건축 중이기도 했다. 거기에 좀 비싸 보이는 단독 주택지도 곳곳에서 눈에 띄었기 때문에, 단순 토지 동의서 및 최초 이야기하던 그 금액대로의 눈높이를 맞추는 것에 있어서 약간 부정적인 생각이 들기도 했었다. 도시 개발 및 지구 단위 계획 등의 토지가 큰 구역에서 사업지 내 빌라 등이 건축되면 단순 토지로만 보상해서는 답이 안 나오고 명도 비용 등의 부가적인 비용이 상승되는 것이 수반되기 때문이다. 이는 인허가의 지연 및 보상 비용의 상승으로 이어지기 때문에 매수자는 정말 주의를 기울여야 하는 것이기도 하다.

멋진 요리를 만든다고 할 때 가장 중요한 것은 요리 기술도 맛을 내는 조미료도 아니지 않던가. 바로 그 재료가 가장 좋은 맛을 내는 핵심일 텐데~ 부동산 개발의 핵심은 바로 토지임은 불변의 법칙일 것이다. 그런데 토지구역계에 대한 부분을 점검하던 후배들과 지속적으로 토지에 대한 부분을 맞춰 보았지만 진입 도로와 공동 주택이 들어가야 할 핵심 부지의 정중앙에 위치한 토지에 대한 사용 동의서, 매매 동의서 등에 대해서는 묘연한 상태였다. 이제 그 부분이 큰 핵심 쟁점으로 부각이 되었는데 토지 용역 계약서 확정안이 오가던 업체에서의 답변은 우리의 기대에 부응하지 못하였을 뿐만 아니라, 그다지 클리어하지 않았다. 토지 작업의 완결이 묘연한 그런 상황에서의 해당 업체와 용역 계약 체결하는 것도 그렇고 체결된 용역 비용에 대한 계약금 지급도 그러했다. 토지 용역에 대한 기준이 명확하지 않은 상태에서 함께 일을 추진해 나갈 어벤저스로 모인 업체들의 용역 발주는 Risk한 것임은 분명했다. 정말 뭐가 최우선적으로 중요한지 각자 모르고 서로의 입장만 되풀이하는 과정 속에서 나름 메리트가 있던 그 큰 시행 프로젝트는 점점 멀리 멀어지고 있었다.

대다수의 사람들은 부동산 디벨로퍼는 적은 돈을 내고 큰돈을 벌어가는 사람들이라고 손가락질하기도 한다. 그러나 도시 개발 혹은 지구 단위 계획과 같이 애초부터 재료를 만들어서 먹을거리를 만드는 일에 대해서는 그런 잣대는 조금 과하다는 생각이 들기도 한다. 농사 지어서 그 농사 지은 쌀로 밥을 해 먹는 것은 여간 힘들고 고된 일이 아닐 수 없을 뿐더러, 집중을 다하지 않으면 안 되는 일이기도 하고, 다양한 우발적인 Risk에 대응해야 하는 그 과정임을 알게 된다면 이익의 실현 혹은 과한 이익의 실현이 수반된다고 하더라도 그건 온전히 해당 시행 프로젝트를 소싱하고 클로징한 그 디벨로퍼의 몫이 아닐까 싶다.

  이 사업지를 돌아보니 도심권에 딱 정해진 부지에 정해진 용도가 아니라 협의 과정과 토지의 경계까지도 마음껏 그려 나갈 수 있는 도시 개발 사업, 지구 단위 계획 사업에 대한 매력을 느꼈던 시기였기도 했지만, 그만큼 그렇게 멋진 시행 프로젝트를 클로징하는 것은 정말 힘들구나 하는 것을 동시에 느낀 시간이었다.

## 디벨로퍼 프로젝트 인사이트 3

작은 집을 살 때, 전세로 들어갈 때 등등 '공부 서류'는 매우 중요한 부분일 것이다. 그런데 몇만 평 이상이 되는 토지에 대해서의 공부 서류는 그리고 그 토지에 대한 가격이 몇십 억을 넘어 몇백 억, 몇천 억이 되는 상황에서의 그 서류들은 모든 것이 돈과 직결되어 있기도 하다.

스스로 정리하지 못했던 기존에 사업지를 브로커를 통해 또 다른 디벨로퍼(매수자)에게 권한 다음 해당 사업지를 제대로 클로징하는 방법을 알려 준다면서 매수를 권하고, 거기에 더해 일정 대가를 요구하는 것은 뭔가 냄새가 나는 흐름임은 분명해 보인다. 그 상황 속에서 제대로 봐야 할 것은 매수를 권하는 기존의 업체가 그 프로젝트를 클로징하지 못하는 그 중요한 무언가를 찾아야 한다는 것이다.

이런저런 각양각색의 이유를 들이대면서 스스로는 클로징하지 못하니 해당 프로젝트에 대한 클로징 방법을 알려주는 대신 그간의 노고를 값으로 매겨 달라는 것이니까 말이다.

혹은 시행 프로젝트를 소싱하여 클로징해 줄 테니, 그 노고에 대해서 미리 값을 치르라고 하는 것도 있을 수 있다.

누구나 다 알고 있듯, 사업지를 매매할 때는 해당 토지에 대한 인감증명을 요구하고, 토지별로 모두 다 대조해 보고 그렇게 토지 구획을 맞춰 보는 것이 필수인데~ 그 서류를 보는 것에 대해서도 통장 잔고 등을 요구하는 매도자도 있기도 하다.

토지 작업자도 마찬가지다. 포커 게임을 할 때 마지막 7번째 히든 카드를 보기 위해서 값을 지불할 것인가 아니면 그냥 죽을 것인가는 각자의 선택이지만, 그 지루한 싸움은 아마 지금 어디에선가 계속되고 있지 않을까 싶다.

서류를 보지도 못하고 값부터 내라는 기존의 사업자, 브로커, 용역업체 등은 조금 마음을 비워야 할 것이고, 무조건 확인하고 값을 지불하겠다는 매수자도 조금 진정성 있게 그 테이블에 임한다면 조금은 사업지에 대한 클로징이 쉽지 않을까 하는 생각이 드는 프로젝트였다.

그 사업지는 지금 어떤 상태일까 문득 궁금해진다.

### PROJECT INSIGHT

소싱된 사업지에 직접 서 보면 느낌이 온다.
시행 프로젝트도 종이 서류, 온라인의 모습이 아닌
현장에서 제대로 마주해 보면 그 느낌이 다르듯 말이다.
But, 느낌 좋은 것, 제대로 보는 것과 클로징의 결과는 전혀 다를 수 있다.

## 04

# 보는 것과 하는 것은
# 천지 차이다.

## 04

> "소싱된 사업지에 직접 서 보면 느낌이 온다.
> 시행 프로젝트도 종이 서류, 온라인의 모습이 아닌
> 현장에서 제대로 마주해 보면
> 그 느낌이 다르듯 말이다.
> But, 느낌 좋은 것, 제대로 보는 것과
> 클로징의 결과는 전혀 다를 수 있다."

시행 프로젝트를 찾는 과정 속의 사업지 검토에 있어서 100건 검토하면 1건이 될까 말까 라는 이야기가 있기도 하다.(어쩌면 그보다 많은 1,000건당 1건일 수도 있다) 야생에 나오기 전 마케팅 회사에 있을 때는 시행사, 시공사 등 소싱의 원천이자 개발의 핵심 축인 회사들에서 부탁하는 시장 조사 보고서를 수없이 써 주어야 분양 대행 현장을 하나 수주할까 말까라는 말이 있었다. 내가 사파리에 있을 때 무수히 많은 브로커들로부터 받아 든 사업 부지를 검토할 때마다 규모 검토를 의뢰했던 그 설계 사무소에서는 아마 무수히 많은 규모 검토(가설계)를 한 이후에야 설계 용역을 체결할 수 있었을 것이다. 그만큼 사업 부지를 받고, 검토하고, 실제 진행하기까지는 여러 업체들의 노력도 수반되거니와 '운'도 따라 주어야 한다. 100건 중에 누구는 1번째에, 누구는 100번째에

'옥'을 만나게 될지는 아무도 모를 일이니까 말이다. 포레스트 검프에서 벤치에서 인생은 초콜릿 박스에서 초콜릿을 꺼내 먹는 것과 같다고 한 톰 행크스의 대사가 문득 생각이 난다.

그런 의미에서 본다면 A 선배는 이런 사업지에 대한 딜 소싱을 해 온다는 것은 매우 앞날이 밝다는 것을 의미한다고 할 수 있을 것이다. 브로커가 건네주는 사업지를 무조건적으로 검토하는 것이 아니라 소싱한 프로젝트의 위치와 클로징을 할 수 있을지, 그리고 시공사와 금융사에서 관심을 가질 만한 곳일지에 대해 인지하는 것 등의 안목이, 감이, 촉이 있어야 좋은 시행 프로젝트를 소싱할 기회가 늘어나는 것임은 분명하다. 그런 의미에서 본다면 A 선배의 딜 소싱 능력은 좋다고 평가할 수 있을 것이다.

잠시 A 선배의 딜 소싱에 대한 배경을 이야기해 보자면 부산 지역에서 오래도록 풀지 못한 입지가 우수한 현장에 대한 수주를 진행하고, 센텀시티에 모델 하우스를 운용하다 보니, 자연스레 부산을 비롯한 주변 지역에서 사업권 양도 혹은 부지 매도를 바라는 브로커들과의 접점이 있었고 그 과정 속에서 브로커들이 스스로의 이익 실현을 위해 다양한 물건들을 A 선배에게 권하는 상황들이 계속 이어진 것이다. 결국 개발 업체로서의 품은 뜻이 거대하고 혹은 자본이 충분하다고 해도 겉으로 보이는 진행되는 현장, 모델 하우스의 운용 등 가시적인 트랙 레코드가 없다면, 외부에서는 알아차릴 수 없음을 보여 주는 사례라는 것이 내 생각이다. 즉 시행사의 내부적인 개발의 의지만으로는 외부로 보이는 것 (모델 하우스, 진행 및 성공했던 프로젝트 등)을 넘어서지는 못할 수 있음을 보여 주는 사례라 할 수 있다. 그러한 영향일지는 모르지만 특정 지역에서 사업을 하는 개발 회사, 혹은 시공사는 그 지역에 동일 브랜드들이 모여지는 효과를 거두기도 한다. 특정 건설사의 브랜드 타운이 되는 이유가 첫 단추를 그곳에서 꿰었기 때문인 거다. 심리적으로 익숙한 곳에 계속 자리하려고 하는 습성도 있지 않던가. 토지의 형질도 잘 알고 익숙함이 주는 편안함도 있을 거고 말이다. 그리고 건물 브랜드가 공사를 하고 있으면 주변에 사는 잠재적인 수요자들에게도 긍정적인 효과를 줄 수 있고 등등 결국 보이는 게 중요한 부분임을 다시 한번 느끼게 된다.

• 소싱 시점의 조감도

자동차 운전면허 학원을 폐업하고 해당 부지에 주거 상품을 건설하는 프로젝트의 기본 자료를 A 선배로부터 받게 되었다. 해당 사업지는 인허가 진행 중에 있었으며 국공유지에 대한 매입 부분이 남아 있는 상태였는데 기존 사업자가 해당 사업지와 인허가 등 사업권을 동시에 매각한다는 내용이었다.

서류를 보면서 파악한 것은 해당 사업지 내에 임차인이 있었는데 해당 임차인들과의 명도에 대한 이견이 있었다는 부분과 기존 동배치는 열십자 모양이었는데 그렇게 될 경우 1개 라인은 향, 조망에 대해서 Risk하다고 판단이 드는 형태로 인허가가 진행되는 부분이 있었기도 했다. 또한 어느 사업지든 제일 나중에 건설될 경우에 주변 인접 위치한 기존 입주 단지의 조망, 일조 등에 대한 민원에 대한 Risk가 상존하기 때문에 이 부분에 대한 헤징 방안 등이 두드러진 체크 내용들이었다. 기존 인허가를 그대로 승계해서 갈 것이냐 아니면 새롭게 인허가를 밟아서 시간이 걸리거나 비용이 들더라도 우리가 원하는 형태로 바꿀 것이냐에 대한 고민도 함께 시작되었다. 시장 조사를 가기 위해서 C 선배와 일정을 조율하고 파주 운정 신도시 우리 집에서 부산으로 가는 길의 동선상에 거주하는 선배를 픽업해서 새벽같이 부산에 도착하여 현장을 보았다. 센텀시티의 맞은편에 있고 수영강에 대한 메리트도 있는 부지였으나, 센텀시티를 그대로 상품에 인용하기에는 한계가 있을 듯한 느낌이 드는 사업지였다. 뭔가 콘셉트를 부여하고, 가치를 만들어야 하는 상황인데 이 사업지에 좋은 것만 가져다가 포지셔닝을 높게 할수록 센텀시티 및 해운대의 수요자들은 외면할 가능성이 커질 것이 걱정이 되었고, 그렇다고 사업지가 있는 망미동에서의 대장주가 되자니 그걸로는 사업성, 즉 사업 이익이 좀 아쉬웠다.

  C 선배와 사업지를 돌아보고 주변 부동산에 들러 이야기도 들어 보고 수영강 강변의 산책로도 걸어 보고 그곳에서 한동안 그 사업지가 주는 느낌 그리고 그 사업지만이 가지는 고유한 느낌을 받아 보려고 노력을 했다. 그 사업지가 주는 느낌은 아주 좋았다. 서울의 경우만 봐도 한강변 상품들이(주로 남측에 위치한 상품이긴 했으나, 최근에는 북측의 사업지, 상품들도 이에 해당한다고 볼 수 있다) 가장 선호하는 주거지가 되지 않았던가. 그런 의미에서라면 비록 다리 하나를 건너서 센텀시티의 기반 시설을 이용해야 하는 상황이지만 그 정도의 불편함이라면 극복할 수 있을 것이라 생각이 들었다. 무엇보다 45도 비껴서라도 보이는 해운대 바다가 주는 상징적인 감성과 거기에 더해 수영강 강변의 그 입지가 소비자들에게 꿈을 심어 주기에 좋을 거라는 공통된 시각이 있었던 것이 이 사업지에 대해 가장 중요했던 포인트가 아니었나 싶다. 다른 쪽에서 A 선배는 선배대로 브로커와 기존 매도자와의 협의를 진행하고 있었고 나와 C 선배는 시장 조사 때 느낀 그 감동을 그리고 개발 콘셉트를 사업계획서에 녹여 내기 위해서 집으로 돌아오는 내내 차 안에서 열띤 토론을 하면서 클로징에 대한 꿈을 키워 나가고 있었다.

지구 단위 계획 사업 때 도움을 받았던 후배들에게 도움을 청해서 사업 계획서는 작성을 하였고, 다행스럽게 해당 부지 내 임차인 중 한 명이 부산에서 거주하는 내 친구의 지인이라서 해당 부지의 기존 사업자가 임차인에게 보내온 공문에 대한 내용과, 우리가 아닌 다른 서울의 시행자들이 임차인을 찾아와서 이것저것 물어봤다는 내용들까지 나의 레이더에 잡히고 있었다. 부산에 거주하는 친구도 사업 계획서 작업 및 지역적 수요자의 특성에 대한 세밀한 부분까지 조언을 해 주기도 했다. 지역적인 생생한 흐름을 알지 못하면 멋진 위치의 사업지라도 엉뚱한 콘셉트, 평형 등으로 계획되어 실패로 가는 지름길일 수 있기 때문에 지역적인 그 생생한 지역성이 무엇보다 매우 중요하다. 고급 상품의 대명사인 타워팰리스 같은 상품이 대학가 주변 원룸촌에 자리한다고 하면 좀 언밸런스하지 않겠는가. 그래서 지역적인 그 특징을 잡아내는 것이 사업 진행에 있어서는 중요하다고 늘 생각해 오고 있기도 하다. 사업 계획 수지 분석 등을 작성하는 동시에 A 선배에게서 사업지와 관련된 이야기들도 들을 수 있었다. A 선배는 상품성을 극대화하기 위한 설계 리뉴얼, 그리고 인허가 관련해서의 내용을 서울 강남에 위치한 유명 설계 사무소와 협업도 진행하고 있었다.(A 선배가 그 업체를 핸들링하고 있었다) 그러던 중 A 선배를 통해 해당 사업장의 부지 내 일부분인 국유지의 매입과 관련해서 '매각 총량제'라고 하는 것이 있음을 처음 알게 되었고, 부산 지역의 그 총량이 다 찼기 때문에 매입이 순조롭지 못하다는 Risk

한 이야기를 듣게 된다. 거기에 이런저런 매수자들이 늘어났던 탓인지 토지 가격이 조금씩 올라가는 모양새를 보이는 부분이 해당 부지를 매입하려고 하는 우리 쪽에는 부담으로 작용하고 있었다.

사업 계획서, 그리고 기본적인 사업성 검토, 인허가 등에 대한 사항들은 실시간으로 협업하는 파트너들을 통해서 취합이 되었으나, 그에 비해 매각에 대한 내용의 진행은 더디기만 했었던 거 같다. 그렇게 밀당?이 진행되다가 해당 사업지에 대한 매입 의견은 서서히 내부 대화에서 멀어져 갔다. B 선배의 최초가 될 사업에 대한 인허가 요건, 사업 진행 가능성 등의 허들을 높게 세운 탓인지 국공유지 매입에 대한 불확실한 부분이 가장 큰 Risk 요인이 되어 결국 해당 시행 프로젝트는 점점 더 멀리 달아나고 있었다. 잡을 수 없도록 말이다.

사실 사업 부지를 매입하고 협의가 잘되려면 어떤 일이 어떻게 벌어지더라도 매매가 되는 방향으로 잘 풀릴 텐데 우리 측 내부적으로 토지 및 사업권 매수에 대한 이야기가 흐지부지되고 있었다. 매도자와 협상을 이어 가고 싶었지만, 나에게는 매도자 측의 그 누구와도 연결된 부분이 없다 보니 좀 답답했던 것도 있었던 것 같다. 시간이 지나고 나서도 정확하게 얼마의 금액 차이가 있었고, 그 부지를 매입하는 것에 대한 협의 혹은 상호 신뢰를 증명할 수 있는 보완책이 하나도 없었는지에 대한 부분의 확인을 직접 하지 못한 것은 아쉬움으로 남는다. 사업 계획서, 수지 분석 등의 내용들은 정리했지만, 사업권을 양도한다는 그 상대편과의 미팅에 한 차례도 참여하지 못했었던 것이 가장 큰 아쉬움으로 남는다. 막내였기에 내 할 일만 충실히 했으면 되었겠지만, 야생에 나가서까지 역할의 한계가 있었던 것은 다시금 생각해 봐도 아쉽기만 하다. 실무 담당자의 의지만으로 클로징을 좌우지하지는 못하는 것이다.

그때를 회상하면서 해당 부지에 대한 현재의 상황을 살펴보니 2026년 2월에 힐스테이트 센텀 더 퍼스트라는 브랜드로 입주를 앞두고 있다고 나온다. 최초 검토했던 때보다 세대수가 적은 걸 보니 평형을 키운 거 같고, 그때 상업 시설이 조금 부담이기도 했었는데(강을 바라보고 남측에 지상층이 높게 있었음) 기존 사업자의 인허가 과정 속에서 정리가 된 것처럼 보인다.

결국 우리 측은 국공유지 매입에 대한 불확실성을 풀지 못하는 Risk라고 판단하면서 머뭇거림이 있었기에 사업 진행으로 연결하지는 못했고, 현대건설은 해당 상품을 수주하고 공급했다는 게 결과적으로 다른 것이 아닐까 생각이 든다. 사업 계획서에서도 다뤘지만 내 기준에서의 사업지에 딱 안성맞춤인 개발 콘셉트가 그려졌고, 현장에서의 느낌도 정말 좋았던 시행 프로젝트였었는데 클로징을 하지 못한 것이 아직까지도 아쉽기만 하다. 우여곡절 없는 사업지는 없을 수 없을 것이고, 그 리스크들을 어떻게 해결해 나가느냐가 그 시행 프로젝트를 클로징하느냐 못 하느냐의 결과로 이어질 것인데, 겁이 많지 않았나 생각을 해 보게 된다. 겁 없이 도전하고 부딪히는 과정이 있었다면 그 수영강이 바로 발아래 있는 사업지와 비스듬하게라도 해운대 바다가 보이는 그 사업지의 시행자가 되었을지도 모를 일이었을 텐데 말이다.

• 사업 대상지

• 리뉴얼 계획 조감도

## 디벨로퍼 프로젝트 인사이트 4

직접 운전하면서 편도 4~5시간을 새벽에 달려가 본 그 사업지는 멋진 사업지였다. 아주 훌륭하고 미래의 비전을 담을 수 있을 정도로 퍼펙트한 시행 프로젝트였었다.

지도에서 보는 것, 로드 뷰로 보는 것으로는 느낌을 다 담지 못할 멋진 모습이었다.

한참을 그 사업지 주변에서 서성이며 이런저런 생각들을 그려 나갔을 때의 그 현장감이 지금도 PC에 저장된 사진을 보면 영화처럼 머리를 스쳐 지나갈 정도로 생생하다.

사업지를 소싱하고 그 현장에만 가서 서 있었을 뿐인데 그때는 별의별 세세한 부분까지 머릿속에서 마구마구 아이디어가 떠오르는 사업주가 되어 버린 것이었다.

그러나, 현장의 느낌만으로 클로징이 되는 것이 아님은 과정을 거치면서 사업지를 들여다보며 접하게 되는 것들이기도 하다.

그래서 실망감, 아쉬움이 더 컸던 것이 아니었을까 생각이 든다. 롤러코스터의 높이가 높으면 속도도 더 빠르게 떨어지듯 그렇게 기뻤던 현장에서의 생생한 추억과 디벨롭 된 생각들은 꼭 현실이 되어 내 곁에서 머물지 않음을 잘 기억하고 더더욱 시행 프로젝트를 소싱해서 클로징하기에 더 힘써야 할 것이다.

공짜 점심 없듯 그냥 손에 주어지는 사업지, 시행 프로젝트는 없다.

**PROJECT INSIGHT**

야생에서 만나는 어떤 업무에 대해서라도
소싱하고 클로징하는 것은 운도 따라야 하지만,
그 운을 전적으로 믿을 경우에는 큰 낙심이 뒤따를 수 있다.

## 05

# 믿는 도끼에 발등 찍히기가 쉽다.

> ⑤
> "야생에서 만나는 어떤 업무에 대해서라도
> 소싱하고 클로징하는 것은
> 운도 따라야 하지만,
> 그 운을 전적으로 믿을 경우에는
> 큰 낙심이 뒤따를 수 있다."

아이폰이 처음 국내에서 판매되었을 무렵에 방배동 합사 사무실에서 송도의 수변 스트리트형 상업 시설 개발에 대한 PM 업무로 근무를 했던 적이 있었다. 그때 알게 된 D 후배가 있다. 2020년 초에 갑자기 연락이 왔고 집 근처 커피숍에서 가볍게 미팅을 했었다. 여수에서 개발 중인 도시 개발 사업이 있는데, 곧 준공을 앞두고 있는 주상 복합 건물의 저층부에 배치된 상업 시설에 대한 임차인 확보 및 활성화 방안에 대한 것에 고민이 크다고 했다. 자신이 담당 업무를 보고 있는 중이고 조직 내부에서의 처리가 어려운 탓에 해당 상업 시설에 대한 앵커 시설 임대, 활성화 및 종합적인 PM과 관련된 형식으로 외주를 고려하고 있다고 설명이 이어졌다. 자신 주변에 상업 시설에 대한 적합한 사람이 내가 생각이 났다고 하면서 상황에 대해서 설명을 해 주었다.

이야기를 좀 더 보태자면, 그 여수 개발 회사에는 D 후배도 있었지만, 2015년부터 내가 실무로 개발에 참여했던 일산 스트리트몰 상업 시설에서 마케팅 대행사 직원으로 근무했던 E 후배가 그 여수 개발 회사에 직원으로 입사해서 근무하고 있었다. 그걸 나중에 알게 되었다. 세상은 정말 좁다고 느낀 일이었다. 지나고 보니 그 E 후배 덕에 좀 더 수월하게 여수 업무를 진행할 수 있었던 거 같다.

　우리 집 근처에서 티타임을 하고 난 뒤 2~3개월 지나서 강서구에 있는 D 후배가 근무하고 있는 여수 시행사 사무실에서 미팅을 진행하였고, 여수 도시 개발 사업의 주상 복합 상업 시설에 대한 임대 및 활성화와 관련된 업무에 대해서 참여하기로 실무자 선에서(D 후배와 D 후배의 직속 상사까지 합의가 됨) 이야기가 마무리되었고 본격적으로 업무를 진행하게 되었다.

• 사업 조감도

• 호실 배치도

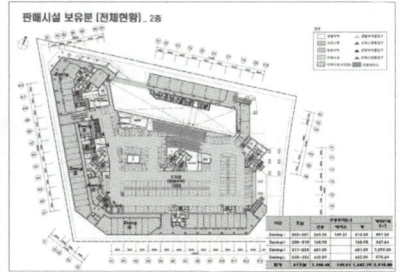

여수 웅천 도시 개발 사업 중에서 입지가 가장 좋은 곳에 위치한 해당 주상 복합 상품은 요트 계류장도 인접해 위치하여 있었고, 바다가 바로 발아래에서 영구적으로 조망 되는 랜드마크적 입지를 가진 상품이었다.(오래전 마케팅 사에서 근무할 때 업무를 보았던 부산 해운대 우동에 있는 주상 복합 상품과 비슷한 컨디션이었지만 여수에 있는 상품이 그보다는 좀 더 좋은 입지라고 할 수 있다. 그만큼 입지력이 우수했다) 해당 주상 복합 상품의 저층부에는 H 호텔이 이미 자리 잡고 있었고, 해당 H 호텔 내부에는 지역에서 유명한 로컬 커피점이 입점해서 운영되고 있기도 했다. 내가 LM을 해야 하는 상가는 바다를 향해서 길게 'ㄴ'자 형태의 연도형으로 늘어선 형태였고 일부 복도가 테라스 형태로 바다 방향으로 배치가 되어 노출되는 호실도 있었지만 전체적으로는 양호한 배치를 가진 상업 시설이었다. 물론 나 홀로 딱 떨어진 곳에 등대처럼 건물이 있는 부분은 기존 웅천 도시 개발 사업지의 주거, 상업 벨트와 연결성이 크게 없기도 했다. 그래서 그랬는지 1층에 분양된 시설이 몇 개 없기도 했다. 해운대 마린시티와 비슷하나 그런 주거 그룹 없이 혼자 있는 것만 다른, 그러나 그래서 주변 환경이 멋진 컨디션의 상품이었다.

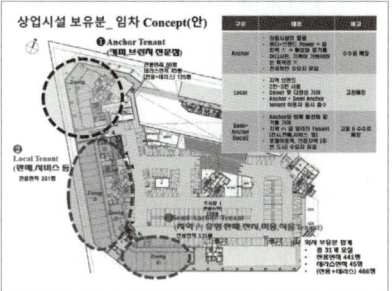

- 2층 보유 현황 표시
- 보유 호실에 대한 디벨롭 콘셉트

　가장 먼저 해야 할 것은 상품의 컨디션을 파악하는 것이었기에, 가격에 대한 부분의 의견 일치를 위해서 임대가를 도출하게 되었다. 물론 기존에 시행사에서 책정한 분양 가격(분양가, 임대가)이 있었으나, 준공 시점의 공실 등이 발생하면서 최초 사업 계획 시 세워 둔 가격은 조금 조정이 필요한 상황이기도 했다. 부동산 상품은 준공을 득하여 분양된 호실에 브랜드가 입점하여 영업이 시작되면 임대 가격이 그대로 노출이 되기 때문에 투자자에게 수익률로 분양하기 어렵게 된다. 그래서 상업 시설은 착공 시점의 그 이미지(조감도)로 판매해야 하는 것이라는 이야기가 있기도 하다. 마케팅 관점에서도 준공 시점이 되면 주변 임대 가격이 노출되고 그때는 분양 가격이 임대가와 비교하여 수익률적인 관점으로 즉 현실적인 비교 대상이 되기 때문에 소비자를 설득하기가 참 어려워지기도 하기 때문이다.

　비슷한 규모의 상업 시설을 떠올리다가 그때 당시 보유를 통한 상업 시설의 임대 운영 활성화를 꾀하는 시설들에 대한 벤치마킹을 위해서 레이크꼬모에도 다녀오고, 앵커 시설이 필요할 듯하여 출점 관련 결정을 바로 할 수 있는 키즈, 커피, 식음 등의 몇몇 시설에 대한 Tapping을 진행하기도 했다. 추가적으로는 컨디션 파악과 임대 조건 등을 정리하면서 테넌트에 대한 홍보 자료인 IM 자료를 작성하고 본격적으로 지인들을 통해서 입점 의향을 물어 가는 과정 속에 한 가지 의외의 문제가 드러났다. 바로 거리다. 여수라는 곳이 생각보다 참 먼 곳이었다. 현장을 자주 들여다보고 현장에서 오랜 시간을 보내야 하는데 생각처럼 그게 잘 이루어지지 않았기 때문이다. 처음에는 차를 몰고 사업지에 갔었는데 4~5시간 정도는 걸렸던 거 같다. 여수에서 미팅 시간을 10시로 잡으면 집에서는 새벽 4시 전후로 출발해야 미팅 시간에 참여할 수 있는 상황이었으니까 논스톱으로 혹은 중간에 휴게소에서 잠시 기지개 펴는 시간이 주어지는 정도였고, 무엇보다 가장 고된 것은 미팅을 마치고 집으로 복귀할 때의 피로감이 엄청나다는 것이었다. 사업지에 대한 거리가 내 전투력 상승에 짐이 된 것이었다. 그 다음부터는 행신역에 주차를 해 두고, KTX를 타고 이동했다. 물론 여수에 가서 이동하는 건 불편했지만, 운전하지 않고 편안하게 사업지에 대한 생각을 하는 시간은 매우 유익했던 것 같다. 현명한 선택이었다.

한동안 기존 사파리에서 상업 시설에 대한 분양, 임대, 상가 활성화를 담당했던 내 노하우, 내 업무 스타일에 따른 일반적인 루틴으로 프랜차이즈 테넌트들을 찾아다니면서 임차에 대한 의향을 묻는 활동을 했었는데 생각처럼, 기대처럼 손쉽게 응답해 주는 업체들이 많지 않았다. 그러던 차에 건물 내부에 '호텔'이 입점 운영해 있는 것에 착안해서 음식점과 칵테일에 대한 부분으로의 테넌트로 생각이 뻗어 나갔고, 그러다가 상도동 쪽에서 분위기 있는 칵테일 로컬 테넌트로 이름이 알려진 곳을 발견하고 이메일로 여수 프로젝트에 대한 임차에 대해서 문의를 하게 된다. 그런데 마침 그 로컬 테넌트도 여수 인근에 빈집 활용 프로젝트를 진행하고 있다면서 높은 관심을 보이게 되었다. 더 재미있는 건 현장을 자주 들여다보기 위해서 관심이 있는 테넌트가 발생하면 여수 사업지로 미팅 장소를 잡아 그 약속 때문에라도 현장을 자주 들여다봐야겠다고 생각했었는데, 미팅을 하려고 여수 사업지에 가면 커피를 마실 공간이 주변에 없었다. 그러던 차에 호텔 내부의 커피숍에서 커피를 마시다가 문득, 스타벅스가 블록 단위(물류 비용을 아끼면서도 혹시 모를 잠재적인 경쟁자가 매장의 인근에 출점하여 기존 스타벅스 매장에 임팩트를 주는 것을 헤징하기 위해 인접 위치한 곳에 추가 출점하는 형태) 출점 기획을 세우듯 호텔에 위치해 있지만 바로 아래층의 더 멋진 공간에 대해서도 탐내지 않을까? 추가 출점을 하려고 하지 않을까? 독점하려고 하지는 않을까? 하는 생각에 미치게 되었다. 마침 그 커피 브랜드는 여수시 웅천 지구 중심 상업 지역에 본점이 있었고, 그 업체 대표에게 IM 자료를 보내고, 전화로 약속을 잡고 미팅을 하면서 운 좋게 커피 브랜드 입점에 대한 불씨를 살리게 된다.

이야기는 생각보다 잘 진행되었다. 서울의 칵테일 브랜드와 여수 웅천 지구에 본점을 두고 해당 건물 바로 위층에서 이미 영업을 하고 있는 커피 브랜드의 오너 분들은 H 호텔이 입점한 그 프로젝트의 출점을 매우 긍정적으로 생각하고 있었다. 단, 입주 초기이고 영업이 어찌 될지 모르는 상황이기도 하고 큰 면적을 사용하려고 하다 보니 초기 인테리어 비용에 대한 부담과, 거기에 보증금까지 추가로 지불하게 된다면 자금 지출이 더블로 발생되어 임차인을 힘들게 하는, 즉 출점에 걸림돌이라는 의견을 이야기하였고, 나는 해당 내용을 잘 정리한 뒤, D 후배가 근무하는 시행사 측에 우수 브랜드 유치를 위해서 업체 유치를 위한 특단의 조치를 해야 한다고 설득하게 된다. 해당 앵커들이 입지하려는 위치는 1층이 아닌 2층이고, 2개의 브랜드는 상업 시설 활성화를 위해서 꼭 필요한 앵커라고 시행사를 설득하여 인테리어 비용을 시행사에서 지원해 주는 것으로의 임대차 합의를 이끌어 낸다. 물론 공짜로 인테리어 비용을 대여하는 건 아니고, 영업 기간 동안 분할하여 상환하는 것으로 하여 초기 자금 부담에 대한 헤징 프로그램이 적용된다. 이에 따라 입점에 대한 클로징이 되고 인테리어에 들어가게 된다.(요즘은 TI라고 하여 앵커 혹은 큰 면적을 사용하는 시설에 대한 인테리어 비용을 지원해 주는 프로그램은 대형 상업 시설에서는 흔한 일이 되었지만 그때는 어느 정도의 활성화 의지가 있지 않으면 시행하기 어려운 결단이기도 했다.) 운도 따라 주었지만 시행사의 활성화 의지와 더불어, 테넌트들의 가능성에 대한 도전이 만들어 낸 결과가 아닐까 생각이 든다. 거리도 멀었고 채워 넣어야 할 공간도 큰 그 상가 활성화 용역을 과연 해낼 수 있을지에 대해서 의문이 들기는 했지만, 다시 생각해 보아도 운이 따랐던 거 같다. 시행 프로젝트를 포함하여 다양한 개발 관련 업무들을 운으로만 성사시킬 수는 없겠지만, 가지고 있는 현장의 장점을 잘 살피고, 현장에서 답을 찾으려고 했던 그 고민들이 더해지면서 잠재력이 우수한 상업 시설의 LM 관련 프로젝트를 오랜 시간 걸리지 않아서 잘 클로징한 야생에서의 큰 성과라고 생각한다.

그런데, 항상 운이 따라붙지는 않았다. 화장실 들어갈 때와 나올 때가 다르다는 말을 많이 하듯이 처음 헬프를 외치면서 하소연할 때와는 달리 기류가 조금 이상하게 흘러갔다. 임대차 계약서에 도장을 찍는 당일 조금 일찍 와 달라고 하는 시행사 후배의 요청으로 사전에 미팅을 했었는데, 회사 내부에서 용역 비용을 0000원만(최초 이야기하던 비용의 1/3 가격 수준이었다) 줄 수 있다고 하는 것이다. 기존 협상 과정에서 그리고 분양가, 임대 가격에 대한 LM 활동의 기본적인 요율(전세 환산 가격을 기준으로 2~3% 수준의 용역 비용을 책정하는 것이 일반적이긴 하다) 이 있을 것인데, 회사 오너가 부동산 수수료 수준으로 지급을 하랬다는 말을 그제야 하는 것이다. 거기에 더해서 더 충격적인 부분은 D 후배가 아닌 외부 업체가 핸들링하여 성과가 달성된 것을 내부 조직원들이 알면 안 된다는 이야기도 덧붙였다. 즉 이 모든 성과는 D 후배가 했어야 하는 것이 되어야 하는 거고, 0000원의 비용도 나에게 직접 줄 수 없고 2개 업체에게 비용이 지급될 때 얹어서 줄 테니 그 업체들에게서 비용을 받으라는 정말 청천벽력 같은 이야기를 해 온 것이다. 그러면서 당장 1시간 후면 업체들이 와서 계약을 체결할 것인데, 내가 앞서 이야기한 것을 받아들이지 않는다고 하면 TI 지급을 포함한 임대차 계약은 없는 것으로 하겠다는 이야기까지 듣게 되었다. 아무리 그래도 최초 미팅 시점부터 이러한 조건들을 이야기해 주었다면 더 좋았을 것인데, 도장 찍기 1시간 전에 일방적인 통보식으로 이야기를 전달해 오다니, 정말 큰 배신감이 들었던 포인트였다. 믿었는데 말이다.

계약서는 예정대로 체결이 되었고, 시행사는 2개 업체에게 약속대로 인테리어 비용을 지불했고, 나 역시 LM 관련 수수료로 0000원을 임차인을 통해서 받으면서 여수 프로젝트에 대한 업무는 자연스럽게 마무리가 되었다. 좋은 프로젝트를 함께 클로징해서 즐거웠다고 이야기를 그 후배에게 하려고 했었는데 하지 못했다. 먼 거리 운전하고 고민하고 이런저런 협의를 이끌어 낸 것은 나인데, 적반하장으로 모든 클로징의 성과는 D 후배 자신이 했다고 하면서 기념 사진은 자신이 찍었으면 한다는 식이다. 그리고 그 크고 멋진 프로젝트의 클로징 수확물도 처음 이야기 나눈 것의 1/3만 주겠다고 하는 것이 되어 버린 거다. 그렇게 고민이 많아서 어떻게 할지 모르던 멋진 프로젝트를 단번에 클로징했음에도 말이다.

비하인드 이야기이지만, 예상보다 빠르게 LM에 대한 부분의 성과를 거둘 거 같은 기대감에 기분 좋은 시간을 보냈었다. 사전에 시행사와 이야기했던 용역 비용을 기준 삼아 그 금액이면 야생에서의 시행 프로젝트를 찾아다니는 생활을 하는 동안 이곳저곳 시장 조사, 현장 답사 등 찾아다닐 기본적인 여비는 넉넉하겠다고 생각이 들어서, 입점 계약 날 인함과 동시에 일정 금액을 투자하겠노라 서울 로컬 업체 대표님과 약속을 했었다. 또한 여수 프로젝트에 입점하는 법인을 만들 때 나도 주주로 참여하기도 했다. 그런데 시행사의 일방적인 통보로 1/3로 용역 비용이 줄었다고 해서 비용 투자를 전혀 안 한 건 아니다. 내가 애초에 이야기한 금액에서 1/2로 줄여서 투자를 했고 투자 기간이 지나서 혹 되돌려 준다고 하더라도 받지 않을 생각이다. 돈이 많아서가 아니라 그게 도리라는 생각이 그전부터 들었기 때문이다.

운칠기삼이라는 말이 있듯, 이렇게 해도 저렇게 해도 다 잘되는 운이 따르는 시기가 있을 것이다. 그러나 그 운을 너무 믿어서는 안 된다. 운은 바람처럼 왔다가 또 바람처럼 사라지기도 할 것이기 때문에, 운이 도래했을 때 조금 수월하게 진행될 수는 있겠지만, 온전히 그 운의 힘으로만 진행되기를 바라면 안 될 것이다. 시행사에서도 무슨 사정이 있었겠지만, 좋을 때와 안 좋을 때가 그렇게 달라질 수 있는 것 또한 야생에서의 일이 아닐까 생각이 들었다.

지금 와서 다시 가정해 보면 D 후배를 내심 믿지 못해 계약서를 먼저 쓰고 시작했다면 어땠을까 하는 생각도 들지만, 그랬다면 아마도 용역 계약서에 날인을 하지 못할 가능성도 있지 않을까? 마케팅 활동 과정에서 앵커 유치를 위해서 TI 등을 지급해야 한다고, 입점 업체를 생각해야 상가가 활성화될 수 있다고 하면서 내가 제안한 금액에 대하여 시행사에서 다 수용하지 못한다고 한다면 내가 야생에서 여수에 있는 그 입지 좋은 사업지에 참여할 기회도, 로컬 업체를 만날 기회도 없었을 테니까 말이다. 그러니 운에 올인하지 말고, 늘 그 운의 뒤를 조심하면서 숲길을 헤매야 할 것이다. 잔뜩 긴장한 채로 말이다.

• 신문 기사

## 로컬 선수들이 뭉쳤다… "주민 위한 공간으로 지역 살릴 것"

여수 포트타운 웅천 만든 합작 소셜벤처 '비프라퍼티'

여수=박선하 더나은미래 기자
업데이트 2021.04.06. 15:45

전남 여수에서 주민 친화 공간 '포트타운 웅천'을 함께 만드는 주역들이 한자리에 모였다. (왼쪽 위부터 시계 방향으로) 김요한·문승규 블랭크 공동대표, 강민욱 판 대표, 우영승 빌드 대표. 이들은 "각자의 지역에서 '로컬'을 만들어온 노하우를 모아 여수를 주민들의 일상이 풍요로운 지역으로 만들겠다"고 했다. / 여수=임화승 C영상미디어 기자

기사 링크 QR

## 디벨로퍼 프로젝트 인사이트 5

곳간에서 인심 난다고도 하지만, 오히려 곳간이 풍성해지면, 어떤 결과치가 눈으로 보이거나 손에 잡힐 듯하면 드디어 본색이 드러나는 곳 또한 '야생'이 아닐까 싶기도 하다.

작정하고 이용하려고 하는 사람들을 당해 낼 수 있는 방법은 없을 것이다. 거기에 상대가 용역 발주를 주는 '갑'의 위치에 있는 상태라면 더더욱 말이다.

주변에서 나를 찾아 주고 뭔가를 의뢰해 주는 것은 좋은 일이지만, 그 초기의 찾아 주는 마음과 향후 일이 완료되어 흡족한 상태임에도 불구하고 용역에 대하여 정산되는 통장 잔고와는 별개일 수 있다. 따로 놀 수도 있는 거다.

편도 4~5시간 차를 몰아 밤새 달려, 현장을 다니면서 투자했던 노력들이 1/3로 평가받는 상황 속에서의 그 느낌은 다시금 생각해도 수치스럽고 배신감 느껴지는 감정이지만, 그 뒤로 그 상황과 느낌을 교훈 삼아 일과 통장 잔고의 비례감에 대해서 다시금 생각해 볼 수 있는 기회를 준 거 같아 고맙기도 하다.

그러니, 당장 여기저기서 찾아 준다고 시행 프로젝트, 혹은 다양한 용역을 함께 소싱하고 클로징하자고 제안이 온다고 하여 무작정 좋아할 일만은 아니다.

그 소싱 프로젝트가 제대로 클로징할 수 있는 것인지, 그리고 나를 찾아 준 상대방의 됨됨이도 함께 봐야 할 것이다.

클로징한 이후 이익의 배분과 일하는 과정 속에서의 정확한 임무 분장 그리고 과정 속에서의 이야기가 지켜지는가에 대한 나름의 분석, 기준이 있어야 허탕 치지 않을 수 있다. 뒤통수 안 맞을 수 있단 말이다.

야생에서는 가까운 사람을 늘 조심해야 한다.

곳간에 곡식이 가득하면 언제든 입장은 바뀔 수 있다. 배고픈 상태로 장 볼 때의 카트와 배부를 때 장 볼 때 카트의 무게가 다르며 카트에 담기는 물건의 종류 또한 다르다는 것을 잊지 말아야 한다.

그게 야생이다.

**PROJECT INSIGHT**

큰 시행 프로젝트 옆에는
비슷한 환경에 자리하려는
또 다른 멋진 시행 프로젝트가 있을 가능성이 크다.
그러니 큰 시행 프로젝트 주변을 주목해야 한다.
그러면 소싱, 클로징의 가능성을 조금이라도 높일 수 있을 것이다.

## 06

# 프로젝트 소싱도
# 전략이다.

## 06

*"큰 시행 프로젝트 옆에는
비슷한 환경에 자리하려는
또 다른 멋진 시행 프로젝트가 있을 가능성이 크다.
그러니 큰 시행 프로젝트 주변을 주목해야 한다.
그러면 소싱, 클로징의 가능성을
조금이라도 높일 수 있을 것이다."*

지금의 회상 속에서는 여수 웅천 도시 개발 사업의 LM을 포함한 활성화 PM에 대한 그 끝이 아쉽게 기억되었지만, 해당 용역 업무를 소싱하고 클로징하는 과정 속에서 소소한 재밋거리도 있었다. 여수 상업 시설 PM 관련 건의 검토 초기에 M 증권의 후배로부터 연락이 왔었다. 본인이 담당하는 D 건설의 프로젝트가 내가 용역을 수행하려고 하는 사업지의 근처에 위치하고 있는데, 상업 시설에 대한 MD 구성 및 LM 등과 관련하여 고민이 많다면서 말이다. 그런데 여수 웅천 도시 개발 사업의 담당 임원이었던 D 후배와 M 증권의 E 후배는 예전 송도 프로젝트 때 방배동 합사 사무실에서 함께 근무했던 동료이기도 하다. 그렇게 부동산 업계에서 아는 사람들은 서로 알 확률이 높아지게 되는 거고 끼리끼리 도와 가면서 돕고 돕는 흐름이 있다. 한 번도 협업을 안 한 상태에서의 사업적인 이야기, 그것도 골치 아픈 이야기를 풀어내는 것이 일반적이지는 않으니까 말이다. 공교롭게 여수 웅천 도시 개발 사업지에서 D 후배가 이야기하여 준비하는 현장과 E 후배가 이야기한 케어가 필요한 상업 시설 현장은 길 하나 차이로 마주하고 있는 상태였다.

• 사업지 개요

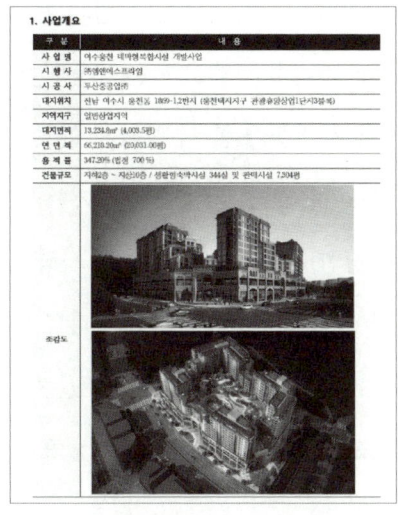

• 호실 배치 현황

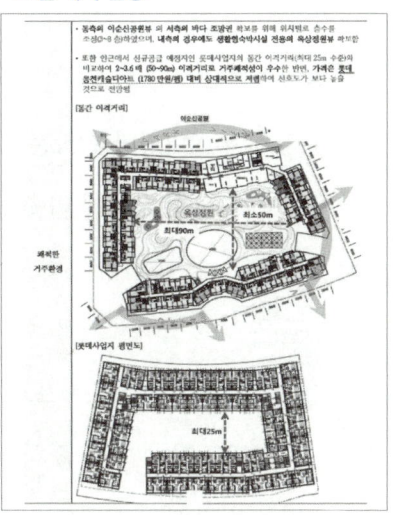

　　E 후배가 보내 준 자료를 토대로 사전 검토를 했는데, 우리 집과의 거리도 있어서 해당 프로젝트에 대한 용역을 수주하게 되더라도 당장 지속 가능하게(상주하면서) 뭔가의 액션을 하기에 한계가 있을 듯하다고 판단이 들었다. 그런 고민 속 때마침 야생 생활에서 지속적으로 협업하면서 교류하고 지내는 부산에 사는 친구가 내 이야기를 듣고는 관심을 보이게 되어, 일이 메이드 된다면 그 친구가 주축이 되어 진행해 보

기로 하고, E 후배에게 현장을 다녀오겠다고 했더니 해당 사업장의 대표와 현장에서 미팅해 보는 게 어떻겠냐고 하여 그 현장의 시행사 대표와 나 그리고 부산의 친구가 일정을 잡아 현장에서 미팅을 하게 된다.

D 후배가 의뢰한 상업 시설도 작은 사이즈가 아니었는데(전체 호실, 연면적, 건축 규모 모두) E 후배가 내게 묘수를 구했던 그 상가의 규모도 만만치 않았다. 팩트로만 보자면, D 후배가 진행하는 상업 시설의 콘셉트는 임대를 기반하여 활성화를 한 뒤에, 매각을 하려고 하는 내용이 있었고, E 후배가 이야기한 현장은 분양에 포커싱이 좀 더 강하게 있었던 현장이다 보니, 같은 Site에 비슷한 인프라를 가진 상업 시설이기는 했지만, 마케팅 눈높이를 다르게 포지셔닝한다면 수요자가 있는 시장으로의 진출은 서로 겹치지 않을 수 있기에 진행이 가능하리라 생각도 되었다. 비슷한 입지고 또 서로 도로 하나 사이를 두고 마주하고 있는데, 추구하는 목표도 같다면 둘 중 하나는 포기해야 하는 것이 도리상 또한 순리상 맞는 것일 테니까 말이다.

임차인 확보를 위한 Tapping도 진행하면서 그 테넌트가 입점하게 되면 개별로 분양하느냐 턴키로 매각하느냐의 차이이니 해 볼 만하다고 생각했던 거 같았다. 물론 동일 상권 내에서 입주 시기도 비슷비슷한 상업 시설의 공급이 단기간 많이 발생하게 된다는 부분이 가장 크게 걸렸고, 주변에 하나둘 건물이 들어서게 되면서 '공실', '슬럼화'에 대한 부분이 눈에 보이게 되고 또한 부동산 등을 통해서 임차가 완료된 호실들의 보증금, 월 임대료가 눈에 보이는 상황에서의 투자 수익률은 딱 드러나기 때문에 투자자를 유인하기에는 그리 베스트한 상황은 아니었다. 2020년 겨울의 이야기이다.

E 후배가 관리하는 현장의 대표를 만나 임차인 모집, 분양 방안 등의 활성화에 대해서 부산 친구와 내가 본 그 아이디어를 보고서에 담아 제안하기로 하였다. 기초 자료에는 층별 판매 현황이 표시되어 있었고 예상했던 대로 우수 급지의 호실들이 위치한 1층 위주로 분양이 된 상태였다. 이미 TI 라고 하는 임차인, 수분양자(분양 받아 직영 운영하는 케이스)에 대한 혜택이 설정되어 실행되고 있었다. 현재의 컨디션에서 사업 시행자의 리스크를 최소화하고 판매를 극대화할 수 있는 그 최적의 포인트를 제안해야 하는 몫이 부산 친구와 내 앞에 놓인 것이다. 설사 나와 친구가 최적의 안이라고 하여 제안한다고 해도 사업 시행자가 모두 다 수용하는 것은 아닐 테고 또 사업 시행자가 수용했다고 해서 그게 시장에서 성과를 100프로 발휘한다고도 할 수 있는 건 아니었지만, 내가 D 후배의 현장을 하려고 하고 있었고, 그렇게 되어 그 주변으로의 사업지가 생긴다면 나와 부산에 사는 친구가 들여다보기가 더 수월하고 효율적이라는 생각까지도 했던 것 같다. 그리고 그 친구와는 꼭 어떤 모양새로든 함께 프로젝트를 협업해서 멋스럽게 끝내기를 바라는 마음이 평소에도 있었기에 일단 해 보자는 생각이 더 앞섰던 거 같다.

종종 마케팅 회사를 운영하는 후배들이 핸들링하는 분양 현장(준공

임박 혹은 준공된 이후의 현장들)에 가 보게 되는데 그 후배들이 말하는 공통적인 말들이 있었다. 현장에서 마케팅을 하다 보면 처음에는 주변 경쟁 상품의 관계자들이 정보를 캐내기 위해서 방문하는 게 대다수이지만, 이내 시간이 지나고 나면 그 후배들에게 그들의 사업지에 대한 협업을 위한 용역 의뢰를 문의하러 찾아오는 사람들이 종종 있다는 이야기를 한다. 결국 어떤 곳이든 불을 밝히고 계속적으로 운영하는 것이 인지되는 것 그게 바로 광고이고 새로운 영업을 수주하기 위한 마케팅이자, 의도하지 않게 발생되는 영업 시너지라고 말이다. 여수 웅천 도시 개발 사업장에서의 D 후배의 사업장 그리고 E 후배가 소개해 준 사업장에 대한 내용을 보면서 마케팅 회사를 운영하는 후배들의 그 말이 묘하게 겹쳐지게 되었다. 즉 크고 매력적인 프로젝트 옆에는 그에 미치지는 못하지만 그럼에도 불구하고 또 다른 프로젝트가 존재할 확률, 가능성이 있다는 사실 말이다. 그러니 뭔가 잘 안 풀리거나 영업, 마케팅 등에 있어서의 확장이 더디다면 일단 플래그십 스토어와 같은 역할을 하는 현장을 빠르게 운용해 보는 것도 좋은 방법이지 않을까 생각이 든다.(물론, 그 최초의 현장을 수주하는 것도 쉬운 일은 아닐 테지만 말이다) 어쨌든 불을 밝혀야 오징어가 모여든다.

　부산 친구와 현장 주변에서 잠시 이야기를 나누었다. 방향성에 대해서 그리고 역할 분담에 대해서 또한 진행 법인에 대한 부분까지도. 그렇게 의견 합치를 한 뒤에 각자 흩어져 집으로 오는 차 안에서도 머리는 분주히 움직인다. 나는 나대로, 부산 친구는 부산 친구대로 기존 마케팅, 전술이 왜 시장에서 성과를 내지 못했으며(사업 시행자가 준 내용에 근거하여) 어떻게 해야 좋은 성과를 낼 수 있을까에 대한 고민들이 각자의 머릿속에서 분주히 벽돌을 쌓아 올리고 있었을 것이다. 이전 시행 프로젝트를 접하고 부산 친구와 협업했던 때와 마찬가지로, 현장에서 보고, 듣고, 느낀 것을 기초로 해서 사업 시행자에게 제안할 마케팅 판매 전략 제안서의 방향성에 대한 서머리(페이지네이션)를 급히 작성 및 공유한 뒤에 부산 친구와 눈높이를 맞추었다. 그 다음 이야기했던 대로 각자의 역할 분담 내용을 적어 파워포인트 작업 및 한글 작업을 진행하면서 파일 버전의 숫자도 올라간다. 파워포인트로는 버전 9까지 저장된 것을 보니 서로 오간 내용이 9번 정도 되는 거다.

이때 서로의 역할 분담도 매우 중요하다. 각자 같은 것을 잘하는 것이 아니기에 100%의 퍼포먼스를 내기 위해서는 역할을 제대로 잘 나누어야 되고 또한 한 사람이 만든 것처럼 페이퍼 워크가 되기 위해서는 의견에 대한 코어가 비슷해야 한다. 같은 현상을 보고 어떤 것을 더 중요하게 생각하는지에 대해서는 수시로 이야기를 맞춰 나가지 않으면 어디에선가 미묘하게 '어~ 이상한데~', '어~ 앞에서 이야기한 전략과 뒤쪽의 전술이 좀 이상한데~' 하는 부분이 생기기 마련이기 때문이다. 그런 면에서는 부산 친구와의 협업은 '아' 하면 '어' 하는 수준이고 업무에 대해서 집중하는 부분이 서로 조금 다르기에 늘 작업에 대한 부담도 속도도 최적화되어지는 거 같다.

　애초에 E 후배가 상업 시설에 대한 용역 의뢰를 했을 때 분양이 저조한 상태였기 때문에 당장은 일정 기간 안에 어느 정도의 성과가 절실한 상태였었다. 그걸 염두에 두고 사업 시행자가 무리 없이 받아들이면서도 해당 사업지의 자금 흐름에도 무리가 없어야 하는 부분을 고려해서 마케팅에 대한 제안을 완료하고 해당 내용을 사업주와 E 후배에게 발송했다.

• 제출 제안서 썸네일

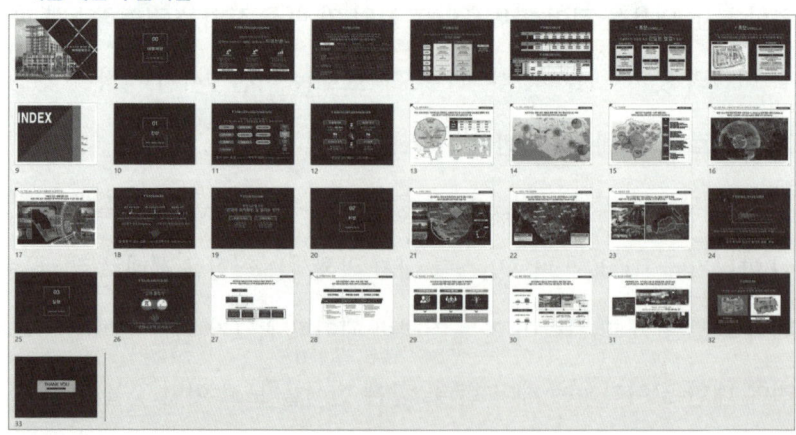

결과는 그 프로젝트에 대한 용역을 수주하지 못했다로 마무리가 된다. 명쾌한 이유에 대해서는 듣지 못했다. 다만 후배로부터 들은 이야기로는 판매 비용에서의 수수료율이 올라갔던 것이 문제로 보였다. 100원 판매할 때마다 기존에는 16.5원을 마케팅 비용으로 지출했었는데 부산 친구와 나는 18.5원으로 제안을 했었기 때문이다. 성과가 급한 사업장이긴 했지만 아무래도 비용에 대한 버퍼는 많지 않았었지 않았나 생각이 든다. 그도 그럴 것이 분양이 저조한 상태에서 마케팅 비용으로 돈을 기존보다 더 많이 쓴다고 한다면 판매를 담보하지 못하는 상황에서 1, 2순위 채권단이(금융, 시공사 등) 쉽게 동의하기가 어려울 수 있었을 것이리라 생각이 든다. 그럼에도 불구하고 그때 그 제안을 사업 시행자가 받아들였다면 어땠을까, 지금 어떻게 바뀌었을까 하는 생각을 해 본다.

2023년 12월 기준으로 로드 뷰를 살펴보니 여전히 1층의 미분양이었던 곳은 공실로 확인이 된다. 준공을 했다는 이야기는 우여곡절이 있었지만 무사히? 사태를 수습하고 대주단과 시공사를 Exit시켰다는 흐름으로 볼 수 있을 것이다. 아니면 금융권만 Exit시킨 뒤, 공사비는 남아 있을 가능성도 있을 테고 말이다. 부산 친구와 내가 제안한 것을 시행사가 받아들이지 않은 상황에서 그 뒤로 분양에 대한 소소한 성과가 있었을까? 하는 궁금증도 생긴다.(확인한 정보로는 2022년 12월 입주로 되어 있다. 2022년 금리 상승 시기를 온몸으로 받아 냈을 것인데 그래서 준공 이후에도 공실이 있는 것이 아닐까 생각이 든다) 토지를 매입하고 콘셉트 잡고 건축하여 준공시키는 부동산 개발 프로젝트는 '타이밍'이 정말 중요함을 알 수 있다. 사업을 시작한 뒤 공사 기간 중에 그리고 준공 시점까지의 모든 과정 속에서 타이밍은 큰 영향을 미치는 가장 중요한 변수가 된다. 매도 먼저 맞는 게 낫다는 말이 떠오른다.

### 디벨로퍼 프로젝트 인사이트 6

현재 무엇이든 어떤 프로젝트이든 간에 실체, 실물을 운용하는 것이 매우 중요하다고 본다.
늘 계획만 세우다가는 칼도 녹슬고, 등에 짊어진 식량(통장 잔고)도 바닥날 수 있기 때문에 만족스럽지는 않더라도 뭔가 소싱, 트라이, 클로징을 해내야 하고 또 무엇이라도 소싱하기 위해서 현장을, 브로커를, 토지주를 쫓아가는 과정을 되풀이해야 한다고 생각한다.
그런 과정에서 의외의 인사이트를 받을 수도 있고, 또 의외의 곳에서 의외의 사람들을 만날 가능성도 있기 때문이다.
더불어 이왕 쫓아가는 길에 그 방향에 있는 시행 프로젝트를 소싱했다면 그 발견한 프로젝트에 대해서 굳이 클로징 노력을 하지 않을 이유도 없지 않은가. 그 프로젝트가 황당한 조건을 내걸지만 않는다면 말이다.

그러니 딱 A야, 라고만 고집하지 말고 AA든 A+이든 비슷하거나 비슷한 영역에서 취할 수 있는 것이 있거든 조금의 수고를 들여서라도 노력해 보는 것도 중요하리라 본다. 설사 그 사업지를 놓치더라도 말이다.

그렇게 인근 지역에서 하나 더 하는 것, 비슷한 부분으로 잘하는 것을 더 잘하게 만드는 것 등 디벨로퍼로서의 감을 잃지 않게 하는 것이 필요하다. 그리고 그렇게 늘 깨어 있는 과정 속에서야말로 제대로 된 시행 프로젝트를 만날 가능성도 높아지는 것이 아닐까 싶다.

## PROJECT INSIGHT

안성맞춤 PM 용역을
거의 다 수주했다고 자신 있게 생각했는데~ 아쉬웠지만
프로젝트 소싱, 클로징 과정에서
조화로운 특기를 가진 지인들과 후배와의 협업으로 코웍을 해 보다.

## 07

# 친구들을
# 잘 사귀어야 한다.

## 07

*"안성맞춤 PM 용역을
거의 다 수주했다고 자신 있게 생각했는데~
아쉬웠지만
프로젝트 소싱, 클로징 과정에서
조화로운 특기를 가진 지인들과 후배와의 협업으로
교훈을 해 보다."*

야생에 나오기 전인 동물원과 사파리 어디쯤에서 열심히 직장 생활할 때, 저 멀리 울산 장생포 지역에 위치한 준공 미분양 상품을 정리하기 위해 현장 책임자로 파견되어 3~4개월 정도 현장 근무를 한 적이 있었다. 그때 마케팅 대행사 영업 본부장으로 배치되어 나와 함께 그 어려운 현장을 마무리한 인연으로 연락을 주고받던 후배와 야생에서의 멋진 PM 프로젝트를 소싱하고 클로징하기 위해서 뭉치게 되었다. 내가 사파리를 거쳐 사파리와 야생의 경계에서 박쥐처럼 어중간하게 있을 때(51대 49로 야생 쪽에 더 기울어졌었지만 말이다) 그 후배는 장생포 현장 이후에 마케팅 회사를 차리고 직원을 두면서 왕성하게 활동하여 나보다 더 일찍 야생에서 승승장구하고 있었다. 이전과는 다른 모습과 상황에서 그 후배의 인맥의 힘으로 성남 쪽의 건물을 소유하고 있는 지주를 만나게 되었고, 그 지주가 소유한 부지 옆에 있는 필지를 추가 매입하여 재건축 하려고 하는 그 프로젝트를 그 후배와 의기투합하여 클로징해 보기로 하였다.

• 사업지 모습

• 배치도

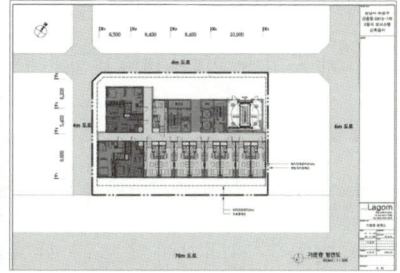

시행 대행인 PM 업무로 접근했던 이 프로젝트의 고민은 본인이 소유하고 있는 토지에 더해 양옆에 붙어 있는 2개의 필지를 각각 매입하고 총 3개의 필지를 합하여 건물을 짓고, 본인이 병의원을 직영하여 사용하고 나머지 부분은 분양 및 임대 운영 하고 싶다는 생각이 가장 핵심이었다. 후배는 마케팅 관점에서 그간 다양한 사업지에 대해서 시장조사를 여러 차례 진행했었지만, 성남에 있는 이 PM 프로젝트는 그 후배가 기존에 조사했던 마케팅 관점에서 분양가가 얼마이고, 목표 분양율이 이렇다라고 하는 것으로는 다 풀어내기에 한계가 있는 사업지였으며, 접근 방식은 좀 더 디테일한 부분까지 제안을 해야 하는 까다로운 프로젝트였다. 내가 바라본 이 사업지는 PM이라고 하는 업무의 영역으로 확대해서 이 프로젝트에 대한 전권을 위임 받아 A to Z로 업무를 진행해야 하는 상황이었다. 지주와의 미팅 이후 후배는 PM의 업무에 대해서 공감은 하나, 지주 성향상 용역 수주를 위해 조금 부풀려서라도 수지 분석의 사업 이익에 대한 내용을 제안을 하게 되면 그 내용에 대해서 개런티를 요구하는 성향일 수도 있다는 부분을 가장 큰 Risk로 염두에 두고 있었다.(내가 느끼기에는 PM 업무를 수주할 때 건넸던 그 사업 이익이 준공 시점에도 그대로 실현되어지기를 바라는 성향이자, 1%의 리스크도 용납할 수 없다는 의지의 사업주라고 생각하는 거 같았다.) 그도 그럴 것이 그 지주는 명함을 건네자마자 얼굴 사진을 찍으려고 했었다. 잘 기억을 못한다면서 말이다. 그동안 여러 사람들을 만나 보았으나 처음 만난 자리에서 얼굴 사진을 찍어 저장한다고 하는 사람은 처음이었다. 사람들이 북적이는 스타벅스 커피숍에서 말이다. 그게 바로 그 지주와 이 프로젝트에 대한 인상 깊었던 첫인상이었다.

사업지의 위치는 좋았다. 초역세권이었고, 남측의 도로가 조망권을 확보하게 해주는 완충 역할을 하고 있는 양호한 컨디션의 사업지였다. 물론 넓은 면적의 사업지가 아니다 보니 주차 배치가 난해했으며, 맞벽까지는 아니나 딱 붙어 있는 옆 필지들의 건물들로 인해 공사 시의 주변 건물들의 민원이 심히 우려되는 상황이기도 했다. 시장 조사를 하고 지주에게 브리핑할 자료를 정리하려고 계획을 잡다 보니, 이왕 이 프로젝트를 한 번에 제대로 클로징하기 위해서는 후배와의 협업에 더해서, 광고, 설계 등 실질적인 PM(시행 대행)의 시스템으로 사전에 제안서를 마련해 보면 어떨까 하는 생각이 들었다.

• 광고 카피

• 케이스별 사업 수지

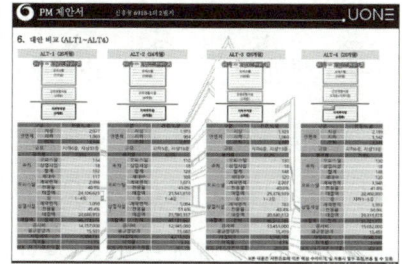

야생으로 나서면서 설계 사무소 친구에게 소개 받은 F 소장님에게는 규모 검토, 법규 검토, 인허가에 대한 부분에 대해서 협조를 구했고, 광고 회사를 운영하는 지인에게는 광고에 대한 부분에 대해서 협조를 구했다. 후배 회사의 직원에게는 그간 다양하게 조사를 한 부분이 있었던 터라 보고서의 수요, 마케팅 관점에 대해서 작업을 요청했고, 나는 이번 제안의 형식이 사업주가 전혀 고민하지 않아도 될 만큼의 내용이 담길 수 있는 전반적인 PM 제안서가 될 수 있도록 나머지 부분과 사업 수지에 대한 내용을 맡아서 작업을 시작하게 되었다. 프로젝트를 제대로 클로징하기 위해서 정식 용역을 맺고 업체와 협업은 여러 차례 진행했었지만, 프로젝트에 대한 클로징 이후의 용역 업무 범위에 대해서 지인들에게 보고서 작성 초기부터 협업을 요청한 것은 처음이기도 했다. 특히 상품에 대한 세부적 건축 계획도 없는데 광고 이미지 혹은 카피를 넣는다는 것도 조금 빠른 거 아닐까 하는 생각도 했었다. 다행히 그 사업지에 대해서 진가를 알아봐 주었고 노력 없는 성과 없듯 해당 프로젝트를 성공적으로 클로징하고 난 이후의 나와 후배가 PM을 수주하게 되면 앞단에 고생한 각자 역할 및 용역에 대한 부분은 계약으로 연결된다는 나의 말을 믿어 주었기에 작업에 대한 집중과 성과물은 마음에 흡족한 수준으로 정리가 되었다. 특히 설계에서의 규모 검토로 작업을 마무리한 것이 아니라 설계 내용에 부합되는 층별 평면도를 작업하여 준 F 소장님의 노력과 광고 회사를 운영하는 지인의 광고 핵심 카피에 대한 작업이 지금 이 에피소드를 꺼내면서도 고마운 마음이 든다. 프로젝트를 단칼에 클로징할 수 있게 위해서 노력하려는 마음이 담기지 않았다면 절대 나올 수 없는 노력의 결과였기에 더더욱 우리는 그 프로젝트를 한 방에 수주하기 위한 목표 의식이 더 강해질 수 있었다.

시장 조사를 진행하면서도 Risk한 부분이 없지는 않았지만 어찌 완전무결한 프로젝트만 존재할 수 있겠는가. 그러나 그 Risk를 충분히 해소할 매력적인 부분들이 많았기에, 또 함께 야생을 헤매고 다니는 부동산 업계 전문가들과 코웍을 통해서 충분히 그 이상의 퍼포먼스를 도출할 자신이 있었기에 앞만 보고 달려가기로 마음먹었다. 제안서의 내용 중 '사업 수지' 부분에서의 표현 방식도 매출액 대비 일정 수익률이라고 하는 디벨로퍼에게 익숙한 형식이 아닌 자기 자본 수익률이라는 것으로 사업주의 관점에 맞게 조정하는 전략을 세우기도 했다.(늘상 익숙했던 시행사, 시공사, 금융사의 눈높이가 아니라 개인이 보는 것이기에 그리고 기준 가격을 조금 낮춰서 자기 자본으로 하게 되면 수익률 단위가 100%대 이상이 되는 것을 노린 것이기도 했다) 그리고 어떤 모습을 상상할지 몰라 ALT를 다양하게 구성하여 머릿속에서 구현해 낼 수 있는 모습의 다양한 사업 개발 콘셉트에 대해서도 담을 수 있도록 노력하는 등 제대로 PM 제안을 마무리 지을 수 있는 전략을 후배와 계속해서 고민하고 또 고민하였다.

PM 제안서가 마무리되고 지주에게 브리핑할 날짜가 되었다. 근데 지주는 불참을 하게 되었고 지주의 가족과 그 지주를 소개시켜 준 후배의 지인이 참석한 자리에서 PT 형식을 빌려 이 프로젝트에 대한 컨디션, 외부 환경, 개발 콘셉트, 예상 수익, 인허가 등에 대한 종합적인 내용을 설명하였다. 그렇게 그날의 보고는 마무리가 되었다. 최종 결과는 내가 바라던 대로 한 번에 클로징을 하지 못했다. 다양한 재능을 가진 분야별 전문가들이 모여서 최선을 다해 협업했으나, 매력 있는 제안 혹은 수익에 대한 자신감에 대해서 제대로 전달하지 못했던 것 같다. 물론 더 큰 사업 이익이 그려지도록 금액으로 확신을 줄 수도 있었겠지만, PM으로서의 개런티 부분이 계속해서 발목을 잡았음은 아쉬운 부분이다. 용역 수주에만 올인해서 숫자를 마음대로 사업주에게 매력 있도록 그려 넣기만 했다면 어떻게 되었을까? 부풀려서 PM 수주를 하고 난 뒤 준공 시점에 정산해 보니 사업 이익이 최초 제시한 것보다 작아지거나 마이너스가 되어 끝내 법정으로 가게 되었을까? 지금 생각하면 그때 조금 부풀려서 제안을 하고 PM을 수주하면 어떠했을까 하는 생각을 해보게 된다. 최종적으로는 야생에서 이만 한 프로젝트가 없었는데 하는 생각이 든다. 그리고 이 PM 프로젝트를 기반으로 더 좋은, 멋진 시행 프로젝트를 발굴하는 사다리로 잘 활용했었을 텐데 하는 아쉬움도 남는다. 그런 면에서 볼 때 상당히 아쉬움이 큰 시행 대행 프로젝트였다.

회상 속의 그 사냥감을 검색해 보니, 아직도 그 모습 그대로 그 자리에 있는 모습을 확인하게 된다. 어떤 이유인지는 모르나 아직 그 프로젝트는 PM이든 자체 개발이든 첫 삽을 뜨지 못하고 있다. 갑자기 무슨 이유가 있었던 것일까 궁금해진다.

### 디벨로퍼 프로젝트 인사이트 7

온전한 매입에 따른 개발의 형식이 아닌 PM(시행 대행)으로의 접근이었지만, 크든 작든 프로젝트를 딜 소싱하고 클로징할 때는 전력을 다해야 하는 것이기에 광고, 건축 설계, 마케팅 등의 사람들이 팀을 이뤄 제대로 프로젝트에 협업, 참여하여 각자의 필살기를 모았던 프로젝트이기도 했다.

혼자 할 수 있는 것에는 한계가 있기에 각 분야의 전문가들이 공동으로 프로젝트 수주를 위해서 노력하는 것은 정말 멋진 일이 아닐 수 없다.

각자 잘하는 것을 한데 모아 예리한 무기를 만들어 프로젝트를 단박에 클로징하려고 했던 그 기대치는 충족시키지 못했지만, 여럿이 힘을 모아 큰 임팩트를 낼 수 있음을 경험한 순간이기도 했다.

역시 혼자서 할 수 있는 것은 한계가 있음을 느낀 시기이기도 했다. 좀 더 사업주의 눈높이에 맞는 사업 이익으로 적극적으로 제안하지 못한 부분이 아쉬움으로 남지만 좋은 경험치로 삼기에는 훌륭한 시간이었다고 평가해 본다.

페이스북으로 보니 그 토지주는 정치판에 뛰어들었던 거 같은데 세상일은 정말 한 치 앞을 모르는 것이다.

향후 또 다른 사업지의 지주가 의뢰하는 PM 건이 있다면 그때는 어떻게 해야 할지에 대해서 큰 인사이트를 준 프로젝트였다.

혼자서 하기보다 주변에 멋진 주특기를 가지고 있는 다양한 인맥의 사람들과 협업하여 멋진 제안서 그리고 다양한 시각이 녹아 있는 내용으로 상대에게 제안해야 성공률이 높아지지 않을까 생각이 든다. 주변에 협업할 수 있는 재능 있는 지인들이 많이 포진한 것도 디벨로퍼에게는 야생에서 시행 프로젝트를 소싱, 클로징하는데 큰 도움이 되는 정말 강력한 무기가 될 것이라 생각이 든다.

### PROJECT INSIGHT

멋있음은 물론 약간의 욕심과 의지만 있었으면
클로징하기 아주아주 손쉬운 시행 프로젝트였었는데~
의사 결정자가 아니다 보니
끝까지 주장할 수 없었던 아쉬움이 큰 순간을 남긴 사업지였다.

## 08

# 소싱이 수월하면
# 이익은 조금 내려놔야 한다.

( 08 )

> "멋있음은 물론 약간의 욕심과 의지만 있었으면
> 클로징하기 아주아주 손쉬운 시행 프로젝트였었는데~
> 의사 결정자가 아니다 보니
> 끝까지 주장할 수 없었던
> 아쉬움이 큰 순간을 남긴 사업지였다."

 

A 선배를 통해 접수된 경주 지역의 택지 지구 내 인프라가 성숙된 주거지에 위치한 반듯한 사업 부지를 검토하게 되었다. 지역 건설사에서 보유 중인 사업지였는데, 자금 유동성 확보 목적으로 사업권(사업 부지 포함)을 매각하려고 시장에 접수한 물건이었다. 매입 의사만 있다면 의사 결정 라인이 단순해서 소싱부터 클로징하기에 딱 안성맞춤인 시행 프로젝트인 거다. 현장 주변에 펜스로 사업지 관리도 잘되어 있었고, 도로 하나를 사이에 두고 입주한 아파트 상품도 크게 무리 없이 입주 및 사업 정산이 되었기도 했다. 무엇보다 초인접 입주 상품의 시세가 실거래 가격으로 증명이 되어 있는 것이기 때문에 이보다 더 안전한 지표, 비교 대상이 또 있을까 하는 증명된 확실한 사업이다. 앞서 A 선배와 B 선배가 소싱했던 사업지, 시행 프로젝트 중에서는 기본적인 컨디션

이 가장 우수하다고 봐도 좋을 사업지였다.

• 현장 부지 모습

• 위치

　C 선배와 시장 조사를 위해 현장을 찾았고, 부산의 친구에게 도움을 요청했다. 부산에서 경주까지는 수요 측면으로 볼 때 타깃 마케팅 범위에 포함하는 상황이었고 때마침 해당 사업지를 매각하려고 하는 건설사의 담당자가 부산 친구의 지인이기도 했고, 길 하나 사이로 붙어 있는 아파트 단지(해당 사업지를 내놓은 건설사에서 바로 직전에 분양했던 상품이었다)의 잔여 물량 등 소진을 위해 투입된 영업 인력을 알고 있기도 했기 때문에 부산 친구의 도움이 절실히 필요했던 순간이기도 했다. 부산 망미동 운전면허 학원 현장에 갔던 것처럼 내가 경주로 가는 길에 C 선배를 픽업해서 경주 사업지로 향했고 경주 현장에서 부산 친구와 인근 상품의 영업 인력을 만나 해당 사업지에 대해서 그리고 경주 시장에 대해서 이야기를 들을 수 있었다. 늘 그렇지만 지역 주거 수요의 성향, 주거 트렌드 등에 대한 지역성은 사업성에 대한 판단과 상품의 방향성을 도

출할 때 아주 중요한 잣대로 쓰이기도 한다.

결국, 해당 시행 프로젝트를 클로징하기 위한 의사 결정에 가장 중요한 것은 그 사업지를 얼마에 사 와서 얼마에 분양할 경우 남는 사업 이익이 얼마인지에 대한 사업 계획 수립(이미 상품이 결정된 상태이기 때문에 기존 건설사의 인허가 완료에 대한 부분을 수용해야 하는 사업지였다)이 필요했고, 그 실현 가능성에 대한, 즉 예상한 분양가로 분양성이 짧은 기간에 달성 가능하겠느냐에 대한 그 가능성을 내부 의사 결정자인 A, B 선배에게 확인시켜 줘야 하는 상황이 되었다. 택지 지구로 계획되어져 주변 아파트가 많은 곳이니 아파트 상품이 주거로서의 확실한 자리매김을 한 것은 맞으나, 경주 지역의 수요가 한정된 상황에서 다시금 아파트 상품을 공급할 때 수요 창출이 가능할 것인가에 대한 부분이 핵심이기도 했다.

부산에 사는 친구와 사업 계획서에 대한 역할 분담을 나누고, 부산 친구가 소개해 준 인접 상품 영업 인력에게 들은 수요자에 대한 이야기들을 종합하고 주변 부동산에서 들은 이야기들을 더해서 사업 계획 및 매입 포인트에 대한 방향성을 잡았다. 부산 친구와 C 선배 그리고 나는 이만 한 사업지가 없으니 이 시행 프로젝트를 꼭 클로징하자고 헤어질 때까지 다짐에 다짐을 했다. 이 글을 쓰는 지금(2024년 6월 1일) 기존에 작성했던 지난 자료를 되돌아보면서 시공 가격을 보니, 2020년에만 하더라도 시공 단가가 평당 400만원으로 되어져 있는 것을 보았다. 지금이라면 꿈도 꾸지 못할 가격인데 그때는 저 가격으로 사업 수지 분석을 진행했다는 믿어지지 않는 상황에 그냥 웃음만 나온다. 지금 상황에서 재검토를 한다고 가정해 본다면 당연히 사업 진행은 어려운 상황일 텐데 그때는 나름의 수익성이 나온다는 계산을 도출하게 된다. 물론 큰 수익률은 아닌 딱 검토하기 좋을 만한 수준의 수익률로 말이다.

• 약식 수지

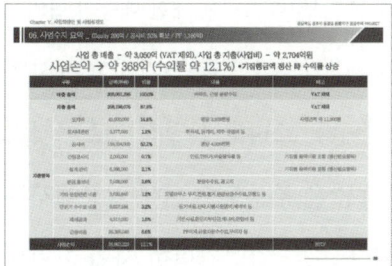

• 약식 수지

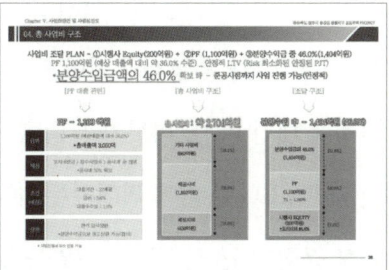

시장 조사, 사업 계획서, 사업 수지표 작성 등을 종합해서 보고서를 완료하고 내부 회람을 돌리면서 사업 진행에 대한 조사자의 의지를 담아 설명을 했으나, 결론적으로 이번에도 사업은 진행되지 못했다. 사업 진행이 안 된 이유는 아주아주 단순하다. 에쿼티 제로로 시작해야 하는 첫 사업인데 수익성이 생각보다 많이 남지 않기도 하고, 경주 지역에 대한 큰 틀에서의 분양성이 없다고 바라보는 최종 결정권자의 입김이 작용한 부분이 있었다. 막내이자 실무자의 입장, 시각에서는 이런 양질의 사업지를 이런저런 이유로 클로징하지 못하면 도대체 어떤 시행 프로젝트를 클로징할 것이냐에 대한 의문이 들기도 하여 강하게 해당 사업지를 매입하자고 요청, 제안을 했었으나 받아들여지지 않았다. 그렇게 경주에서 딱 하나 남은 좋은 부지는, 그 멋진 시행 프로젝트는 또다시 내게서 멀어졌다.

지금 다시금 생각해 보면 어느 정도 이해도 된다. 에쿼티가 '제로'이기 때문에 해당 사업비를 조달하기 위한 이자 비용 그리고 사업 이익 중 에쿼티 기여에 대한 배당까지 고려해 본다면(에쿼티에 대한 배당의 협의에 대해서 들은 내용은 없지만) 일반적인 13% 내외의 수익률을 가지고는 사업 시행에 대한 마진, 버퍼가 부족했던 것이다. 그리고 실질적으로 이것저것 다 떼고 나면 손에 쥐어지는 게 많지 않은 부분도 B 선배 입장에서는 의사 결정에 큰 걸림돌이 되었을 것이다. 또한 간당간당한 사업 이익으로 사업을 진행할 경우 우발적으로 발생하는 리스크에 공격적, 적극적으로 대응하기에도 한계가 있을 거라는 판단들이 쌓여 가면서 자신이 없었을 것이다. 그리고 이왕 에쿼티를 빌려서 사업하려고 한다면 좀 더 크게 남는 사업지를 첫 사업으로 진행하고 싶었을 것이라 생각도 든다. 채산성의 논리로 볼 때도 말이다.

나는 그때는 지금과 같은 이런 생각은 하지 못했던 거 같다. 그냥 눈앞에 마음만 먹으면 클로징할 수 있는 멋진 사업지가 있는데 이것저것 참 까다롭게 본다는 생각에 속상했던 것 같다. '아니, 이런 사업을 안 하면 도대체 어떤 사업을 하려고 하는 걸까?' 하는 의문만이 쌓여 갔던 것이다. 2024년 현재 해당 사업지를 찾아보니 2023년 6월에 '경주 뉴센트로 에일린의 뜰'이란 단지로 아이에스 동서에서 시공하여 입주를 한 상태가 확인된다. 공사 기간을 감안해 본다면 2020년 어느 시점에 내가 검토했던 이 사업지는 매각이 되고 공사를 진행했던 것이다. 내가 속한 그룹에서 의사 결정만 제때 했다면 다른 시공사의 이름으로 해당 사업지에 아파트가 준공되었을 것인데 말이다. 아쉬움이 남는다.

한편으로는 만약 내가 주장한 대로 선배들을 감동시켜서 설득하여, 사업지를 매입했다면 지금 해피하게 마무리가 되었을까? 하는 생각이 다시 솟아오른다. 코로나19, 시공비 상승, 금리 상승 등의 긴 터널을 정면으로 부딪쳤을 것 같은데 그럼에도 잘 마무리 지어서 준공을 시켰을까? 아니면 2020년에 분양을 모두 마무리하고 성공적으로 사업에 대한 마무리를 지었을까? 어떤 결정을 했더라도 어려움은 있었을 것이리라. 직접 했느냐 아니냐의 문제일 테니까. 그럼에도 불구하고 왜 난 끝까지 주장하지 못했을까 싶다. 최종 의사 결정자가 아니더라도 한번 끝까지 우겨 봤다면 어땠을까? 조금 이익이 적더라도 실제로 사업비를 투입하고 그렇게 꾸려 나갔다면 뭐라도 손에 남는 게 있었을 텐데, 경험치라도 내부적으로 쌓였을 텐데 하는 생각이 든다. 그래서 더 아쉽기도 하다. 그리고 시행 프로젝트를 진행하면서 경주 지역을 중심으로 주변에서 나오는 사업지들의 정보를 토대로 2차, 3차 사업 시행도 진행할 수 있지 않았을까 하는 미련, 아쉬움, 허탈함도 남게 된다. 내부의 손쉬운 의사 결정임에도 불구하고 사업지를 매수해서 개발을 하지 않는다면 아무것도 얻거나 남는 것이 없는데. 왜 더 크고, 기약도 없었을 시행 프로젝트만을 찾았었을까……. 순간이 모여 현재, 미래가 될 것인데 너무 미래만 본 것은 아니었을까 싶다.

### 디벨로퍼 프로젝트 인사이트 8

디벨로퍼라면 사업지에 대한 메리트를 무기 삼아 레버리지를 일으켜 소싱한 사업지에 대한 클로징하고 나서 사업 정산까지의 A to Z에 대한 과정을 밟아 나가도록 최선을 다해야 할 것임은 분명하다. 비록 수익의 대다수를 레버리지의 대가 혹은 에쿼티 참여자에 대한 배당으로 줘야 하는 상황이라고 하더라도 내 수중에 어느 정도의 금액이 남는다면 그것으로 만족할 줄도 알아야 할 것이다.

코로나19와 2022년 고금리, 자재비 급상승 등의 시간을 지나고 난 현재의 디벨로퍼 업계는 이제 예전처럼 사업지 매입하고 PF로 사업비 조달해서 개발 잠시 했다고 억만금이 쏟아져 내리는 사업지는 찾기 어려운 시장이 되었다.

그런 의미에서 경주 사업지처럼 구획된 지역 내의 아파트 상품인 해당 사업지를 놓친 것은 두고두고 후회할 일이 아닐 수 없을 거다. 욕심은 끝이 없다.

좀 더 많이 남는 사업지를 개발하고 싶은 마음이야 누군들 없겠는가 말이다. 그러나 그 욕심을 다 채워 줄 현장이 없는 이 현실 속에서 눈높이를 조금 낮춰서라도 징검다리 건너듯 그렇게 소소하게 다양한 사업지를 찾았으면 어땠을까 하는 생각이 든다.

지나고 보면 경주의 그 사업지는 시행, 시공 이익을 모두 다 누릴 수 있는 그런 회사에서 소싱, 클로징하여 사업 진행을 했었어야 하는 것이 아니었나 하는 생각이 들기도 한다. 한쪽의 이익만으로는 커버하기가 약간 쫄린 사업 수지였기 때문이다.

내 주장대로 매입했다고 하더라도 지나고 나서 보자면 코로나19 등으로 인해 많이 힘든 상황이 되었을 거 같기도 하다.

운칠기삼이니 인연이 아니었던 걸로……..

## PROJECT INSIGHT

구두로의 착취에 속지 말고,
맹목적인 프로젝트 소싱에만도 정신 팔리지 말아야 한다.
당장 그 일, 그 프로젝트가 아니면 죽을 것 같은,
다른 대안이 없는 것 같은 마음이 들어 조바심이 들겠지만,
기다리면 또 다른 양질의 프로젝트 혹은
다른 파생적인 디벨롭 관련 용역들이 나타나기도 한다. 그게 야생이다.

## 09

# 본격적인 업무에
# 들어가기 전에는
# 꼭 도장을 찍어야 한다.

**09**

*"구두로의 착취에 속지 말고,
맹목적인 프로젝트 소싱에만도 정신 팔리지 말아야 한다.
당장 그 일, 그 프로젝트가 아니면 죽을 것 같은,
다른 대안이 없는 것 같은 마음이 들어 조바심이 들겠지만,
기다리면 또 다른 양질의 프로젝트 혹은
다른 파생적인 디벨롭 관련 용역들이 나타나기도 한다.
그게 야생이다."*

    야생에서의 생활은 동물원, 사파리에서처럼 정해진 시간에 따라 행동하는 것과는 다르게 바쁠 때는 아주 바쁘기도 하고, 한가할 때는 한가하기도 하다. PM 준비를 하고, 경주 사업지 검토 등을 하면서 바쁜 일상을 보내고 난 즈음(물론 그 프로젝트들은 각각 나름의 이유들로 클로징하지 못했다. 성공과는 거리가 있는 결과를 낳았고 이런저런 생각과 고민들만 안겨주었다) 사파리에 있을 때 참여했던 일산 프로젝트의 회사 보유분에 대한 재판매에 대해서 일을 봐주면 좋겠다는 이야기를 듣고 급히 미팅을 하러 나서면서 이 프로젝트에 발을 들여놓게 된다.
    기본 개념은 개발 사업을 하고 난 상업 시설 현장의 잔여 물량(미분양, 계약 포기, 시행자가 보유한 뒤 임대 운영 계획을 세워 운영하는 호실 등)에 대하

여 담보 대출을 실행해서 해당 호실을 담보 삼아 금융권으로부터 유동성을 확보하는 것이다. 해당 비용은 건설사 시공비, 대주단의 채무 상환, 사업 시행자의 이익 실현에 쓰는 목적이 그 핵심을 이루고 있다. 그렇게 담보 대출을 실행한 해당 호실을 적정 할인 가격에 팔기를 바라는 용역이었다. 해당 용역의 핵심 내용은 지속적인 이자 부담, 공실에 따른 활성화 저해 등의 요인으로 적정 할인율을 적용하여 보유 물량을 판매하려고 하는 계획이었다. 그도 그럴 것이 보유해서 제값에 판매가 된다면 더할 나위 없이 좋겠지만, 어디나 미분양은 그 나름의 이유가 있는 것이기에(준공 후 미분양이라면 더더욱) 기존 담보 대출 이자에 대한 상환과 건물에 잠겨 있는 그 금액들을 조금이라도 현재 시점에 현금화하는 것이, 그리고 그 금액을 가지고 다른 사업에 투자하는 것이 개발 관점에서 볼 때는 더 효율적이기 때문에 할인을 해서라도 판매하는 것이 시행자 입장에서는 낫다고 보는 것이다. 실제로도 그렇고 말이다.

준공 이후의 담보 대출(담보 신탁)에 대한 상품의 경우 임차인에 대한 계약, 판매에 대한 계약 등이 신탁사와 체결된 담보 신탁에 정의된 내용에 따라 이루어져야 한다. 방향성은 확실하지만, 임차인, 매수자가 발굴되어도 신탁사에서의 계약서 발행 및 임대차 계약 체결 등에 있어서 유기적인 도움이 수반되지 않는다면 보통의 시행사에서 수분양자, 임차인에게 계약서를 발행하여 공동 날인하는 일반적인 상황에서의 수요자들은 이상하다고 생각할 수 있는 상황이 될 수도 있는 상품이기도 하다(담보 신탁이 되어져 있는 상품들은 절차도 복잡하고 일반적인 흐름으로 계약을 체결하지 않다 보니~ 어~ 이거 뭔가 이상한데, 문제 생기는 거 아니야? 하는 의문도 생길 수 있다.) 그러나, 최초 분양 가격보다 낮은 가격으로 구매할 수 있다는 메리트도 있고, 판매 과정 속에서의 마케팅 프로모션 등이 수반된다면 매수자 혹은 임차인은 좋은 조건으로 상품에 진입할 수 있는 장점도 있기 때문에 어떻게 소비자에게(매수자, 임차인) 상품에 대해서 어필하고 셀링 포인트를 잡아서 접근하는가가 잔여 물량 처리에 가장 큰 포인트일 것이다.

다행히 판매 시점부터 마케팅에 참여했던 그리고 일산 지역에서의 대표적인 랜드마크 상업 시설에 모두 다 참여한 경험치가 있는 지인(나랑 이름이 두 글자가 같다)이 마케팅에 참여하는 것이기에 재판매에 대한 제반 행정적인 환경에 대해서 내가 보완만 잘 해낸다면 큰 무리 없이 재판매 성과를 이룰 수 있을 것으로 기대하고 있었다. 담보 신탁에 대한 현황 파악도 필요했고, 어떤 순서로 어떤 행정 절차를 거쳐야 하는지에 대해서도 인지가 필요했으며, '회사 보유분'이라고 포장하더라도 소비자들은 이미 알고 있기 때문에(준공 이후 어떤 이유를 가져다 포장을 하더라도 소비자들은 특히 지역 소비자들은 미분양 또는 이런저런 하자 있는 물건 등이라고 알고 있기도 하다) 어떤 포인트로 시장에 접근해야 하는지에 대해서의 판매 촉진 전략 수립이 고민되기 시작했다. 상처 입은 프로젝트라고 해도 제대로 잘 포장한다면 어디서든 수익, 이익을 실현할 수 있는 것이니까 말이다. 시장에서 느끼는 '이상한데~'라고 느끼는 포인트를 불식시키기만 한다면 할인 재분양 하는 상황은 분명 호재로 작용할 가능성이 크다고 생각이 들었다.

• 재판매 홍보물

• 재판매 홍보물

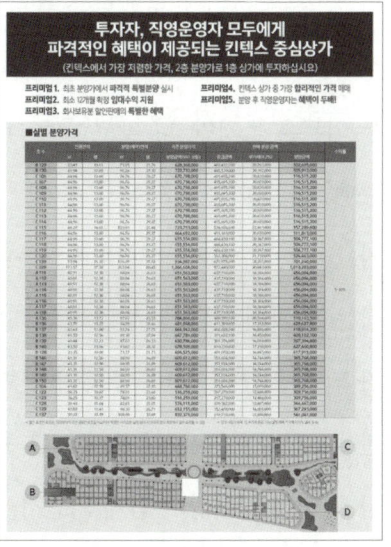

야생에서 시행 프로젝트를 소싱하다 보면 상호 간에 구두로 서로 사인을 주고받고 그 구두에 의해서 많은 시간과 노력을 투자해서 매끄럽게 클로징하기 위한 노력을 진행하게 된다. 프로젝트가 매력 있고, 수익이 될 듯하면, 그 구두의 사인을 굳게 믿고 모든 것을 갈아 넣기도 하는 경우가 종종 있다. 지금 도장 날인을 하지 않으면 안 될 듯한 '감'이 온다고 하더라도, 용역에 대한 참여를 하고 있는 과정인데, 그 과정 속에서 계속적으로 '계약서에 날인 좀 하시고 하시죠~'라고 이야기를 하는 것은 그 프로젝트의 클로징 파트너 대열에서 빠질 수 있는 위험을 고스란히 노출하는 것과 다를 바가 없기도 하다. 상호 간 신뢰의 문제이고 지금 내가 이 프로젝트를 클로징하는 무리에서 이러저러한 역할을 하고 있는데, 이 프로젝트를 클로징하는 것은 당장 나와 함께 일을 진행하는 우리밖에 없어 보이는데, 설마 발주처에서 딴마음을 먹을까? 하는 의문은 들지만, 나 말고 다른 대안이 있을까? 다른 대안은 보이지 않는데? 하는 마음도 구두로 사전에 수고를 해 주었으면, 큰 용역 수수료가, 성공 수수료가 기다리고 있는데 이 정도 수고는 앞부분에 대주어야 하는 것 아닌가? 하는 발주처의 기대감에 부응하게 하는 내부적인 동기가 되기도 한다. '아직 주체가 명확하지 않아서 잠시 뒤에 계약 주체가 만들어진다~'든가 '나 못 믿어?' 하는 말을 듣게 되면 그 말에 현혹되거나 그 말을 철석같이 믿게 되면서, 그냥 그렇게 스스로의 시간과 노력을 갈아 넣게 된다. 향후 나만이, 우리 팀만이 클로징을 할 수 있다고 믿는 그 프로젝트가 온통 머릿속에 가득하게 되면서 말이다. 거기에 마지막 한 방은 '계약서 초안 작성해서 보내 줘 봐~'라는 그 말로 모든 불신은 날아가 버리고 이미 클로징을 다 한 것처럼 모드가 바뀌고, 이미 사업 정산이 끝나고 이익을 정산한 것 같은 느낌을 가지게 된다.

마케팅적인 판매와 행정적인 전략에만 몰두하다 보니, 곧 재판매 되어질 해당 판매 용역에 대한 전권을 받은 양, 이제 우리의 일이라는 생각으로 광고에 대한 내용에까지 그리고 명함까지 시안을 받아 보게 된다. 물론 클로징에 참여하지 못하거나 프로젝트에 대한 계약을 체결하지 못하면, 지인 찬스를 동원한 그 광고 시안 비용은 온전히 스스로 책임져야 하는데도 프로젝트에 몰두하다 보니 당장은 이런저런 리스크 사항들이 눈에 들어오지 않는 것은 당연할 것이다. 그럼에도 불구하고 순간순간 최선을 다해서 그 목표점인 재판매 물건의 판매가 완료될 시점을 상상하면서 모든 것에 동원 가능한 지인 찬스 등을 동원하여 당장 '스타트 버튼'을 누르면 실행이 될 수 있을 만큼의 상황으로 디벨롭하고 있는 나를 발견하게 된다.

But, 야생에서 상상한 대로 되는 게 어디 있겠는가. 그렇게 준비를 하던 중 어느 날 나와 주축이 되어 재판매를 진행하려고 한 회사의 대표가(최초 분양 당시 마케팅에서 중추적인 역할을 했던 책임자이면서 나와 이름 두 글자가 같은 그 지인) 급하게 이야기를 해 왔다. '발주처에서 최초 이야기했던 재판매 대상 물건 중 일부가 제외되기도 하고, 추가적으로는 일산 지역 부동산 관계자로부터 처음 본 사람들이 해당 재판매 물건(담보신탁 물건)을 판매하는 주체라고 하면서 지역 부동산 사무소를 돌아다니면서 판매 브리핑하고 있다'고 말이다. 진상 파악을 해 보니 지인과 나에게 재판매를 의뢰한 측(발주처)에서 다른 법인에게 일괄(턴키) 매각을 하려고 '양다리'를 걸쳐 둔 것이었다. 물론 그 자체로는 양다리는 아니지만, 그 매각 주체인 회사에서 어느 정도 팔릴 수 있는 상황인지 시장 수요에 대해서 확인이 필요하다고 한 부분이 있었다. 당연히 발주처는 매수하려는 법인에게 수요가 있으니 확인해 보라고 했을 것이고 말이다. 이를 확인하고자 매수 회사의 직원들이 일산 지역을 돌아다니면서 수요 발굴 영업을 진행했던 것이다. 그리고 그런 활동들이 이미 일산 지역에 곧 매각 물건이 메리트 있는 가격으로 공급될 것이니 준비하라고 일러 둔 나와 함께 담보 신탁 물건 재판매를 담당하는 지인의 안테나에 포착된 것이었다.

당연히 단기간 담보 신탁 된 물건에 대한 처리를 희망하는 상황 속에서 모두 다 NPL 형식으로 매입하려는 회사가 있다면 그쪽으로 집중하는 것도 맞을 텐데, 왜 병행해서 지인과 나에게 그 잔여 물량 판매에 있어서 적정 분양가, 외부 환경 등에 대한 내용으로 용역을 줄 것처럼 액션을 했을까? 아직 이해되지 않는다. 얼마 지나서 판매를 같이 하려고 참여했던 지인으로부터 들은 이야기로는 발주처 오너는 나와 이름이 두 글자 같은 지인에게 판매 대상 물건 중 매수자 측이 매수 계약을 하고 해당 매수 법인의 직원들이 팔다가 팔다가 못 파는 물건이 있을 때 그때 그 나머지 물건에 대해서 판매를 해 주라고 이야기했다던데. 그냥 웃음만 나오는 상황이었다. 일괄로 매각하려는 주체가 있었고, 그 매수하는 측에서 팔다가 남는 물건이 있으면 그때 팔아 달라니…….

그 후 나는 그 재판매 물건에 대한 용역에서 자연스럽게 자의적으로 나오게 되었고, 지인과는 이따금 통화할 때마다 그 상황에 대해서의 아이러니한 부분으로 성토하기도 했었다. 믿었고 잘해 보려고, 성과를 내 보려고 했었는데, 이래저래 지인 찬스를 쓴 명함 제작, 광고 시안 제작 등에 대한 비용만큼 채무만 남게 되었다. 종종 용역 계약서에 보면 '신의'를 다해서 용역에 임한다. 라는 내용이 계약서에 들어 있기도 하다. 그 신의를 너무 믿다 보니 제대로 볼 것들을, 짚어야 할 것들을 확인하지 못한 채 용역을 쫓았던 쓰라린 경험치였다. 프로젝트에 눈이 멀어서 확인해야 할 것을 확인하지 못한 그 모든 책임 역시 스스로에게 있음을 명심해야 한다. 그게 야생이다.

## 디벨로퍼 프로젝트 인사이트 9

좀 더 알아보고 액션을 취했으면 어땠을까 하는 생각이 드는 프로젝트이기도 했다. 좀 더 천천히 알아보고 할 것을……. 용역 업무의 템포를 지인과 나의 흐름대로 펼쳐 나갔다면 이런저런 오버 센스는 없었을 텐데 하는 아쉬움이 든다.

해외로 이민 가면 이민하면서 가져간 목돈이 같은 동족에게 다 사기당한다는 이야기를 종종 듣는데, 정말이지 아는 사람이 더 무섭다고.

당장 이 일이 아니면 안 된다는 그런 100%의 확신이 들지 않는다면 조금 스탠스와 페이스를 내가 주도하면서 내가 안심될 수 있도록 해 나가는 것도 필요해 보인다.

설령 계약 먼저 날인하고 하시죠~ 하는 말로 그 프로젝트를 쫓는 무리에서 도태되더라도 말이다.

어쩌면 그게 더 나을 수도 있지 않을까~ 도움이 필요하다고 해서 냅다 이것저것 안 보고 상대방의 페이스에 맞춰 달리는 것만이 능사는 아닐 것이다.

더욱이 야생에서는 말이다.

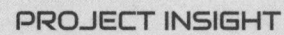

**PROJECT INSIGHT**

순간적인 그 느낌을 무시하지 말자.
기회는 여러 번 오지 않기도 하지만
어쩌면 순간적인 그 느낌이 바로 기회일 수 있다.
밑도 끝도 없는 스스로의 '감'을 너무 무시하지 말자.
야생에서 보고 듣고 느낀 것들이 축적된 '감'일 수도 있으니 말이다.

## 10

# '감'이 온다면
# 제대로 우겨라도 보자.

(10)

> "순간적인 그 느낌을 무시하지 말자.
> 기회는 여러 번 오지 않기도 하지만
> 어쩌면 순간적인 그 느낌이 바로 기회일 수 있다.
> 밑도 끝도 없는 스스로의 '감'을 너무 무시하지 말자.
> 야생에서 보고 듣고 느낀 것들이
> 축적된 '감'일 수도 있으니 말이다."

부산의 구도심 중앙에 위치한 이 사업지는 정말 다시금 생각해도 멋진 작품이 될 수 있기에 충분한 컨디션과 가능성을 가진 시행 프로젝트였었다고 생각을 하게 된다. 야생을 돌아다니면서 시행 프로젝트를 찾아 나선 지(2018년 7월 31일 기준) 22개월이 접어들 때 만나게 되었고, 사업지를 검토할수록 들여다볼수록 더더욱 매력이 가득한 프로젝트이기도 했다. 물론 매력이 크다는 것은 넘어야 할 산도 많다는 것을 의미하는 것이기 때문에 과정이 쉽지 않기도 했다.

집합 건축물의 경우 4/5 이상 소유주가 동의하게 되면 아파트 재건축과 같이 법에 정한 바대로 건물 멸실을 통한 재건축을 진행할 수 있다. 이 시행 프로젝트 역시 그런 방법으로 진행할 수 있는 상황이었고, 큰 지분을 소유한 곳이 있었지만 과반수 이상이 아니었기에 오래도록 재건축 논의만 있었고 그러던 과정 속에 사업지에 건축된 상가는 슬럼화 되고 이자 비용 등에 버티지 못한 개별 호실 소유주들은 경매 등의 악조건 속에서 재건축 협상이 해결되기를 바라면서 근근이 그 명맥을 유지해 온 사업지였다. 그렇게 시간이 흘러 오는 과정 속에서 호실, 전유부의 소유권을 가진 소유주들이 사망하기도 하였다. 쇼핑몰로 운영 되어지던 상층부의 매장들은 폐업, 폐쇄 등으로 그 수명을 다했고 그나마 대형 법인이 지하층에 자리하여 운영하는 서점(교보문고)만 유지되면서 예전 모습 그대로를 어렵게 지켜 냈다. 정상 기능이 안 되다 보니 에스컬레이터, 공용부 전등 등은 가동이 안 된 지가 오래고, 지하층을 제외한 나머지 부분은 셔터가 내려지고 어두운 모습을 하고 있어 슬럼화되고 우범 지대처럼 변해 가고 있는 상황이었다. 그런 과정 속에서 해당 사업지 주변은 부산의 핵심 주거지로 형성되었고 시간이 흘러 노후화되어 새로운 주거 상품에 대한 니즈가 상승되어 가는 상황이었고, 내가 이 사업지를 핸들링하는 그 시점에라도 이 현장이 새롭게 재건축 되기만 한다면 수요를 끌어당길 수 있는 충분한 여건이 될 만큼 사업 외부 환경은 사업 진행에 긍정적인 방향으로 흘러가고 있는 상황이었다.

 A 선배의 소싱으로 이 사업지를 접하게 되었고, 저층부는 상업 시설을 배치하고 상층부에는 용적률을 극대화하여 주거 시설을 배치하는 것으로의 상품 개발 접근을 적용했으나, 해당 사업지는 지구 단위 계획 구역에 따라 주택(공동 주택) 연면적 비율에 따라 용적률에 대한 제약이

있었으며, 높이에 대한 제약도 있었기 때문에 최대한 주거 느낌이 나는 용도를 배치하면서도 용적률을 끌어 올리고, 해당 용적률을 모두 다 상품에 적용하기 위한 높이에 대한 확보가 핵심이었다. 즉 ① 주거 상품 혹은 주거 상품이 될 수 있는 Unit ② 용적률 최대한 확보 ③ 높이 최대한 확보가 담보 되어야만 집합 건축물의 기존 소유자들의 지분을 확보하여(최소한 80% 이상) 사업 진행 시 사업 이익을 극대화할 수 있었던 사업지었던 거다.

  F 소장님의 도움으로 이에 대한 법규, 규모, 일정 등에 대해서 검토하면서 건축 설계의 내용에 대하여 사업성 분석을 하면서 최상의 모델을 찾기에 최선을 다했던 기억이 난다. F 소장님은 집이 용인 쪽이었는데 관할 구청, 부산 시청 등을 방문하기 위해서 내가 운전하여 부산으로 가는 길에 픽업하고 부산에서 일정을 함께 소화했던 기억이 난다. 소장님은 오는 차에서는 운전을 교대해 주기까지 했고 그 덕에 편안하게 일정을 마무리할 수 있었다. 부산 친구가 저녁을 사 주었고 그렇게 해당 사냥감에 한발 더 다가간 것 같은 기쁜 마음으로 사업지에 대한 디벨롭을 진행해 나갔다.

- 조감도

- 저층부 포디움

    2020년에는 생활형 숙박 시설을 주거용으로 쓰는 상품들이 바닷가 근처에 많이 등장하던 시기이기도 했다. 이 글을 적는 2024년에는 주거 전입이 안 되는 통에 숙박업 등록, 대출, 잔금 납부, 용도 변경, 기부채납 등 다양한 이슈로 오르내리고 있는 상황이었지만 그 당시에는 디벨로퍼가 법규의 약한 고리 및 사업성 극대화를 꾀하기 위해 그나마 선택하기 안성맞춤인 상품이 생활형 숙박 시설(생숙)이었다. 아파트 배치는 용적률에 대한 리스크가 크게 발생한 탓에 생숙 아니면 오피스텔 둘 중 하나로 가닥을 잡아야 하는 상황으로 좁혀지기는 했지만, 이후 생활형 숙박 시설에 대한 무분별한 공급에 대하여 지자체의 제동이 작용하면서 부득이하게 주거형 오피스텔, 즉 아파텔 콘셉트로 방향을 급선회하게 된다. 사업 수지에 대한 지속적인 디벨롭 과정 속에서 초인접한 아파트의 매매 가격에 대해서 계속해서 비교하기도 했고, 어떻게든 상품성을 극대화시켜 가격적인 헤징 거리를 찾아내려고도 무수히 노력했던 것 같다.

지금으로 치자면 하이엔드 오피스텔로 포장하여 진행했다면 주변 아파트의 가격에 크게 영향받지 않고 갈 수도 있었을 텐데 왜 그리 주변의 주거 상품 가격과 비교를 통한 가격 책정에 집착했었는지 안타까운 마음도 든다. 아마도 주변 아파트 가격 대비 몇 퍼센트 가격 수준이다라고 하는 그 안정감을 찾기 위해서 주변 가격에 극도로 예민하게 반응했는지도 모를 일이다. 추가적으로는 금융권, 시공사에서의 태클을 사전에 헤징하기 위해서 명분 있는 가격에 대한 부분을 초기부터 민감하게 검토했었던 것이 아닌가 생각이 든다. 특히 상품에 대한 결정 이후 F 소장님은 건물 CG까지 작업해 주었고, 그 내용은 사업 계획서에 반영이 되고, 더 퀄리티 높은 사업 계획서가 되는데 충분한 역할을 하게 된다. 사업 검토 서류를 어디에 내놓아도 이 사업지에 대하여 클로징하려는 사람들의 참여가 진심이고 많이 준비되었구나 하는 데 CG 만한 게 없지 않겠나 하는 생각을 가지고 있다. 다시 그 사업 계획서를 보고 있는데도 그때의 그 열기가 느껴진다. 그 수고가 정말 고맙다.

    상업 시설에 대한 조사에서도 주변 상권에 대한 임대가를 기반으로 하여 수익률로 매매가를 환산하고, 주변 경쟁 상품과의 비교를 통한 다양한 방법 및 많은 보정을 통해서 도출해 내는 노력을 불사했다. 그렇게 그 사업지의 클로징에 공을 무한정 들이고 있었고, 2020년 5월 사업지를 처음 접하고 4개월 지나서 사업 계획서가 나오게 되고 이제 남은 것은 지분을 매입하여 재건축 결의를 통한 사업 진행만 하면 온전히 이 멋진 시행 프로젝트를 클로징할 수 있겠구나 하는 기대감이 최고조에 다르게 된다. 그러던 중 2020년 10월 드디어 실질적인 금융사(운용사)와의 미팅을 진행하게 된다. 큰돈의 흐름 즉 운용사에게 돈을 보내 주는 쪽에 대해서는 막내인 내가 알 길은 없었지만(나중에는 알게 됨. 그러나 코멘트를 남기기에는 좀 무리가 있어서 생략하기로 한다) 에쿼티 없이 토지 가격만 7~800억에 달하는 사업지에 대한 초기의 자금을 추진하도록 도와주겠다는, 협업하겠다는 운용사를 만나서 사업 계획서와 사업 수지 등의 검토 자료와 앞으로 어떻게 사업을 진행해야 한다는 기본 아젠다 등을 놓고 설명하면서 사업의 메리트에 대하여 소리 높여 미팅을 진행했다.

다행히 운용사는 사업에 대한 에쿼티 투자에 긍정적인 반응을 보였고 몇 가지 예상되는 리스크(80% 이상의 지분 확보, 높이 감소 등에 따른 사업성에 대한 민감도 요청)에 대해서 보완 자료를 요구했으며 그 사항에 대해서는 이미 F 소장님과 충분히 검토했던 사항이었기 때문에 크게 어렵지 않게 정리할 수 있는 내용이었기도 해서 빠른 조치로 백업을 해 주었다. 안전하게 Exit 및 투자금 회수라는 부분에서는 운용사의 관점도 십분 이해하지만, 거의 다 온 클로징에서 100% 퍼펙트하지 못하더라도 일단 이 순간을 넘겨 운용사가 계약금을 걸어 주기만 한다면 이후의 모든 것은 순리대로 될 것이라는 생각이 강하게 드는 디벨로퍼 입장에서는 그런 소소한 것(상대편 지분 확보를 통한 재건축 동의 확정, 높이 등)은 크게 중요하지 않은 요소일 수도 있었다. 혹 높이가 주저앉는다고 해도 다른 방법으로 이익을 창출할 준비가 되어 있다고 생각을 했었던 거 같다.

　2020년 5월 이 시행 프로젝트를 처음 접하고 이것저것 두루두루 정리하고 협력 업체들과의 조율 등을 마무리해 나가는 시점이 2021년 1월이 되어서야 얼추 마무리가 되었다. 이때 겪은 에피소드라면 오후 늦게 B 선배가 급히 전화가 와서는 다음날 금융사에서(PF를 해 주려고 하는 시중 은행) 현장 투어를 온다고 하니 급하게 내려가서 에스코트를 해 줘야 할 것 같다고 하여 다음 날 첫 기차로 부산에 가서 금융사의 현장 투어를 응대해 줬던 기억도 난다.(그때 내려왔던 사람 중에 사회인 야구에서 함께 운동했던 후배도 있었다. 세상은 참 좁다) 그만큼 유기적으로 잘 대응하고 또 좋은 사업지이기 때문에 자신 있는 모습으로 즐겁게 일을 했었다. 해당 건물의 소유 지분이 50%에 약간 미치지 못하는 2개 법인과의 MOU 내용을 변호사를 통해서 정리하고 있었고, 수분양자들의 지분을 매입할 매입 관련 서류와 기존 사업장에서 권리를 주장하는 기존 사업자(해당 사업자가 수분양자에게 동의서를 징구하면서 일종의 힘을 발휘할 근거를 가지고 있었기 때문이며, 지구 단위 개발 사업에서의 토지주에게 동의서를 징구하는 토지 작업자와 비슷한 역할을 수행하려고 하는 기존 업체)와의 사업권 양수도 계약에 대한 내용 등도 함께 디벨롭하면서 곧 계약들을 완료하고 계약금을 지불하면서 권리를 가져와 사업을 정상화시키는 그 순간을 위해서 다양하게 노력하고 있었다.

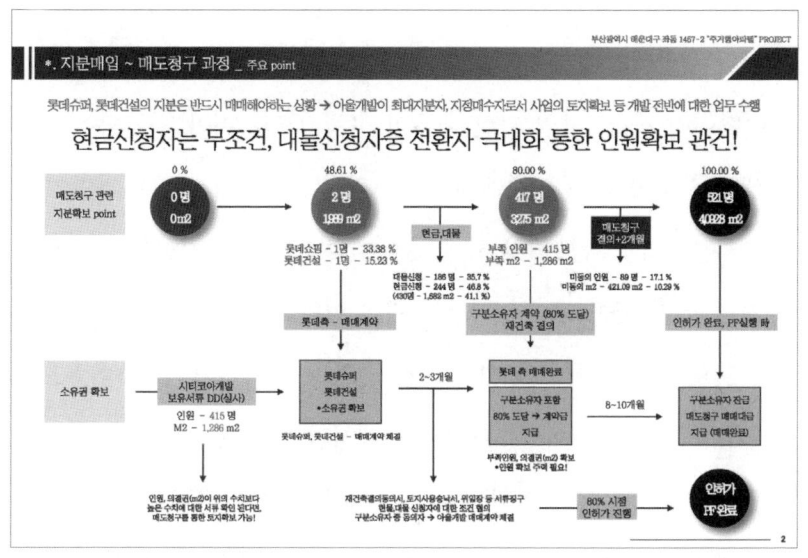

　　자산 운용사, 변호사 그리고 지분을 소유하고 있는 대기업 법인, 그리고 수백 명이나 되는 소유주를 작업해 왔던 기존 작업 업체 등과 협의를 해 나가고 있었다. 야생에 나와서 이전에 검토했던 사업지와는 다르게 나름 수준 있고 구체적인 협력 업체들이 이 시행 프로젝트를 클로징하는데 참여하고 관계하고 있었으며, 직접 시청, 구청의 도시, 주택, 건축 담당 주무관과 협의도 하고 F 소장님과 부산 친구와 함께 이러한 내용들을 다 담아내면서 나름의 멋진 랜드마크, 작품을 만들겠구나 하는 기대감으로 MOU 및 사업권 양도 양수의 체결 일정이 결정지어지기를 고대하고 있었던 아주 행복하고 부푼 꿈에 취해 있던 시간들을 보내고 있었다. 그러나 2021년 초 A 선배가 이야기하기를 기존 사업자와의 다리 역할을 했던 토지 브로커(사업권 양도 양수를 추진했던)가 연락이 안 된다는 것이었다.

여담이긴 하나, 사업 관련 내용이 구체적으로 이야기가 되어 간다고 생각될 때 즈음, B 선배에게 계열사인 2개 법인이 소유한 과반이 안 되는 지분이라도 매입해야 하는 것 아니냐고 의견을 냈었는데, 50%가 안 되는 것 사 봐야 의미 없다는 답변이 있었긴 했는데, 중요한 순간에 중간 브로커가 연락이 안 된다고 하니 가장 먼저 50%에서 약간 모자라는 그 지분이 생각이 났다. 그거라도 매입했더라면 브로커가 없더라도 협상력을 높여서 사업권 양수도를 통해 지분자들을 취합하고 정리해 나가면서 다소 시간이 걸리더라도 해당 프로젝트를 정상대로, 계획대로 우리가 클로징할 수 있었을 텐데 하는 그런 아쉬움이 밀려들었다. 그렇게 A 선배는 그 브로커와의 연결을 지속적으로 시도했으나, 결국 그 사업장은 한동안 소식이 없다가 어느 날 내가 지역 건설사가 자금을 대여해서 재건축을 진행하는 것으로 결정지었다는 블로그 글을 발견했다. 그 블로그에는 조합 총회의 모습, 동호수 추첨 등의 모습 등 우리가 밟아 나갔어야 하는 그 순서들을 누군가 대신하고 있는 모습을 볼 수 있었다.

시간은 흘렀고 애정 많은 사업장이었지만 그때 그 순간의 상황들로 인해 클로징하지 못했기 때문에 그 이후로는 그다지 크게 관심 가지지 않았던 거 같다. 그때 정말 열정적으로 매달리고 집중할 때 그때 마무리를 잘 지었더라면 그 프로젝트를 클로징하기 위해서 노력했던 모든 관계된 사람들이 지금보다는 더 좋은 상황으로 현재가 바뀌었을 것 같다는 기대감은 들지만, 이 또한 운명이고 운칠기삼일 테니 그렇게 보내는 게 맞는 거 같다고 생각이 든다.

그때 내 이야기를 듣고 소유 지분이 50%가 안 되는 2개 법인의 지분을 매입했더라면, 혹은 브로커를 지속적으로 잘 관리하고 들여다보았더라면 그 멋진 프로젝트를 아쉽게 스쳐 보내지는 않았을 것 같다는 생각이 들기도 한다. 시간상으로 2021년 초에 해당 사업지에 대해서 GO!를 했다면~ 지금 이 글을 적는 2024년 2월이면 준공이 얼추 다 되었을 것이고 사업을 정산하거나 잔여 물량을 판매하는 또 다른 고민에 집중하고 있었을 것인데, 아직도 야생에서 시행 프로젝트를 찾아다니고 있는 내 모습을 보니 조금은 아쉬움이 남기도 한다. 야생에서 소싱된 시행 프로젝트를 내가 점찍었다고 해서 그게 클로징으로 직결되는 것은 아닌 거다. 계속 들여다보고 또 체크하고 확인하면서 그렇게 애정을 부어야 그 사업지가 그 프로젝트가 내 손에 들어온다는 것을 결코 잊어서는 안 된다. 그 시행 프로젝트를 쫓아다니던 10개월의 기간은 그렇게 지났고 프로젝트에 참여하지는 못한 상황이지만, 한 뼘 성장했다고 위안 삼을 수도 있을 것이리라. 그러나 그 허탈감이 아직도 남아 있는 것을 보면 진짜 그때 그 사업지와 인연을 맺었어야 했는데 하는 생각을 더 강하게 하게 된다. 멋지다고 느끼고 또 제대로 해 볼 자신이 있는 프로젝트에 대한 소싱과 클로징이 있다면 더 애절하게 주변을 설득할 논리를 발견하고 준비해서 꼭 성공해야 한다. 후회하지 말고 그때 전력을 다했어야 했고, 쌍욕을 먹더라도 지분을 매입해야 한다고 목소리를 더 높였어야 하지 않았나 싶다.

### 디벨로퍼 프로젝트 인사이트 10

아마 그 50% 안 되는 지분을 매입하려는 것은 실현 불가능한 것일 수도 있었을 것이리라.
그 지분을 매입한 뒤 나머지 지분 소유자를 설득하지 못하면 그 지루한 싸움과 이자를 감당해 내지 못하거나, 어쩌면 그 지분을 매입했기 때문에 나머지 지분을 더 높은 가격에 사야 하는 족쇄가 되었을 수도 있을 것이리라.
그렇지만 그렇지 않았을 수도 있었을 것이라는 일말의 기대감마저 없어진 것은 아니다.
선택의 문제 아니던가. 투자든, 개발에 대한 결정이든…….
내가 지분을 사자고 하여 그 지분을 샀다면 어쩌면 개발이 시작되어 오피스텔 콘셉트든 어떤 콘셉트든 그 방향성대로 분양하고 또 준공시켰을지도 모른다고 생각한다.

물론 경정된 콘셉트가 생숙 콘셉트로 개발이 되었다면 지금 문제가 되는 '이행 강제금', 숙박업 등록, 대출 제한 등의 문제가 또 불거질지도 모를 일이었겠지만, 그때의 상황에 맞춰 되도록, 사업이 성공하도록 노력하는 디벨로퍼의 DNA로 잘 극복해 내지 않았을까 하는 매우 긍정적인 전망을 해 본다.

그런 의미에서 본다면 야생에서의 소싱, 클로징은 하나도 쉬운 것이 없는 거 같다.

그렇지만, 역대급으로 멋진 시행 프로젝트였었다는 것에는 변함이 없기도 하다.

해 보지 않은 상황에서의 다양한 '가정'이 그저 안타까울 따름이다.

## PROJECT INSIGHT

온 힘을 다해 클로징하려고 노력했지만,
연기처럼 사라지는 시행 프로젝트들을 만날 수 있다.
그럼에도 불구하고 다시금 힘을 내야 한다.
단, 인솔자는 프로젝트에 대한 시작과 맺음을 잘 전파해 주어야만
모두가 기운 빠지지 않고 오해 없이 힘을 더 낼 수 있을 것이다.

- 11 -

# 머뭇거려지더라도
# 전할 말은 전해야 한다.
# 그게 모두에게 이롭다.

( 11 )

"온 힘을 다해 클로징하려고 노력했지만,
연기처럼 사라지는 시행 프로젝트들을 만날 수 있다.
그럼에도 불구하고 다시금 힘을 내야 한다.
단, 인솔자는 프로젝트에 대한 시작과 맺음을
잘 전파해 주어야만 모두가 기운 빠지지 않고 오해 없이
힘을 더 낼 수 있을 것이다."

야생에서 가장 멋지다고 생각했던 프로젝트를 진행하는 과정 속에 (해운대 그 쇼핑몰 그 상품이었다) 그 인근에 위치한 사업지를 A 선배가 딜소싱해 와서 이리저리 살펴보게 된 사업지가 있었다. 이 사업지는 대로변 노출도도 좋고, 부지의 모양이 남측을 보고 동~서 가로로 길게 형성되어서 주거 상품 및 저층부 상업 시설 배치하기에 안성맞춤인, 개발 콘셉트를 다양하게 구사해도 다 받아 줄 것 같은 양호한 사업지였다. 기존에 눈독 들이며 전력을 다해 클로징을 추진하던 그 해운대 좌동 쇼핑몰 재건축 사업지를 허무하게 보내고 잠시 쉬어 가려고 하는 타이밍에 딱 적절하게 짬이 생겨 이 물건을 검토하게 되었고 가장 멋진 프로젝트에 대한 부푼 기대감 때문인지 이제 좀 더 힘을 합쳐 노력하면 곧 클로징을 할 수 있을 거란 의욕 때문인지, 조력자인 부산 친구, F 소장님, 늘 조력

해 주는 후배들과 함께 내용을 꼼꼼하게 짚어 나가고 있었다.

지금으로부터 4년 전인 저 때는 야생에서 소싱을 하게 되면 가장 중요하게 보아야 했던 항목들이 분양가 상한제, 초등학교 배정이 최대 관건이기도 했고, 추가적으로는 국유지 매입에 대한 총량제 이슈로 인해서 국유지의 매입도 큰 관심거리였던 것이 기억이 난다. 늘 그렇지만 상한제, 학교 배정, 국유지 매입과 관련된 담당 부서에서는 정확하게 답을 주지는 않고, 사업지를 검토하는 매수자 측에서 수집된 정보들로 판단을 잘 내려야 하는 상황이기도 했다. "일단 접수해서 진행시켜 보셔야 알 것 같아요" 라는 말이 해당 분야의 관공서 담당자에게서 가장 마지막에 듣는 이야기였으니까 말이다. 딱 느껴지는 그 감이 명운을 가를 수도 있는 그런 상황이다 보니 사전 조사를 허투루 할 수 없는 상황이기도 해서 부담이 큰 시기였다.

• 도로 부분 매입 절차 표시

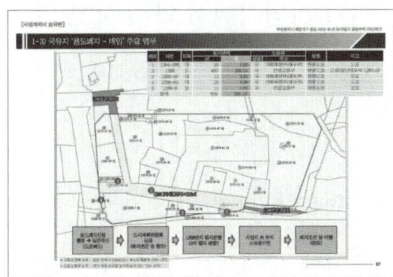

• 학교 관련 검토

11 머뭇거려지더라도 전할 말은 전해야 한다. 그게 모두에게 이롭다.

F 소장님은 규모 검토와 인허가 리스크에 대한 부분을 중점적으로 봐주셨고~ 부산 친구와 나는 사업 계획서에 대한 부분과 적정 분양가 그리고 분양성에 근거한 사업 수지, 상한제, 학교 배정 문제 등을 검토하고, 후배들은 토지 조서에 따른 국공유지에 대한 매입에 대해서 검토를 시작했다. 그중 분양가 상한제에 대한 부분과, 학교 배정과 관련된 사항은 직접 전화를 걸어 가면서 최대한 뭔가의 정보라도 확보하기 위해서 나름 최선을 다하여 노력했다.

부산에 있는 사냥감이라 수시로 들여다보지 못하는 것이 가장 큰 난제이기는 했으나, 부산 친구가 이에 대해서 완벽하게 도움을 주었다. 부산 친구의 피드백이 사업지 및 지역적 특징에 대한 이해와 어떻게하면 디벨롭시키고 클로징할 수 있을지에 대한 아이디어를 떠올리고, 사업 방향을 잡아 나가는 데 큰 도움이 되었다. 그 지역을 워낙 잘 알고 있었기 때문에, 사업지 주변의 차량 흐름 그리고 수요자 동선에 대해서 문의하면 바로바로 답이 오기도 했고, "여기 사업지에서 와서 보고 있는데~" 하면서 적극적인 대응으로 프로젝트를 온전히 클로징하려고 노력하는 데 힘을 보태 주고 있었다. 늘 그렇듯 든든하게 말이다.

언제나 변함없이 소싱 단계의 디벨로퍼는 토지에 대한 계약금을 납입하지 않은 상태로 사업지에 대한 채산성에 대해서 검토를 하게 된다. 어느 정도 매출을 올리고, 어느 정도 비용과 리스크가 예상되며, 어느 정도 사업 이익이 남게 될지에 대해서 그려 보게 된다. 소싱된 사업지의 토지 지번과 구역계만을 가지고 혹은 기본적으로 브로커가 제공해 오는 서류 몇 가지가 전부일 때가 많다. 혹시라도 투입 비용 대비 월등히 높은 사업 이익이 남는다거나, 지역에서 최대로 랜드마크 부지라든가 하게 되는 사업지를 소싱하게 된다면 디벨로퍼는 소싱된 사업지에 대해서 건축 계획을 그려 보는 것만으로도 벌써 소싱하는 사업지는 다 클로징한 것과 마찬가지인 걸로 꿈을 꾸게 되는 과정을 늘 겪게 된다. 소싱하는 순간부터 이미 그 사업지는 내가 핸들링하고 팀을 꾸려 클로징을 하고 매매를 하여 사업 진행을 하는 사업지가 되는 것이다. 그런 환상을 그리고 부푼 꿈을 그려 나간다. 그렇게 머릿속에서는 사업 정산을 하면서 나름의 보상을 받는 꿈을 꾸는 그 상황들이 앞 단의 피곤함과 수고함을 이내 말끔하게 해 주는 그런 힘을 발휘하게 된다. 잠시 야생에서 사업지를 정신없이 찾아 헤매는 상황임을 잊게 되고 그렇게 또 힘을 내서 반복되고 수고스러운 일들을 어김없이 해내게 된다.

그런 부푼 꿈을 꾸면서 힘을 내어 한 달 정도의 집중력을 갈아 넣어 사업 계획서가 완성되고 분양가 상한제, 학교 배정, 국유지 매입, 사업 수지에 대한 적정 사업 이익, 이익률 등이 마련되어 이제 매입만 하면 되는 상황으로까지 디벨롭을 해 두었다. 물론 대상 토지에 대한 등기부 등본까지 모두 다 떼어서 인수한 자료인 토지 조서와 맞추고 변동 사항을 다 체크하는 것은 기본으로 해 두었다. 이제 내부 의사 결정자들이 해당 내용들을 듣고 나서 스스로의 기준에 따라 GO!라고 외치기만 하

11 머뭇거려지더라도 전할 말은 전해야 한다. 그게 모두에게 이롭다.

면 되는 것인데, 이번에도 어김없이 그 GO! 사인이 쉽게 떨어지지 않는다. 실무진이 바라보는 사업지의 모습에 대한 결론과 의사 결정을 하는 결정권자의 결정 수준 그리고 매매를 결정하게 된다면 그로 인해 해당 프로젝트와 연결되어진 다양한 사람들과의 이해관계에 대한 부분으로 복잡하다 보니 실무자가 생각하는 것처럼 빠른 결정이 나올 수 있는 것도 아닐 뿐더러 실무진과 결정이 늘 같을 수는 없는 것이다. 이해는 하면서도 늘 받아들이기 뼈아픈 그런 고통의 시간이기도 하다.

종종 야생에서 소싱된 프로젝트를 하나하나 알아 가는 초기의 과정을 겪을 때면 신나서 희망에 부풀어 콘셉트를 어떻게 잡을지, 마케팅은 어떻게 할지, 광고는 어떻게 할지 등등 실무자의 생각은 이미 저만큼 멀리까지의 계획들을 세우면서 사업에 대한 클로징을 하기 위해서 최선을 다한다. 하지만, 그 프로젝트가 어느 순간 이야기 주제에서 멀어지거나, 이야기 횟수가 줄어들거나, 다른 신규 소싱된 프로젝트로 관심의 중심이 바뀌거나 하는 그런 상황들은 종종 발생하기도 한다. 물론 열심히 클로징에 대한 부푼 꿈을 꾼 그 프로젝트에 대한 캔슬, 드롭 정보들에 대해서는 막내인 나까지 클리어하게 전달되지 못하는 경우가 다수 있었다. 그럴 때면 나를 믿고 협력해 준 부산 친구와 F 소장님, C 선배 그리고 늘 수고해 준 후배들 모두에게 미안한 마음이다. 위로부터 들은 게 없으니 그 지인들에게 명쾌하게 설명도 못 해 주고 그냥 취소되었다고 이야기하는 마음은 편할 리가 없다. 편할 수가 없다. 그들에게 말을 전하는 나도 이해를 못 하는데 어떻게 그들을 이해시킬 수 있단 말인가. 참 어렵고 난처한 순간이기도 하다.

이번 프로젝트에 대해서도 취소라는 이야기를 전하게 되었다. 벌써 여러 번인데 기운이 빠지는 순간이다. 힘을 내어 다시금 새로운 프로젝트를 쫓아야 할 텐데, 매듭이 시원하지 못하다 보니, 마무리가 흐지부지되다 보니 참 나 역시 힘이 안 나던 순간이기도 했다. 아직도 이 사업지는 왜 드롭이 되었고, 이 프로젝트가 어찌 되어서 우리 레이더에서 떠났는지 명쾌한 이야기는 모른다. 그럴 때면 조금 서운하고 아쉽고 답답하고 기운이 빠지기도 한다. 그 마무리가 잘되어야 하는데 말이다.

4년이 지난 지금 해당 사업지의 근황이 궁금해서 모습을 살펴보니 아직 그대로 있다. 뭐가 문제여서 아직도 새롭게 훨훨 날지 못하고 그대로인지 궁금하다. 늘 프로젝트를 클로징하기 위해서 전력을 다하지만, 홍길동처럼 연기처럼 온데간데없이 사라지는 프로젝트를 만날 때면 힘이 빠진다. 그것이 외부적인 요인 때문인지 내부적인 요인 때문인지는 알 수 없지만 기운 빠지는 것은 어쩔 수 없는 현실이다. 그렇다고 신규 프로젝트를 검토하면서 어차피 날아갈 사업지, 클로징 못 할 사업지라고 자포자기하면 안 된다. 그렇기에 더더욱 어떤 프로젝트든 늘 최선을 다해서 최대의 노력을 해야 하는 것일 거다. 늘 Go! 사인이 안 난다고 생각하고 자포자기하면서 제대로 검토도 안 했는데 덜컥 매입한다고 할지도 모르는 거 아니겠는가. 늘 배우는 것으로만, 알아 가는 것들로만 인생이 채워지면 참 곤란하겠지만, 어쨌든 배움이 있었기에 다음번 실수를 조금이라도 줄일 수 있다고 생각해 본다. 그리고 시작과 끝이 명쾌하도록 그 끝의 맺음도 매우 중요함을 강하게 느끼면서 다른 시행 프로젝트를 찾아보기 위해서 다시금 몸과 마음을 추스른다. 그렇게 힘을 내 본다.

### 디벨로퍼 프로젝트 인사이트 11

계속되는 '캔슬'의 사인이 남발하는 상황 속에서, 더 큰 매출의, 사업 이익의 사업지만을 고대하는 상황 속에서 소싱하고 나서 클로징하기까지의 과정의 반복되는 루틴함보다는 드롭하는 현장일지라도 왜 드롭되었는지에 대한 결과에 대한 명쾌한 이야기에 좀 더 목말랐던 시기가 아니었나 회상이 된다.

물론 말 못 할 사정이 있을 수도 있겠으나, 시행 프로젝트의 정보를 건네주면서 자~ 클로징하러 달려 보자~ 하고 시동을 걸었으면 해당 프로젝트의 마무리가 잘 안 될 경우라면, 제대로 주차하고 시동도 꺼 주어야 하는데 그냥 시동을 켠 채로 운전자가 주차장을 빠져 나가는 상황이라고나 할까.

앞서 검토했던 사업지에 대해서도 그 끝이 흐지부지 유야무야 끝난 것들이 다수 있었는데 인하우스 인력으로서의 나는 그러려니 하지만 나를 믿고 고생해 준 선배, 동료, 후배들에게 점차 '으쌰으쌰' 하자고 힘을 내 보자고 말을 건네기가 어려워지기 시작했던 시점이기도 하다.

산이 높으면 계곡이 깊다고 했던가. 매번 새로운 사업지에 대한 소싱을 할 때마다 기대치가 크다 보니 실망감도 엄청나게 큰 상황이 되었고 점차 추가로 접수되는 프로젝트에 대한 정보, 부푼 꿈으로 주변 사람들에게 힘을 내게 하고 또 영혼을 갈아 넣게 하기에 슬슬 나역시도 지쳐 갔던 시기였다 싶다.

다 함께 노력하는 소싱에 대해서는 명쾌해야 한다. 명확해야 한다. 투명해서 고기가 살지 못할 정도로 말이다.

과할 정도로 명쾌하게 이야기를 오픈해 주어야 힘을 합쳐 클로징을 하겠다고 모인 전문가들의 의문점을 풀어 줄 수 있기 때문이다. 그리고 디벨로퍼는 스스로 판단을 할지는 몰라도 주변 조력자들에게는 솔직하게 이야기를 해야 할 의무가 있다고 생각이 든다.

그렇지 않고서는 진짜 제대로 된 프로젝트를 만났을 때 혼자만 남을 수도 있기 때문이다.

야생에서든 어디에서든 시행 프로젝트를 소싱하여 클로징한다고 마음먹은 디벨로퍼라면 명쾌하고 명확하게 이야기해 주는 것은 선택의 문제가 아니다. 이건 필수 요건이다.

## PROJECT INSIGHT

보이는 게 전부가 아니다.
멋진 것에 현혹되지 말고, 그 뒤편의 진짜를 보아야 한다.
야생에서는 그 누구도 그냥 멋진 시행 프로젝트를
나의 손에 쥐여 주지 않는다.

## 12

# '너만 특별히~'라는
# 프로젝트는 패스!

( 12 )

*"보이는 게 전부가 아니다.
멋진 것에 현혹되지 말고,
그 뒤편의 진짜를 보아야 한다.
야생에서는 그 누구도 그냥 멋진 시행 프로젝트를
나의 손에 쥐여 주지 않는다."*

 

사연 없는 무덤 없다고 하지 않던가. 야생에서 만났던 그 시행 프로젝트들, 다양한 용역들은 모두 다 사연이 있었다. 조금 꼬아서 이야기해 보자면 '매도하려는 그 자신이 해당 사업지에서 사업 진행을 하지 않고 매각해야 하는, 매각할 수밖에 없는, 부득이하게 사업권을 넘겨야 하는 이유?'가 있는 그런 사연이랄까. 물론 디벨로퍼는 야생에서 큰 프로젝트, 제대로 된 프로젝트를 소싱하고 클로징해야 하기에 그런 사연은 케바케로 치부하고 스스로의 검토에는 크게 개의치 않지만 말이다. 반대로 새로운 사업지를 찾아다니는 디벨로퍼에게 멋진 사업지가 저기에 있다고 알려 주는 조력자?(토지 혹은 프로젝트 브로커가 정확한 말이겠지만……)는 이야기한다. 저기에 있는 저 프로젝트는 이래서~ 저래서~ 이만큼의 비용이 필요하고, 자신에게도 얼마의 비용을 주어야 한다고 말이다. 그렇지 않으면 프로젝트에 대한 핵심인 매도자 정보와 해당 프로젝트를 매수하여 제대로 사업 진행을 하기 위한 포인트, 중요한 힌트를 알려 주지 않겠다고, 그리고 절대로 협조하지 않겠다고 말이다.

사업지를 소싱하는 브로커든, 이해관계가 있는 중개인이든 그들이 이야기하는 것은 보물선이 바다에 가라앉아 있는데 그 위치를 알려 줄 테니 수수료를 달라는 것과 별반 다르지 않은 상황이기도 하다. 웃긴 것은 절대 그 가라앉은 보물선의 보물을 노리지는 않고 끌어 올려서 가질 생각은 안 하고 그 위치만, 끌어 올리는 방법만을, 그리고 왜 그 보물선이 침몰해서 바다에 가라앉았는지에 대해서만 알려 준다고 한다는 것이다. 야생에서는 보물선과 같은 시행 프로젝트를 두고 그런 딜이 곳곳에서, 아주 자주 벌어지고 있기도 하다. 야생은 넓고 또 복잡하기에 그런 프로젝트를 소싱하고 소개하는 브로커가 없으면 그 큰 야생에서 아주 오랜 시간 동안을 허비할 수도 있기 때문에 대체로 그 브로커의 '딜'을 받아들여 그 프로젝트에 대한 소싱부터 클로징 준비를 하기도 한다. 본래 디벨로퍼는 가난한 집단이라(모두가 그런 건 아니지만) 투자하겠다고 한 투자자의 투자 기한을 넘길 바에는(투자자의 돈은 유기체와 같아서 또 다른 디벨로퍼가 다른 사업지로 투자자에게 어필하면 그 투자자는 빠른 투자 수익을 위해 어디든 투자를 할 수 있으니까 말이다) 브로커를 통해 사업지에 대해 빠르게 검토하고 클로징하는 것이 더 효율적이라는 판단에서 브로커와 디벨로퍼는 어찌 보면 공생 관계라고 해도 될 것이다. 그러다 보니 브로커는 디벨로퍼에게 멋진 사업지가 있으니 소개료를 주면 소개해 주겠다고 하기도 하고. 어떤 사업지는 기간이 많이 길어져서 기운 빠져 있는 기존 사업자가 있는 사업지이니 적정 가격에 제대로 된 사업지를 인수 가능하다고 이야기하기도 하고, 혹은 이름만 들어도 아는 곳에서 진행하던 사업지인데 외부에 비밀로 해야 하는 보안 된 내용의 이런저런 사유로 인해서 홀딩 되었던 사업지이고, 수의 계약으로도 계약이 가능하고 좋은 조건으로 당신에게 양도할 테니 그 값을 지불해라 하는 식이다.

매도자 스스로 자신이 가지고 있는 사업지를 다른 매수자(디벨로퍼)에게 적정한 가격을 매겨서 판매하려고 할 때 그 사업지를 매수하려는 디벨로퍼 입장은 어떨까? 물론 그 물건을 가지고 있는 사람이 그 물건의 진가를 알아보지 못한다고 판단이 들면 매수자의 수용 범위 내에서 가격을 치르고서라도 매도자로부터 그 물건을 최대한 가져오려고 노력할 것이고, 매도자가 그 물건에 약간의 하자 혹은 처음에 이야기했던 것과 다른 부분이 있음을 감추면서 그 물건을 팔려고 하는 상황이라면 매수자는 눈에 불을 켜고 그 하자를 찾아서 그 위기를 모면하든가, 그 하자 부분만큼 트집을 잡아서 가격을 Nego하든가, 적정 가격에 매수해서 그 하자 부분을 도려내거나 디벨롭시키려고 할 것이고, 위의 상황 중 아무것에도 해당되지 않는다면 그 하자를 발견하지 못하고 높은 가격에 그 물건을 사 와서 그 리스크를 감당해야 하는 상황이 되기도 할 것이다. 하자를 못 보고 사업지를 매수해 온다면 성공할 리는 없겠지만 말이다. 그래서 토지 날것 상태로의 사업지가 인허가를 다 밟아 놓은 사업권 매매보다는 좀 더 메리트가 있다고 개인적으로는 생각한다. 인허가 과정에서의 비용은 비용대로 매수자가 값을 매겨 주어야 하고, 그 인허가 진행 시 무수히 많이 달린 지자체 각 부서 간의 조치 의견 등이 준공 시점에 얼마의 비용이 들지도 모르는 상황이 다수이기 때문에 인허가는 가능하다면 매수자가 직접 그 맨땅에 본인의 노하우와 의견이 담긴 형태의 건물로 채워진 그 상태로 인허가를 진행하는 게 더 유리하다고 생각이 든다.

종종 너한테만 말하는데~, 이건 아무도 몰라~ 하면서 이야기하는, 즉 비밀이 많은 부지의 경우 제대로 된 사업지나 제대로 된 프로젝트를 본 적이 없다. 물론 사업 진행상 비밀이 필요한 부동산 개발 분야지만 그런 비밀이 오히려 매수자를 멍들게 하고 힘들게 한다. 심할 경우 야생에서 더 이상 움직일 동력을 잃어버리게까지 할 수도 있을 정도로 (파탄난다고 해야 할까~) 심각한 상황을 몰고 오기도 한다. 추가적으로는 매수자의 사업지를 보는 포인트가 오로지 사업 이익에 꽂혀 있다면 제대로 된 사업지를 선별하지 못하고 Risk 가득한 사업지를 매수하여 영영 그 늪에서 헤어 나오지 못하는 경우도 허다할 것이다. 이익에 눈이 멀면 안 되는 이유다. 추가적으로는 매도자의 몰염치에 있는 경우도 있다. 매도자가 의도적으로 사업지에 대한 리스크를 감추고 어떻게든 좋게 보여 선량한 매수자의 눈먼 돈을 끌어오고 자신은 그 값을 받고 빠져나가면서 최소한의 손해를 실현시킬 생각에 사로잡혀 이기적인 마인드로 일관하는 경우에도 매수자는 곤경에 처할 수 있다. 그리고 브로커가 사전에 해당 사업지의 Risk한 부분을 알았음에도 오로지 중개 수수료에 대한 맹목적인 욕심으로 매매를 성사시키려고 할 경우에도 매수자는 곤경에 처하게 된다. 그렇게 매도자, 브로커가 몰염치한 사람일 경우 사업지를 소싱한 뒤 시간 아껴 가면서 사업지에 대해서 공부하고 연구하면서 클로징하려고 이것저것 짚어 보면 그에 맞는 대답보다는 변명이 튀어나오고, 다 되었으니 어서 매수해 가라고만 하는 요청만이 넘쳐난다. 계약금만 걸라고 한다. 통장 잔고 증명만 보자고 한다. 실제로는 어느 것 하나 전혀 준비도 안 되어 있고, 검토하면 할수록 이래저래 모순되고 부족한 부분만 발견될 뿐인 사업지일 가능성이 매우 높을 수 있다고 본다.

야생에서는 그 사업지가 가지고 있는 매력의 무게만큼 디벨로퍼가 노력과 시간을 투입하지 않는다면, 제대로 된 프로젝트로 만들겠다는 노하우를 갈아 넣지 않는다면, 확실한 클로징을 할 수 없는 곳이기도 하다. 노력과 시간의 축적이 매수 이후의 사업 안전성은 물론, 분양, 준공 등의 사업 성패와 정비례한다고 봐도 무방할 것이다. 난 그렇게 믿고 있다.

그런데 아이러니하게도 우리는 종종 유혹에 빠지고 만다. 브로커 혹은 사업지에 이해관계가 있는 사람들이 야생에서 사업지를 찾아다니는 선량한 디벨로퍼를 멋진 프로젝트로 유인하고 이런저런 감언이설로 해당 사업지를 매수해서 사업을 진행하기만 하면 사업 이익이 어마어마하다고 이야기하며 매수자의 에쿼티를 노리는 것을 잘 구분해 내지 못하기도 한다. 제대로 된 흐름으로 잘 귀 기울여 들으면 그 내용이 좀 허황되다고 생각하면서도 그 달콤한 프로젝트의 이익에 현혹되어 이내 자신도 모르게 투자를 하거나 약정을 하거나 계약을 하게 된다. 그래서 사전에 검토하고 비판하는 시각으로 사업지를 바라봐야 하는 그 자세를 잃어버리면 안 된다. 그리고 정말 무지무지 멋진 조건의 사업지라고 판단이 될 때면 '이 멋진 사업지가 왜 아무에게도 안 가고 나에게 왔을까?' 하는 생각을 꼭 떠올려야 할 것이다.

• 사업지 위치

• 토지 이용 계획도

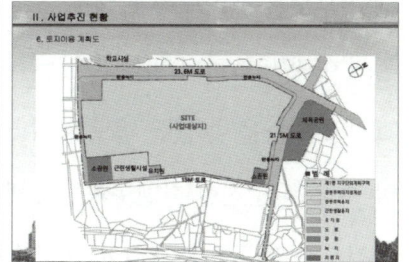

이 사업지는 B 선배를 통해서 받은 물건이고, 브로커에게 확인한 내용으로는 군인 공제회에서 핸들링하고 있으며 수의 계약이 가능하다는 이야기를 처음부터 시작한다. 군인 공제회라고 하는 그 멋진 배경이 이 상품을 더 돋보이게 만들었던 것 같다. 물론 해당 사업지에 군인 공제회가 이해관계가 없는 것은 아니다.

즉 감언이설로 매수자를 찾으려고 혈안이 된 그들은 아무 근거 없는 이야기는 하지 않는다. 다만 뭔가 확인하려고만 하면 '그건 대외비', '비밀이다'라는 울타리로 방어를 하면서 매수, 매매를 위한 의사 결정만을 재촉할 뿐이다.

결론적으로는 해당 사업지는 최초 누군가에 의해서 토지 작업, 인허가 등이 진행되어서 그림도 그리고 인허가도 완료한 상태겠지만, 결코 수의 계약으로 계약을 진행할 수 없는 사업지였던 것이고 수의 계약에 대한 부분은 풀어내려고 해도 풀 수 없는 다양하고 복잡한 이해관계자들의 이권이 떡하니 버티고 있는 사업지였었다. 영화에서 나오는 엑스칼리버도 뚫을 수 없을 정도로 여러 겹으로 꼬여 있는 상태였는데 그걸 알 수 없는 순진한 디벨로퍼들은 계속 소싱해서 클로징을 하겠다고 지속적으로 그 문을 두드리고 있었던 것이다. 그중 B 선배도 그날 처음 본 B 선배의 지인도 그리고 나도 있었던 것이고 말이다.

그러니 야생에서는 사업지를 검토하는 시간도 노력도 아껴야 하고, 힘도 비축해 둬야 하는데 일정 기간 이 프로젝트에 매진하느라 다른 사업지를 소싱하고 검토할 시간과 노력을 허비한 것이다. 큰 배움도 있었지만 매몰 비용, 기회 비용도 더불어 있음을 기억해야 할 것이다.

## 디벨로퍼 프로젝트 인사이트 12

이 사업지에 대한 매수 포인트를 잘 알고 있다는 브로커의 사무실에서 이야기를 듣는 동안, 그 브로커의 이 사업지는 벌써 준공이 났고 이익도 어마어마하게 실현되었다. 상상이 곧 현실로 되는 신비한 마법을 이 사업지를 소개하는 브로커에게서 듣는다. 계약도 안 한 사업지는 황금알을 낳는 거위가 되어 우리를 유혹했다.

그리고 그 말을 신봉하는 B 선배, B 선배의 지인은 이런저런 인맥을 동원해서라도 풀어 보고자 했지만, 오랜 시간 지나지 않아 B 선배는 자신이 할 수 있는 것이 아님을 알게 되었지만, 브로커가 이야기한 이 사업지가 안겨 줄 사업 이익에 대한 아쉬움과 기대감, 미련을 감추지 못한다. 미팅 후에 나오면서도 연신 '될 거 같은데~' 하면서 아쉬움을 남긴다.

브로커가 이야기하는 묘수가 있다고 해도~ 사업지와 관련된 사람들이 두 눈 시퍼렇게 뜨고 있는데, 그 이해관계자들을 모르게 하면서 이렇게 아머어마하게 이익이 실현되는 프로젝트의 매각이, 그것도 수의 계약으로 그게 과연 그리 쉽게 될까 말이다. 그것도 군인 공제회가 버티고 있는데 말이다.

애초부터 제대로 된 루트를 통해서 소싱 되지 않은 사업지는 뭔가 색안경을 끼고 바라봐야 할 것이다.

> 물론 그렇지 않은 사업지도 있을 수 있겠지만, 이런저런 현란한 수식어가 복잡하게 붙어 있는 사업지는 그냥 내버려 둬야 한다. 억지로 풀 수 있는 것이 아닌 거다.
> 그 사업지를 쫓아가지 말고 오히려 다른 일을 하는 게 더 생산적일 수 있다.
> 계속 이야기하지만, 세상에 공짜 점심은 없다. 그리고 그렇게 좋은 사업지가 왜 나에게? 하는 생각도 함께 해 봐야 한다.

### PROJECT INSIGHT

끝까지 가 보지 않은 상황이라면
혹은 사업지를 검토하는 중간에 내려놓고 싶을 때,
가고자 하는 방향의 그 끝에 하나의 희망이라도 있어 보인다면~
최선을 다해서 클로징에 전념해야 할 것이다.
최선을 다한 뒤에 클로징이 안 된다면 스스로에게 뭐라도 남을 것이다.
그게 야생이다.

## 13

**풀 매듭은 여러 개가 있다.
그러니 하나하나 풀어 나가자.**

### 13

*"끝까지 가 보지 않은 상황이라면
혹은 사업지를 검토하는 중간에 내려놓고 싶을 때,
가고자 하는 방향의 그 끝에
하나의 희망이라도 있어 보인다면~
최선을 다해서 클로징에 전념해야 할 것이다.
최선을 다한 뒤에 클로징이 안 된다면
스스로에게 뭐라도 남을 것이다. 그게 야생이다."*

신생아실, 동물원, 사파리, 야생을 거치면서 그때그때의 울타리에서 마음에 맞는 선후배와 동료를 만나는 것은 참 큰 힘이자 위안이 되는 일이 아닐 수 없다. 그중 예전 사파리에서부터 인연을 이어 온 G 후배가 함께 클로징해 보면 어떻겠냐고 제안했던 프로젝트이다. 기존에 찾아다녔던 시행 프로젝트하고는 조금 결을 달리하는 특이한 상품이었다. 간략히 말하자면, 지식산업센터의 포디움 부분 저층에 위치한 상업 시설을 준공 이전에 한꺼번에 매입한 뒤, 이를 다시 개별로 판매하여 그 시세 차익을 거두는 흐름의 프로젝트였다.

• 조감도    • 배치도

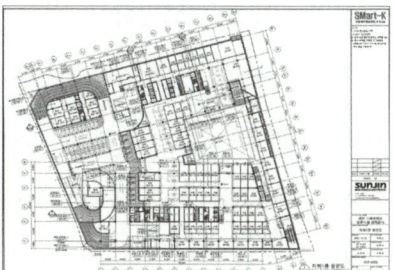

    G 후배와의 인연을 잠시 돌아보면, 내가 사파리에서 그래도 나름 자리 잡고 있을 때 그 G 후배는 거래처(마케팅 대행사)의 영업 본부장이었다. 내가 사파리에서 한동안 전력을 다해 집중하고 있을 때 G 후배는 야생으로 먼저 나가 분양 대행사를 설립하고, 여러 어려운 현장들을 맨 파워를 기반으로 실적을 내고 인적 네트워크를 닦아 나가고 있었던 거였다. 내가 야생에 나갔을 때 우연히 만나 이야기를 나누다가 과천에 위치한 이 프로젝트를 나에게 이야기해 주었고, 서로 잘하는 것에 최선을 다해서 프로젝트를 클로징해 보면 좋겠다는 생각이 들어서 함께 협업하면서 일을 도모하게 되었다.

    성남에 위치한 의사가 소유했던 토지에 대한 PM 용역 제안 협업 이후 2번째 협업을 하게 되는 프로젝트이다. G 후배는 후배가 운영하는 회사의 명함을 나에게 제공해 주었고(직책은 '상무'), 나는 그 G 후배가 이야기한 프로젝트를 온전하게 클로징하게 되면 어느 정도의 이익이 예상된다고 하는 수지 분석 및 그렇게 되기까지 과정에서 해야 할 일들에 대한 업무 내용을 고민하고, 내가 사파리와 야생에서 축적한 네트워킹을 가동하여 클로징할 수 있는 컨디션을 구축하는 아이디어를 디벨롭하고, 협력할 수 있는 키 맨들과의 미팅을 주선하기도 하고, 더불어 당장 이번 프로젝트를 계약하기 위해서 필요한 금액(에쿼티)에 대해서 숫자적인 고민도 함께하게 되었다.

이번 프로젝트를 클로징하기 위해서 최종적으로 염두에 두어야 하는 거래 금액은 1,000억 원 정도의 금액으로 매우 큰 금액이었다. 계약금을 내려고 해도 총 예상 소요 비용의 10% 수준인 100억은 있어야 하는 상황이었다. 일반적으로 계약금은 사업 시행자(개발 주체, 매입 주체)가 마련해야 하는 것인데 G 후배와 나는 그런 큰돈은 없었다. 그러다 생각해 낸 것이 E 후배였다. E 후배는 여수 상업 시설에 대해 나에게 시행사를 소개시켜 주었기도 했고, 우리나라에서 상업용 부동산에, 그리고 일반적이지 않은 난해한 상품에도 투자하기로 유명한 금융 회사에 근무하고 있었기에 과천에서 열심히 공사 중인 그 상품에 대한 IM 자료를 보낸 뒤에 미팅을 하게 된다.

• 제안서 표지

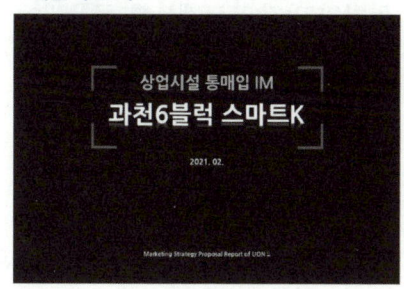

• 사업 진행 핵심 구도

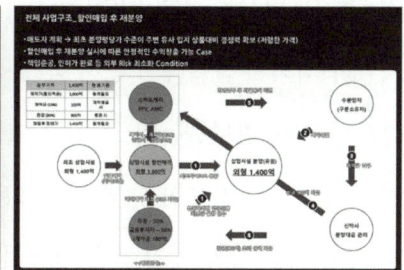

사전에 자료를 보냈는데, 반응이 괜찮았다. 그리고 미팅을 가지게 되었고 기본적인 내용에 대해서 E 후배에게 설명을 하고, E 후배가 궁금해하는 내용에 대해서 이런저런 질문을 받았다. 핵심은 G 후배가 건물을 사 오는 가격이 일단 매도자 측에게서 할인을 해서 가져오는 것이고, 거기에 매도자 측 역시 준공을 필히 내야 하는 상황이니 담보물에 대해서는 리스크가 없다고 E 후배는 판단을 했다. 또한 G 후배가 매수한 가격보다 조금 더 높은 가격으로 분양을 하려고 하는 상황에서도 2021년도에는 부동산 상승 시기이고 과천이라는 입지적인 특징을 고려해 볼 때 상업 시설이기는 하지만 어느 정도 분양은 되리라는 생각이 들어서였는지 분양성에 대한 성과에 양호한 판단을 내리기도 했다. G 후배와 내가 걱정했던 초기 계약금에 대해서는 E 후배 측이 함께 거들어 줄 수 있다고도 했다. 물론 일정 금액 정도는 G 후배와 내가 납부를 해야 하는 조건이 있었고, E 후배 측에서 거들어 주는 비용은 향후 수익 발생 시 지분 형태로 지불을 하는 조건이 붙었다. 그러니 G 후배와 나는 그

13 풀 매듭은 여러 개가 있다. 그러니 하나하나 풀어 나가자.

카드를 안 받을 이유가 없었다. 좋은 위치의 멋진 프로젝트를 금융권에서 에쿼티까지 참여해 주면서 함께 꾸려 나갈 수 있다는데 그 카드를 안 받으면 바보 아니겠는가. 그리고 그런 좋은 조건의 프로젝트를 소싱하여 클로징하지 않으면 야생에서 어떤 프로젝트를 소싱하고 클로징한단 말인가. 이번 상가 매입 건은 이전의 선배들처럼 머뭇거리면 안 된다는 생각이 강하게 들었기도 했다. 그렇게 G 후배와 E 후배 그리고 나는 의기투합하여 점점 더 프로젝트의 클로징에 근접하고 있었고, 그 멋진 프로젝트를 클로징할 가능성을 높이고 있었다. 야생에서 큰 프로젝트를 클로징할 때 서로 협력하고 각자 주특기를 잘 발휘하여 힘을 합쳐 제대로 마무리 짓기를 바라 왔던 그 바람이 딱 들어맞는 클로징 준비였었다.

과천의 프로젝트를 손에 쥐고 있는 매도자는 G 후배가 알고 지내던 자산 관리 회사의 임원이었고, 자체적으로 해당 상업 시설에 대한 분양을 위해서 마케팅을 고려하기도 했었으나, 어떤 상품이든 모두 다 A급이 아니기에, 미분양에 대한 걱정이 가장 크게 있었던 거 같았다. 거기에 더해 사업 준공 시점 이전에 빠르게 정산하여 자산 관리 회사의 관리 업무를 빠르게 종결하고 싶다는 내부적인 의미가 있어 보였다. 그렇게 매도자의 내부 환경과 G 후배의 여건이 딱 떨어지다 보니 이야기는 급물살을 탔고 정말 그 프로젝트의 매수가 성사되는 바로 턱밑까지 근접하는 상황에 하루하루 꿈같은 날을 보냈던 거 같다.

야생에서는 다양한 프로젝트들이 오르내리고 있고 다수의 디벨로퍼들이 핸들링하고 있지만, 소싱만 한다고 해서 핸들링하는 사업지들이 노력과, 담당자들의 영혼 갈아 넣기 등의 수고 없이 수중에 안겨 클로징이 되지 않는다. 어떤 프로젝트든 문제점과 Risk는 반드시 존재하고 그걸 소싱하고 클로징하는 과정 속에서 풀어내야만 제대로 가치를 발휘하는 프로젝트가 되는 것이다. 그런 의미에서 과천 매입 프로젝트 역시 풀어내고 아이디어를 디벨롭시켜야 할 몇 가지 문제점을 가지고 있었다. 법규상 전매에 대한 부분 때문에 G 후배는 매수자에게서 대상 상업 시설 전체를 사 오는 형식에 있어서 각각의 호실 명의가(소유권 이전) G 후배 회사로 거치게 되면 즉 G 후배가 모든 호실에 대해서 한꺼번에 계약하는 형태로는 법규상 위배가 되기 때문에 그 부분에 대한 해결이 필요했다. 그렇다고 해서 전체 호실에 대한 매수 계약을 하되, 명의를 거치지 않게 된다면 분양 수익금에 대한 부분 및 모든 판매의 주체가 G 후배가 되는 것이 아니라 기존 매도자가 되는 것이기에 G 후배는 어찌 보면 단순 '분양 대행'으로 보일 수 있는 상황이 되는 것이었다. 그렇게 된다면 E 후배와 이야기한 에쿼티 차입은 없어지게 된다. 명의는 매도자가 유지하고 있는데 G 후배가 100원에 사 간 상가를 다시 110원에 재판매한다고 할 때, 그 차액인 10원에 대해서 매수자가 시세 차익의 실현을 과연 인정해 줄 것인가에 대한 부분 등 여러 가지가 혼합되는 상황이 발생하게 되었다. 가장 최적의 방법에 대해서 고민이 많았다. 매수자인 G 후배의 관점에서…… 계약을 하여 명의를 G 후배 회사로 하되,

**13** 풀 매듭은 여러 개가 있다. 그러니 하나하나 풀어 나가자.

준공 이전 계약을 하게 되거나, 혹은 일정 기간 동안 개별 호실의 수분양자가 계약을 하게 될 경우 기존 매도자 측에서 수분양자로 바로 계약이 이루어지는 형태(원장 정리)로의 진행이라면 충분히 G 후배, 그리고 금융권에서의 참여도 가능한 모델이 될 수 있을 것이었고, 잔여 물량이 남게 될 때 이를 G 후배가 모두 인수한다는 옵션이 된다면 매도자 측은 하나의 Risk도 없는 상태이기 때문에 더더욱 모두에게 이로운 모델이 될 수 있는 상황이기도 했다. 그런데 과천 상업 시설의 일괄 매입에 대한 부분의 테이블 파트너가 실제 소유주가 아니라 그 자산을 관리하는 자산 관리 회사라는 부분이 발목을 잡고 있을 줄은 그때는 미처 몰랐다. 자산 관리 회사 임원과 이야기를 해 나갈수록 복잡한 것들의 과정에 대해서 달갑게 생각하지 않는 거 같았고, 실소유주인 PFV에게 해당 상업 시설 매각 안건을 심의에 올리는 것을 자산 관리 회사에서는 꺼리는 분위기가 있기도 했다. 상가를 한꺼번에 Risk 없이 판매는 하고 싶은데, 번거로운 과정은 피하고 싶은 욕심의 상충이 엿보이는 순간이었다.

그 뒤로도 매수자의 대리자인 자산 관리 회사 임원과 G 후배 간 그 문제들로 이야기를 나누는 회의를 여러 차례 진행했지만 쉽게 답을 도출하지 못했다. 매수자로 테이블에 나온 사람들 역시 실질적인 사업주가 아니라 권한을 위임 받은 자산 관리 회사이기 때문이기도 했고, 이야기를 거듭하면 할수록 최초 이야기 나누었던 상황들이 아닌 다른 내용들이 튀어져 나오는 부분도 있었다. 그중 설득에 설득을 했으나 설득하지 못했던 부분은 '신탁' 형태의 변경에 대해서였는데 G 후배와 내 입장에서는 그냥 변경하고 진행하면 미분양 걱정 없이 모든 상업 시설을 털어 버리고 안전하게 수익도 실현할 수 있는 것이고, E 후배의 회사에서 매입 확약까지 가능하다고 하는 최상의 조건이라 생각했는데, 그간 매수자 내부에서도 변화들이 있기도 했다. PFV 주주들이 상업 시설을 자신들의 지분 수익 대신 지분만큼 가져간다고 하는 것과, G 후배와 이야기했던 일괄 매각 대금이 너무 싼 거 아니냐고 하는 이야기가 불거졌다고 하는 이야기를 전해 왔다.(아마도 전체를 사 간다는 매수자가 있다는 것이 그런 심리를 자극한 거 같기도 해 보인다.)

또한 자산 관리 회사의 입장에서 주주를 대상으로 '신탁' 형식으로 바꾸자고 하는 것(담보 신탁에서 관리 신탁으로의 전환)에 대해서 이야기를 꺼내지 못할 것 같다는 이야기를 최종적으로 전해 왔다. 세상에 공짜는 없다지만, 너무 급격하게 변해 버린 상황에 당황을 안 할 수 없었다. 결과적으로 본다면 애초에 주주를 설득하지도 못할 것이었는데, 자산 관리 회사에서 계획한 그 계획만 믿고 G 후배와 E 후배 그리고 나는 나름의 생각을 키우고 부풀리면서 스스로 착각 속에서 행복한 상상을 해 온 것이나 다름없었던 거다. G 후배가 최종적으로 만나서 이야기를 더 풀어 나가 보려고 했으나 진척은 없었고 그렇게 그 프로젝트는 매도자의 의결권 없는 상태를 인지하지 못한 채 매도자 측의 대리인 격인 사람들의 말만 믿고 수개월 쫓아다닌 꼴이 된 것이다. 누구보다 G 후배의 상심이 매우 컸던 그런 프로젝트였었고 매도자 흉내를 냈었던 자산 관리 회사 임원의 실수였던 에피소드다. 물론 악의는 없었을 것이라고 생각하지만, 큰 상상이 수반되었던 프로젝트이다 보니 그 상실감이 더 크게 다가왔었던 거 같다.

야생은 말 그대로 야생인 거다. 치열하고 또 사소한 것 하나가 모든 판도를 바꾸기도 한다. 그렇다고 아주 확실한 것만 소싱해서 클로징하려고 하다가는 딱 굶어 죽기 좋은 곳이기도 하다. 소싱한 프로젝트가 먹을 수 있는 건지 아니면 먹지 못하는 것인지 어느 정도는 파악해 보고 검토해 봐야 그 진가를 알 수 있는 것 아니겠는가. 먹지도 못할 것인데 다른 경쟁자가 계약할까 싶어 먼저 먹어 버린다면, 덜컥 계약이라도 한다면 그 리스크를 어떻게 감당할 수 있을 것인가 말이다. 물론 헛발질도 무수히 하겠지만 그렇다고 이런저런 파악도 안 하고 적극적으로 뛰어들 수는 없는 것이다. 파악하고 나서 허무하게 끝나 버릴지언정 매매 계약 도장 날인하기 전까지는 전력을 다해서 하나의 가능성만 있더라도 그 가능성을 살리기 위해서 노력해야 한다. 온갖 인맥을 다 동원해서라도 말이다. 멋진 프로젝트가 있다고 이야기하는 사람의 이야기를 흘려들을 수도 있지만 또 혹시 모르지 않는가. 그게 진짜일 수도 있으니 말이다. 참으로 야생에서의 딜 소싱과 클로징은, 프로젝트를 메이드하는 것은 정말 쉬운 게 없기도 하다. 무시해 버리기도, 그렇다고 무작정 달려들기도 어렵기만 하다. 이후 그 사업장은 분양을 하게 되었고 공교롭게 과천에 사는 지인이 그 상가에 대해서 물어 왔다. 어느 부분의 호실이 A급인 거 같냐고 하면서 말이다. 참 세상은 아이러니 투성이가 아닐까 싶다. 지금도 G 후배와 만나거나 전화 통화 할 때마다 과천 그 상업 시설에 대한 이야기를 나누기도 한다.

확인 사살이라도 하듯 어떤 상황도 직접 하나하나 살펴는 보겠지만, 힘이 없어서 다시 사파리로 들어가기 전에 하나의 시행 프로젝트라도 클로징하고 싶은 마음에 늘 최선을 다해 보지만, 이런 상황이 닥치면 참 멘탈 잡기가 힘들기는 할 것이다. 그럼에도 불구하고 프로젝트를 클로징하기 위해서는 매 순간 최선을 다해야 한다. 어떤 사소한 그 '거리'라고 하더라도 말이다. 가 보지 않으면 그게 무엇인지 알지 못할 테니까.

## 디벨로퍼 프로젝트 인사이트 13

디벨로퍼는 안 되는 것들이 있더라도 되게 하는 것을 찾아야 하는 그런 DNA가 있는 '업'을 하는 사람이라고 생각하고 있다.

다들 안 된다고 할 때, 되도록 하는 방법을, 할 수 있는 아이디어를 찾고, 방향성을 찾아서 그렇게 결과를 만들어 내야 하는데, 그 과정 속에서 테이블 파트너들의 진위 여부를 파악하는 것은 참 어려운 부분이기도 하다.

상대방의 진위 여부를 파악하려고 무례하게 굴었다가는 시행 프로젝트 근처에도 가지 못하고 밀려날 수 있기 때문에 더더욱 조심히 해야 하는 부분이 있다. 일정 부분, 시간 등이 물리적으로 경과한 뒤에야 제대로 알 수 있는 것들이 있는 것처럼 상대방의 진위 여부도 그렇게 시간을 묵혀야 한다.

서로 각자의 이익을 위해서 뛰어야 하다 보니, 같은 방향일 때는 더할 나위 없이 반갑지만, 다른 방향일 때는 거기에서 멈춰야 한다. 더 나아가 봐야 나만 손해를 보기 십상이다. 상대의 진정성을 제때 파악하지 못하면, 큰 출혈이며 리스크가 우리 쪽에 쏟아질 것은 자명하기에⋯⋯. 늘 보조를 잘 맞춰야 한다.

그러나 애초부터 믿지 않는다면 한 발자국도 움직이지 못할 것이기에 이러지도 저러지도 못하는 그런 상황들을 종종 접하게 된다.

> 이번 과천 매입 프로젝트는 참 아쉬운 상황이었지만, 이렇게 야생에서 또 하나의 배움을, 인사이트를 느끼면서 다른 프로젝트를 찾아 나서게 된다.
> 일말의 희망이 있다면 그 희망의 끈을 놓지 말고 최선을 다해서 프로젝트를 클로징해야 하지 않겠는가.

:··········································:
: **PROJECT INSIGHT** :
:··········································:

야생에서 더 큰 프로젝트를
그리고 더 먼 곳에 있는 프로젝트를 찾아나서려면……
좋은 동료를 꼭 찾아서 함께해야 한다. 그래야 이룰 수 있다.
결국 사람이다.

## 14

# 나에 대한
# 이기적인 레버리지 접근은
# 사양해야 한다.

( 14 )

*"야생에서 더 큰 프로젝트를
그리고 더 먼 곳에 있는 프로젝트를 찾아나서려면……
좋은 동료를 꼭 찾아서 함께해야 한다.
그래야 이룰 수 있다.
결국 사람이다."*

이 프로젝트를 이야기하려면 오래전 이야기를 해야 할 듯하다.

2010년 초 H 대학교 자산 관리 회사에서 근무할 때가 있었다. 구의역 예식장을 재단으로부터 현물 출자 받은 PFV에서 해당 예식장을 철거하고 해당 부지에 오피스텔 주상 복합으로 신축을 하게 되었고, 지하 1층~지상 4층까지의 상가, 업무 용도의 상업 시설을 분양하지 않고 보유하게 되면서 임대 관련 업무 중 Tenant 발굴을 직접 수행해야 하던 때가 있었다. LM이라고 하는 업무이다. PM의 한 부분인 임차인 발굴 업무(LM)는 생소했지만, 건물에 제대로 된 테넌트(프랜차이즈, 로컬 등)를 채워 넣어 해당 비주거(상업) 시설에 대한 '기대 수익률'에 도달하는 보증금, 월 임대료를 실현하는 미션이 었었다. 그리고 일정 기간 운용하다가 더 활성화시켜서 매각하겠다고 하는 목표가 핵심이었다.

그 당시 구의역 주변은 핫한 상권이 아니었기에 프랜차이즈 브랜드들이 1순위 출점 지역으로 보는 곳은 아니었다. 그러다 보니 새로 브랜드 론칭을 한 뒤 새롭게 지점을 확대하려는 움직임이 있는 테넌트들을 만나러 다녔었고, 그때 프랜차이즈에는 바람처럼 불었던 트렌드가 있었다. 신규로 론칭한 프랜차이즈들은 대체로 홍대 지역 중심으로 론칭을 했었던 시기이기도 했다. 일명 플래그 숍이라는 명칭으로 불린 직영점들로 프랜차이즈 법인이 직접 영업점을 운영하면서 입소문을 타고 해당 브랜드의 인기가 정점에 달하면 가맹 점주를 모집해서 가맹 즉 프랜차이즈로 지점을 확대하는 수익 모델을 구축하는 사업이 인기였던 시기다. 그때 지중해풍의 브런치 카페로 홍대에 직영 매장을 오픈하여 운영하는 브랜드가 눈에 들어왔고, IM을 보내고 약속을 잡아서 홍대 매장에서 해당 브랜드의 P 대표와 약속을 잡고 미팅을 가졌다.

일반적으로 IM 자료로 임대 목적물에 대해서 설명을 하고 임차 조건에 대해서 이야기를 나누는 방법으로 전개하는데, P 대표를 만나서도 동일한 방법으로 설명을 이어 나갔다. 떨리기도 했지만 중요한 자리이기에 열심히 설명을 했고, 이름에 공통점이 많아서 화기애애?하게 이야기를 마쳤다. 임대인 입장에서야 바라는 브랜드들이 모두 다 들어와 준다면 더할 나위 없겠지만, 미팅의 화기애애한 느낌과는 다르게 큰 성과는 없었다. 그러나 이곳저곳 뛰어다닌 덕에 스타벅스 브랜드도 유치하게 되었고(구의역 사거리에 기존 매장이 있었는데, 추가로 출점하였다),

이랜드 계열의 뷔페 브랜드를 최종까지 협의하여 진행시킬 수 있을 듯했으나, 전용 상업 공간이 아니다 보니 주방 연기, 냄새를 건물 상부로 뽑아 올릴 수 있는 모터, 덕트 등의 하드웨어 스팩 문제로 드롭이 되었다. 해당 공간에 준공 시점에 겨우겨우 맞춰서 임대차 계약을 체결한 브랜드는 마루샤브라는 브랜드를 입점시키게 되었다. 그렇게 일부 노출 안 되는 도로 후면, 내장 상가, 그리고 건물의 맨구석에 위치한 호실을 제외하고는 임차를 완료하였고 점차 좋아지기를 바라면서 해당 LM 업무는 종료된다. 그 이후에도 상업 시설에 대한 개발을 진행할 때면 P 대표에게 IM 자료를 주기적으로 보냈지만 협업하여 임대차 계약을 체결하는 성과로는 이어지지 못했었다. 그렇게 시간은 10년 가까이 흐르게 되었다.

A 선배와 B 선배의 연결로 수도권의 외곽 전철역 인접한 상업 지역의 지구 단위 사업에 대한 사업지를 소개 받고 해당 사업지의 브로커가 근무하는 사무실로 협의하러 왕래하던 중, 내 명함을 보더니 P 대표를 아냐고 브로커가 이야기를 건네 왔다. 아는 사이라고 이야기를 하고 나서 근황을 묻고 사업적 이야기도 잘 나누게 되었다. 본래의 목적에 대한 이야기가 끝나고 나서 그 브로커는 용인대 정문 인근에 상업 시설을 개발하는 시행사를 함께 만나 줄 수 있겠냐는 부탁을 해 왔고, 이후 일정을 잡아 용인대 정문 상업 시설 시행을 하시는 시행사 분들을 만나게 된다. P 대표와 브로커는 상업 시설에 대해서는 이야기할 거리가 그다

지 많지 않았던 것으로 보였고, 용인대 인근의 상업 시설에 대해서 P 대표와 브로커는 분양, 임대, MD 등의 역할로 시행사와 인연을 맺고 싶은 상황이었는데, 그 미팅 자리에서 어느 정도 P 대표와 브로커가 상가에 대해서 내부적으로 시스템과 인력을 가지고 있음을 어필했으면 하는 바람이 있어 보였다.(미팅을 하고 나서 P 대표와 브로커와 내 참여 조건을 조율하다 보니 알게 된 것이지만, 상가에 대한 실무적인 내용을 채워 줄 역할을 나에게 요구했던 것도 그런 맥락이 있었다) 용인대 인근에 시행사 사옥으로 가서 대회의실에 앉아서 이런저런 이야기를 나누었다. 용인대 정문 인근에 건설하는 그 상업 시설은 특장점이 많은 상업 시설이었고, 무엇보다 가장 큰 장점이라면 토지의 레벨이 다양하다 보니 건물 어디서나 1층과 같은 접근이 가능한 부분이 매력적인 상품이었다.

• 홍보물

• 홍보물

수직적 규모가 크지 않아서 공기는 짧게 형성될 것이지만, 어디서든 접근이 가능한 상품적 특징 때문에 분양가, 임대가 상승은 불가피한 상황으로 보였다. 시행자 앞에서 상품 칭찬을 하는 것은 좋으나, 그렇게

칭찬만 하다보면 흠결이 없게 되고 그러면 가격에 대한 보수적인 이야기를 꺼내기가 힘든 상황이 될 수 있었다. P 대표와 브로커가 내게 기대했던 내용에 충실하기 위해서 그때 당시 유행했던 동춘 175(패션 유통 업체의 창고를 리테일 판매, 식음 시설 등을 배치한 획기적인 기획이 돋보였던 상품이 었었다. 지금은 없어졌다) 등의 지역적 이슈 상품에 대한 이야기와 300m의 스트리트형으로 개발되어진 호수 공원 가로수길 시행 업무를 실무에서 책임졌었던 실무자로서의 경험치에 대해서 그리고 상업 시설 트렌드에 대해서 이야기를 이어 나가게 되었다. 즉, 앵커 테넌트 유치가 있어야 상가가 살 수 있고, 그러려면 TI 등에 대해서 생각해야 한다고 하는 이야기도 꺼내면서 나름 그 자리의 미팅은 잘 마무리가 되었다. 미팅하면서 둘러본 회의실의 곳곳에는 조감도, 평면도 등의 이미지가 액자에 전시되어져 있었고, 용인대 앞 상업 시설의 실무자급이 상품에 대해서 소개하는 이야기를 들어 보니, 시행사에서 분양, 임대를 위한 준비를 많이 해 두었고 지역에서 사옥을 짓고 영업을 해 나가면서 상업 시설에 대한 분양, 임대 영업을 할 정도로 지역에 대한 네트워크가 있었기에 동춘 175에 대한 이야기에는 많은 공감을 해 주었다. 물론 미팅 때의 공감과 실제 업무에서의 적용과는 일치하지 않을 수 있지만 말이다.

    그렇게 미팅을 하고 나와서 P 대표, 브로커, 나는 자리를 옮겨 P 대표와 브로커가 용인대 앞의 상업 시설 및 그들이 생각하는 상업 시설에 대한 업무의 구상하는 방향성에 대한 계획을 나에게 들려주었다. 셋이서 미팅하면서 느낀 것은 P 대표와 브로커는 사업 시행사 대표에게 엄청 공을 들이고 있고 사적으로도 몇 차례 만남을 가지면서 끈끈한 관계를 유지하려고 했던 것 같다는 점이다. 그에 따라 P 대표와 브로커는 그 용인대 프로젝트뿐만 아니라 그 이외의 다양한 사업에 대해서도 참여를 그려 나가고 있었고, 그렇기에 용인대 상업 시설에 대한 초단의 분양, 임대, MD 미션은 아주 중요한 의미가 있는 것 같아 보였다. 추가적인 이야기 때 P 대표는 MD 회사를 만들려고 하고 있다고 말해 왔다. 나에게는 그 MD 회사에 지분으로 참여하여 함께 회사를, 조직을 키워 나가면 어떻겠냐고 제안을 해 왔다. 나 역시 함께 그 멋진 용인대 앞 상업 시설과 그 시행사에서 진행하는 고구마 줄기로 이어질 또 다른 사업 프로젝트에 함께하고 싶은 생각이 없었던 것은 아니나, P 대표가 제안한 '지분'에 대한 제안은 좀 더 고민을 해 봐야 할 사항이었기에 좀 더 고민해 보고 참여에 대한 내용은 정리해서 보내겠다고 하고 그 추가 미팅을 마무리하게 되었다.

 3년이 지난 지금이라면 어떤 프로젝트를 진행할 때 지분 참여에 대한 내용이 있었다면 승낙을 했을 수도 있겠지만, 야생에 나온 지 얼마 되지 않은 상황에서 당장의 '월급'이 아닌 '지분'에 대한 이야기는 나에게 큰 관심거리가 아니었기 때문에 아마도 그 자리에서 즉답을 못 했지 않았나 싶다. 좀 더 보태 보자면, 지속적인 유지 비용이 들지 않는 대신, 함께 키워 나가고 그 키워 나간 후에 함께 셰어하자는 비즈니스적 관점에서는 '지분' 이야기를 하는 것이 그쪽이 취할 수 있는 가장 베스트 제안이었을 것이라는 생각이 든다. 나에게는 내 영혼을 무진장 갈아 넣어야 하는 상황으로 가는 열차였을 테지만 말이다.

    미팅을 마친 뒤 나는 나대로의 생각과 제안을 담아서 P 대표와 브로커에게 전자 우편으로 참여와 관련된 내용을 제안하게 된다. 시행사 미팅까지 참여했고, 분양가, 임대가는 몰랐지만 그래도 대학교 입구 근처에 위치한 상업 시설에 대한 분양성, 임대율에 대해서 기본은 하겠다는 생각도 들었고 프랜차이즈를 운영한 경험치가 있는 P 대표와 브로커의 협조가 있다면 못할 일은 아니겠다는 생각도 들긴 했지만, 그때는 야생에서 내 의지대로 돌아다니면서 이런저런 시행 프로젝트를 소싱해 가면서 제대로 맞아떨어지는 사업지가 있다면 그곳에 올인해서 클로징하고 프로젝트를 만들어야겠다는 것에 온통 정신이 팔려 있었기 때문에, 야생에서의 한 달, 하루하루 버티면서 살아갈 '월급'이 더 절실했다. 지속적으로 땔감이 있어야 방도 따뜻하게 데울 수 있으니까 말이다. 지분보다는 '월급'이 내게는 더 무게감 있는 방점이었다. 그래서 월 고정 비용에 대한 제안을 보냈는데, 자금적으로 상황이 여의치 않은 P 대표와 브로커는 내 제안을 받아들이지 못했다. 지분 참여에 대한 느슨한 연대를 다시금 제안해 왔지만 그건 내가 바라는 것이 아니었기에 그 이후로는 서로 먼저 인사를 건네지 못하고 있다. 3년이 지난 아직도 말이다.

• 현재 모습(2024년)      • 현재 모습(2024년)

　형제가 있는데, 아픈 공주를 발견하게 되고, 양탄자를 타고 날아가고, 약이 있어서 낫게 하는 상황 속에서 누가 가장 큰 '공로'가 있는지, 그리고 그 병이 완쾌된 공주와 누가 결혼해야 하는지에 대한 의견이 분분하듯, 나 역시 야생에 나와서 좀 더 의미 있고 멋져 보이고 그럴싸한 일들을 해내고 싶은 마음이 상가 MD에서 지분으로 참여하는 것보다는 더 중요했던 거 같다. 또 한편으로는 MD 회사를 개설한다고 하더라도 누구는 하하호호 와인 먹으면서 이런저런 이야기를 하는 것으로 역할을 다하고, 누구는 전략 짜고 보고서 밤새 쓰면서 역할을 하는 모습이 그려졌다. 사파리에서 그렇게 야근하면서 보고서만 쓰면서 지냈는데, 야생에 나와서까지 그렇게 보고서며 전략이며 책상 앞에서만 앉아서 일하는 건 그다지 내키지 않았기도 했다. 조금은 기존과 다른 일을 해야 한다고 생각하다 보니 그 제안들이 또다시 그렇게 밤새 보고서만 작성하는 역할에 국한되도록 이용당한다고 하는 생각을 떠올리게 한 것으로 보인다. 거기에 일은 일대로 할 텐데 '지분'이라는 부분이 더더욱 이용당할지도 모른다는 생각에 가속 페달을 밟게 하는 촉진이 되었고,

그러다 보니 느슨한 연대를 꾀하자고 내민 손마저 뿌리치게 되었던 거 같다. 야생에서 함께 땀 흘리고 함께 소싱하고, 클로징하고 그렇게 성과를 나누면 될 것인데, 야생이라고 별스러운, 대단한 일을 해야만 클로징에 성공한다고, 풍족한 야생 생활이 된다고 생각을 했었다 보니 그 생각들이 불러온 나름의 참사? 아픈 기억이, 창피한 기억이 되어 버렸다. 그들이 제안한 대로 함께 키워서 지분을 더 많이 받으면 될 것인데, 배당을 더 많이 받으면 될 것인데 말이다. 그냥 프로젝트에만 집중하고 성과를 내고 클로징을 잘하면 될 것인데 역할, 갈아 넣기, 조금은 다른 일, 업무 등에 정신 팔려 있었던 것이 아니었나 싶다.

좀 더 호혜적으로, 시간이 좀 더 걸리더라도 함께 뭔가를 도모해야 하는 그 야생의 기준이 없었던 때였던 거 같다. 사파리든 야생이든 그 기준이 중요하다. 그 기준이 없으면 아무것도 아닌 거다. 그러니 어디에서 어떻게 생활하든 그 기준을 잘 잡고 있어야 한다. 품고 있어야 한다. 그러나 P 대표와 브로커에게 다시 연락이 와서 지분 혹은 지분+알파의 제안이 온다고 하더라도 그들과 협업은 안 하고 싶다. 협력도 잘 맞아야 시너지가 될 수 있기 때문이다. 다 표현은 못했으나, 때로는 말 몇 마디 나눈 그 느낌으로 알 수 있지 않던가.

## 디벨로퍼 프로젝트 인사이트 14

몇 마디 나눠 보면 '아~ 이건 아닌데~' 하는 느낌이 들 때가 있을 거다. 사파리든 야생이든…….

그때 그 내용을 짚어서 이야기하고 어필하는 케이스와, 그냥 한 템포 참고 넘어가 보자고 하는 케이스가 있을 것인데~ 직장에서 명령, 지시 받는 입장에서야 그렇지만 야생에서는 내가 내 행동과 결정의 최종 승인자이기 때문에 어떻게 결정을 내리느냐에 따라서 행운 혹은 엄청난 리스크가 올 수도 있음을 인지해야 한다.

그렇기 때문에 평소 '이 정도의 금액', '이 정도의 조건' 등 스스로의 영혼 갈아 넣는 것에 대한 '보상'에 대한 기준이 늘 세워져 있어야 한다.

그냥 물에 물 탄 듯 그렇게 흘러가다 보면 이도저도 안 되고 스스로만 피폐해진다. 나만 영혼을 갈아 넣고 다른 사람들은 그냥 당연한 듯 쳐다보는, 인지하는 그런 엄청난 가시밭을 걷게 될 수도 있을 테니 늘 결정에 후회 없이 임해야 한다. 결정하고 나서 '아~ 이건 아닌데~' 하는 후회가 밀려든다면 그때부터 꼬이는 거다. 야생에서의 삶이 말이다.

아니면 아닌 거다. 아닌 상황을 '맞는 상황'으로 인지하려고 스스로를 왜곡시키면 안된다. 스스로를 희망 고문 하지는 말자.

14 나에 대한 이기적인 레버리지 접근은 사양해야 한다.

가장 소중한 사람은 나이기 때문에 그런 나를 가장 우선순위에 두어야 한다.

쫄리는 게 있을 때 주변의 말에 팔랑귀가 된다. 그냥 줏대 있게 내 스타일대로 가는 것이 필요하다. 그때 그 일을 하지 않아도 지금 느슨한 연대로 여러 곳의 자문, 컨설팅을 하면서 더 잘 지내고 있다. 그러니 감언이설이나 혹하는 말에 속지 말자. 스스로를 지켜야 한다. 본인 스스로가 말이다.

이용당하지 말자. 두고두고 후회하게 된다.

### PROJECT INSIGHT

디벨로퍼가 야생에서 오래 버티기 위해서는
사업지를 보는 안목을 길러야 한다.
급하다고 아무 사업지, 프로젝트나 계약해서는
야생에서 오래 살아남을 수 없다.
계약은 짧고, 정상화는 오래 걸린다, 아주 오래~

## 15

# 최선을 다하지만,
# 운칠기삼은 받아들이자.

( 15 )

*"디벨로퍼가 야생에서 오래 버티기 위해서는
사업지를 보는 안목을 길러야 한다.
급하다고 아무 사업지, 프로젝트나 계약해서는
야생에서 오래 살아남을 수 없다.
계약은 짧고, 정상화는 오래 걸린다,
아주 오래~"*

화성 향남에 위치했던 이 프로젝트는 꽤 오랜 기간 보아 왔었다. 2019년부터 2021년까지 긴 시간 동안 사업을 진행하는 사업 시행자 임원과 연락하면서 어떻게든 좀 되살려 보려고 애정을 쏟아 부었던 프로젝트였다. 사회에서 만난 친구(이 글을 쓰는 현재 기준에서는 이미 반품한 관계가 되었지만~) 의 대학교 후배였던 사업 시행자 임원은 멋진 상품을 만들고 이에 대한 분양, 임차, 활성화까지 염두에 둔 좋은 아이디어에 대해서 관심이 많았었다. 서초동 법원 인근 커피숍에서 만나 사업지에 대해서 이야기를 듣고 좋은 아이디어를 디벨롭시켜 보겠다고 이야기를 했다. 지금도 그렇지만 그 시절의 나는 상업 시설을 워낙 좋아했기도 하고 집합 상가로 호실 수가 400개 가까운 상품을 3개씩이나 공급하다 보니(마케팅을 제외한 시행으로 공급한 상가 호실 총 누적은 1600개 호실 정도 되는 것으로 보임) 나름대로 어느 정도 방향성이 보이기도 했었다. 아파트보다는 비주거 시설이 법적인 규제가 좀 느슨하기도 하고 이런저런 행정적인 것도 좀 덜 빡빡하다 보니 사업 주체가 디벨롭하기에 다양한 빈틈도 있다고 생각이 들었다. 화성 향남이 집에서 좀 멀기는 했지만 야생에서 어떻게든 프로젝트를 클로징해 보리라는 생각도 있다 보니 자문이든 컨설팅이든 서로 합이 맞는다면 그 특화된 상업 시설인 프로젝트를 함께 도모해 볼 생각을 가지고 있었기도 했다. 물론 그 사업 시행자 임원은 어떤 생각을 가지고 있었는지는 모르겠지만 그렇게 미팅한 뒤 기본 자료를 넘겨받고 현장을 가 봐야겠다고 마음을 먹으면서 야생에서 또 다른 야생러를 만나 새로운 프로젝트에 대해서 이야기를 듣는 시간을 가졌다.

• 배치도

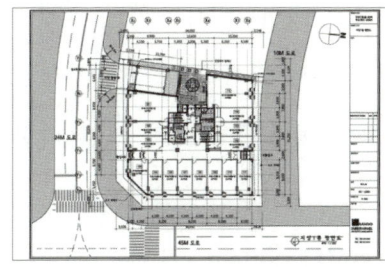

• 핵심 제안 내용

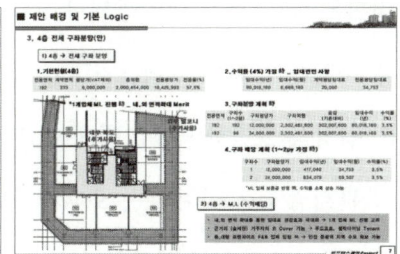

잠시 야생에서의 인간관계, 네트워크에 대한 소견을 말해 보자면, 사람을 각기 다른 상대방들에게 소개를 해 준다는 것은 양쪽 모두에게 큰 신뢰가 뒷받침되어 있지 않는다면 자신을 포함한 모두에게 큰 리스크를 안겨 주는 것이기에, A가 B에게 C를 소개시켜 준다는 것은 그 나름의 큰 의미가 있다고 생각이 드는 행동이기도 할 것이다. 먹는 것에 있어서는 조금 예외일 수도 있다고 생각한다. 맛집을 알려 주고 그 맛집을 이용하는 기존 사람들에게 알려 준 사람이 욕먹을 수도 있을 테지만 (줄 서야 한다고~ 단골들은 싫어한다) 음식점 사장님 입장에서는 얼마나 호재이겠는가 말이다. 사람은 그렇게 좋은 것을 나누려고 하는 마음의 발현이 누구에게 누구를 소개시켜 주는 것이 아닐까 생각해 본다. 그런 것을 느끼고 있기에 지인이 소개해 준 향남 사업 시행자 임원이 갈급해하고 걱정하는 그 의문에 대해서 어떻게 하면 재미나게 그리고 확실하게 어필을 할 수 있을지에 대해서 고민이 깊어진 시간이기도 했다. 소개해 준 사람이 가지는 무게감처럼 소개 받는 사람 역시 그 소개해 준 사람의 입장을 고민하면서 그렇게 대응을 해 주어야 한다. 그렇지 않는다면 그 관계 A-B-C의 관계는 오래가지 못할 뿐만 아니라 중간에 있는 사람에게까지도 악영향을 끼칠 수 있는 상황이니 더더욱 소개 받는 것에 대해서는 무게감을 가지고 행동해야 하는 이유가 여기에 있을 것이리라.

사업 시행자가 제공해 준 자료를 검토하고, 기본 내용을 확인하고 현장으로 향했다. 내 스스로 사업지를 검토하는 루틴이 있는데, 의뢰 받은 현장에 가면 주변 커피숍에서 30분~1시간 정도는 앉아서 분위기를 살핀다. 어떤 사람들이 다니는지, 손님은 얼마나 찾아오는지, 복장은 어떤지, 들고 다니는 가방이나 쇼핑백 등은 어떤 건지, 걸어오는지 차 타고 오는지, 주로 몇 명이 와서 한 팀을 이뤄서 앉는지, 내 영수증에 혹시라도 번호 넘버가 매겨진다면 그 시간에 난 몇 번째로 매장을 이용한 것인지 등등 그렇게 사업지를 확인하고 그 주변을 눈으로 익히고 나서는 사업지 주변을 좀 걷는다. 걸으면서 대지 수평도 보고 어떻게 어디에서 와서 어디로 가는지도 보고, 횡단보도, 신호등, 육교, 지하 차도 등에 대한 지형지물을 눈여겨본다. 물론 사업지의 위치도 정말 중요하지만, 그 사업지를 둘러싸고 있는 외부의 환경도 매우 중요한 요소이기 때문에 그 두 가지를 합쳐 내서 그려 보면 그제야 안 보이던 혹은 보이던 것이 더 잘 보이기도 한다. 그렇게 사업지와 주변을 두 발로, 눈으로, 카메라로 담아내고 생각을 정리하면서 집으로 귀가하는 루틴이다. 좀 더 난해한 사업지라면 인근 부동산을 홀수로 둘러보기도 한다. 짝수로 서로 간 틀린 방향성의 이야기를 하게 되면 어느 쪽으로 가르기가 난해하니까 말이다. 거기에 더해 오는 차 안에서도 혼자 묻고 답하면서 서서히 '앗~ 이거다'라고 하는 것을 도출하기 위해서 부단히도 애쓰면서 집으로 귀가한다.

실제로도 현장에서 잠시 서 있다 보면 뭔가 느껴지는 느낌이 있기도 하다. '감'이라고도 하고 '촉'이라고도 하지만, 그 느낌의 기운이 중심이 되어 이후의 작업을 이끌어 가는 힘이 되기도 한다. 그래서 현장에서의 사진을 다각도로 촬영해 기록을 남기는 것도 무엇보다 중요하다. 기억으로는 다 떠올릴 수 없기 때문에 언제든 살펴볼 수 있는 사업지의 그 이미지가 중요하다. 사람으로 치면 증명사진같이 말이다.

향남의 그 사업지는 아이디어도 있어야 했지만, 실질적으로 그 아이디어를 실현할 '인력'이 필요한 부분이기도 했어서, 야생에서 시행 프로젝트 및 다양한 사업지를 소싱하여 클로징하기 위해서 일을 진행할 때면 늘 나를 도와주는 H 후배들에게 도움을 청했다. 야생에서 만난 대부분의 사업지들은 혼자서 할 수 있는 것의 한계를 뛰어넘는 수고와 노력들이 들어가야 했음은 익히 이전의 검토 사례에서도 봐 왔듯 혼자서 전부 하기에는 한계가 있다. H 후배들은 총 3명인데, 분양 대행사를 운영하는 후배(대표)와 그 조직의 구성원들로 내가 야생에 나오기 전에 H 후배를 알게 되었고 그 뒤로 계속 교류를 가져오면서 알게 된 후배들이다. 부산, 울산, 경주 등은 물론이고 도시 개발, 지구 단위, 종중 부지 등 난해한 토지에 대해 그리고 여러 사람의 힘이 필요한 시행 프로젝트 등을 준비할 때 내가 늘 도움을 청하기도 했고 그때마다 흔쾌히 함께 힘을 보태 준 멋지고 고마운 후배들이기도 하다. 향남에 위치한 프로젝트에 대해서도 아이디어는 내가 냈지만, 그 내용이 마음에 들어 사업 시행자 임원의 결정으로 스타트하게 된다면 실행은 H 후배들이 함께해 주는 것으로 이야기가 되어 해당 내용에 대한 제안도 마련하고 함께 제출하기로 이야기를 나누었다.

　야생에 나와서 배고프고 뭐라도 프로젝트를 메이드시켜야 하는 입장에서는 야생에서 수도 없이 브로커를 통해서 전달되고 전달되는 무수히 많은 사업지, 프로젝트들이 눈에 보일 것이다. 브로커는 늘 모두가 다 매출이 좋고, 사업 이익도 좋은 모습의 사업지라고 이야기를 하고 있기도 하다. 하지만 막상 자세히 들여다보거나 조금 그 이면을 보게 되면 이내 실망할 수도 있는 사업지가 부지기수다. 백조가 겉으로 보이는 부분의 모습은 우아하지만 보이지 않는 물 밑에서 허둥지둥 바삐 움직이는 발이 함께 공존하는 것처럼 말이다. 그러나 배고픈 상황에서, 야생에서 제대로 소싱하여 뭐라도 클로징해야겠다는 급한 마음을 가진 상태에서는 야생에서 보이는 프로젝트의 우아함 혹은 별것 없는 모습 등이 무슨 상관이 있겠는가. 클로징해서 레코드를 쌓고 사업 이익, 베네핏을 얻어서 야생의 생활, 그리고 다음 스텝을 밟아 나갈 수 있다면 야생에 돌아다니는 프로젝트는 그 어떤 것이라도 소싱, 클로징의 대상물이 될 수 있는 것이니까. 그렇게 H 후배들과 협업하여 내용을 작성하고 제안을 하게 된다. 그렇다고 향남의 해당 프로젝트가 형편없다는 건 아니다. 시행 프로젝트에 비해 축소된 업무의 영역이라는 것일 뿐이다.

　H 후배와 내가 고민해서 제안했던 아이디어 내용은 마음에 들고 좋으나, 사업 시행자 임원의 내부 상황이 받아들일 수 있는 상황이 못 된다는 답변을 듣게 된다. 나의 아이디어에 대한 향남 시행사의 내부적인

행정 시스템과 그리고 대주단, 시공사와의 협업 문제도 발목을 잡았고, H 후배가 액션을 하기 위해서 제안한 용역에 대해서도 실행 비용, 수수료의 문제로 현실 적용은 한계가 있다고 했다. 그렇게 향남 프로젝트는 나와 H 후배들의 눈앞에서 멀어져 갔다. 그런데 시간이 흘러 2021년에 준공한 그 프로젝트는 분양, 임차가 어려운 상황이 되어서 다시금 나에게 소개 자료를 보내 왔고, 이번에는 '일괄 매각'에 대해서 혹은 '층별 매각'에 대한 문의로 버전이 바뀌어 이 프로젝트를 다시 만나게 되었다. 때마침 H 후배들이 그 일이 드롭되고 난 뒤에 다른 프로젝트를 수행하면서 큰 투자자들과 협업해서 상업 시설에 대한 잔여 물량을 매입하는 업무도 진행한다고 하여 다시금 의기투합하나 싶었으나, 이런저런 각자의 사유들로 클로징은 안 되었다. 그 프로젝트를 다시 만나다니 재미있는 에피소드이기도 했지만, 그 사업 시행자 임원이 그간 겪었을 것을 생각해 보니 안타깝기도 했다.

　이 글을 적으면서 현재의 모습을 지도로, 로드 뷰로 살펴보니, 준공은 다 되어 현수막으로 곳곳에 도배된 외관을 확인할 수 있었고, 주변에는 아직도 제대로 된 상업 공간의 블록이 형성되지 못하는 상황이 보이게 된다. 주거든 상가든 활성화되기 위해서는 주변에 사람들이 많이 밀집해야 하는데 그 밀집이 이뤄지지 못한 것이 이 프로젝트가 아직도 제대로 자리 잡지 못하는 이유가 아니었을까 하는 생각을 해 보게 된다.

• 현재 준공 모습      • 현재 준공 모습

　야생에서 배고프다고 아무것이나 소싱하여 갖은 노력을 다해서 클로징을 하고 당장의 배고픔을 잊을 것인가? 아니면 조금 배고프더라도 버티고 인내해서 좀 제대로 된 사업지를 소싱해서 클로징하여 안정적으로 이익을 실현할 것인가?의 질문과 그에 대한 스스로의 대답이 이 향남 사업지에서 얻은 그간의 인사이트가 아닐까 싶다. 만약 그때 좀 더 의욕을 가지고 사업 시행자 임원에게 나와 H 후배들이 제안했던 내용에 동참하도록 더 설득하고 또 설득해서 OK 사인을 얻었다면 지금의 상황은 어떻게 변했을까 하는 상상을 해 보게 된다. 또한 지금의 현재 사업지 모습을 보고 있자니 그때 나와 후배의 제안을 시행사에서 받아들여 함께했다고 하더라도 2021년과 준공 후인 지금 역시도 모두 다 함께 어려움을 겪는 상황이 될 수 있었겠다는 생각이 들기도 한다. 프로젝트 내부의 상황은 바꿀 수 있지만 주변 환경은 우리도 어떻게 할 수 있는 것이 아닐 테니까. 그러니, 딱 이거다 하는 사업지에 대해서의 기준도 있어야 할 것이고, 낄끼빠빠라는 말과 같이 버릴 줄도 알아야 야생에서 더 오래가고 더 버텨 낼 수 있을 것이라고 생각이 든다. 이 사업지를 보면서 그때의 나는 적잖이 프로젝트의 퀄리티보다는 프로젝트의 소싱과 클로징에 좀 더 치우쳤던 것이었다고 스스로 평가해 본다.

이게 안 된다고 금방 저것, 저것이 안 된다고 해서 금방 어느 것으로 관심을 돌리고 목표, 타깃이 흔들리거나 혼란스럽다면 결코 아무것도 이룰 수 없게 된다. 그리고 계속 프로젝트를 소싱하려고 브로커들이 이야기한 사업지를 쫓아다니면서 낭비되는 체력과 언제 바닥날지 모르는 비용, 그리고 다른 사업지를 검토하지 못하는 시간 등을 감안한다면 정말 프로젝트도 잘 골라야 하는 이유가 여기에 있을 것이리라. 허준과 같이 환자의 겉모습만 보고 어디가 아픈지, 어떤 약을 써야 낫게 할 수 있는지까지는 처방을 못 하더라도 엉뚱한 곳에 대한 처방을 내리는 실수는 하지 말아야 할 것이 아니겠는가. 그렇기 때문에 사업지를 보는 눈을 길러야 하는 것이다.

야생에서 오래 버티려면 클로징이 중요하지만 내가 정말 소싱해서 클로징할 수 있을지, 그 프로젝트가 투입되는 노력과 시간 대비 정말 사업 이익이 많을지에 대한 그런 안목도 함께 길러 나가야 할 것이다. 그때 그 제안을 시행사 임원이 관계사들을 설득해서 도입하고 실행했다면 나와 후배 그리고 이 프로젝트는 과연 어떻게 달라질 수 있었을까? 아니면 현장에 매달려 계속 고생하는 사람들의 수만 더 늘었을까? 잠시 상상해 보게 된다.

## 디벨로퍼 프로젝트 인사이트 15

공공 택지의 아파트 공급 상품은 인프라가 우수한 곳이기 때문에 분양성을 좋게 보게 되고 그에 따른 마케팅 비용을 아주 '짜게' 책정하는 흐름이 있다.

아무리 마케팅 전략, 전술이 좋았어도 PM 및 대행 수수료가 비싸면 그 업체가 될 가능성은 낮아지는 것이다.

그런데 아이러니한 것은 그 현장이 이런저런 맥을 잘못짚거나, 전략이 형편없어서 초기 분양률이 저조하게 되면 그때서야 최초 고배를 마신 그 전략이 우수한 업체를 찾게 된다. 싼 게 비지떡이라고 하면서 말이다.

그때 그 전략이 우수한 업체가 그 현장을 응급 수술 해서 살려 낼 가망성을 보게 되면 수수료를 이전보다는 아주 더 비싸게 하여 수주하겠다고 제안을 하게 되는 것일 거고, 그 카드를 받든 안 받든 그건 사업 시행자의 몫이 될 것이다.

혹 그 전략이 우수한 업체가 그 현장을 내팽개친다면 그 사업지는 나락으로 빠지게 되는 거다.

결국 애초부터 그 전략, 전술이 우수한 업체를 선정했다면 비록 가격은 좀 더 들겠지만 목표 매출을 달성할 수 있었을 것인데 그 비용을 아끼는 목적이 프로젝트를 망치게 되는 사례를 종종 보아 왔었다.

이 향남 프로젝트 역시 이런저런 비용이 그리고 수수료가 부담스러워서 다른 방법으로 진행을 했으나, 준공 시점 이후 통매각, 층별 매각 운운하는 상태로 지내 온 것을 보면서, 그때 적극적으로 했었으면 하는 아쉬움이 남기도 한다.

그러나 그때 나와 후배가 아쉬운 마음에 매달려서 그들이 원하는 가격과 조건으로 참여했다면 아마 그 기간 동안의 기회 비용 및 마음 고생도 크지 않았을까 하는 생각도 동시에 든다.

그렇기 때문에 더더욱 스스로 가진 재주, 비상식량 등을 감안해서라도 야생에서는 소싱하여 클로징할 대상 사업지를 고를 때 제대로 냉철한 눈으로 냉정하게 봐야 하는 이유가 여기에 있는 것이 아닐까 싶다.

조건에 맞추면 안 되고 스스로의 '진단'에 맞춰서 소싱과 클로징을 해야 한다. 그래야 야생에서 더 좋은 프로젝트를 만날 가능성을 높일 수 있다.

결국 야생에서 만나는 모든 시행 프로젝트들은 그 나름대로의 인사이트를 준다.

### PROJECT INSIGHT

계속되는 클로징의 실패에 지치지만, 그럼에도 불구하고 힘을 내어 본다.
프로젝트의 소싱부터 제대로 짚어야
클로징에 다가갔을 때 엉뚱한 답이 나오지 않기도 하고,
체력을 아끼고 안배하면서 더 많은 프로젝트를 들여다볼 수 있을 것이다.

― 16 ―

## 급한 요청의 프로젝트는 더더욱 집중해서 봐야 한다.

### 16

*"계속되는 클로징의 실패에 지치지만,
그럼에도 불구하고 힘을 내어 본다.
프로젝트의 소싱부터 제대로 짚어야
클로징에 다가갔을 때 엉뚱한 답이 나오지 않기도 하고,
체력을 아끼고 안배하면서
더 많은 프로젝트를 들여다볼 수 있을 것이다."*

    A 선배의 소싱으로 접하게 된 시행 프로젝트다. 울산 달동 번영 사거리 코너에 위치한 몫 좋은 사업지이자 누구에게라도 어떻게든 언제든 개발되어질 부지였었다. 4개 면이 외부로 노출되기도 했고 A 선배로부터 들은 브로커의 이야기로는 해당 구역 내 가장 큰 면적을 사용하는 건물에서의 매각 의지가 확실했기 때문에 충분히 클로징에 승산이 있는 프로젝트이라고 판단이 되었다. 물론 어느 프로젝트든 야생에서 매각되지 않고 오래 그 자리에서 신축으로 새롭게 개발되지 않는 것에는 이유가 있기도 할 것이다. 그걸 간파해 내고 확인된 내용을 풀어내는 것이 디벨로퍼의 핵심 역량이기도 하겠지만, 때로는 자신이 가진 역량을 발휘하기도 전에 시행 프로젝트를 놓치거나 기운을 빼는 일이 벌어지기도 한다. 이 사업지처럼 브로커의 말만 믿고 그 말에 근거해

서만 사업지를 클로징하려고 한다면 백전백패가 될 가능성이 높아지는 것이다. 그렇다고 사업지를 소개해 주는 브로커에게 그 프로젝트에 대한 모든 정보를 다 받아 내려고 한다면 그건 브로커가 반기지 않는 일이 될 것이고 야생에서의 룰도 아니니 일단 브로커의 말을 믿고 그 과정 속에서 디벨로퍼의 감과 센스로 그리고 노하우로 그 프로젝트에 대한 정의 내림과 매수 의사의 고, 스톱에 대한 결정을 내릴 마음의 자세가 필요할 것이다.

• 예상 배치도

• 현장 모습

도심지에서의 주거 상품 공급에 있어서는 몇 가지 고려해야 할 것이 있는데 고분양가에 대한 분양가 책정과 초등학교 배정이다. 이 두 가지가 프로젝트를 소싱하고 클로징할 때 매출액의 극대화와 이에 따른 사업 이익의 극대화를 확보하기 위해서 검토되어야 할 핵심 내용이다. 그 중 디벨로퍼가 획득할 수 있는 이익을 가장 극대화하기 위해서는 고분양가에 대한 허들을 넘어야 했는데 울산의 이 프로젝트 역시 주변에 비교 대상 상품의 분양 가격들이 그다지 높은 수준이 아니었기에, 토지 비용의 상승을 커버할 만한 분양가 책정을 위해서는 고분양가에 대한 헤징 방안을 마련하는 게 아주 중요했었다. 어느 사업장이나 그렇듯 매입 대상이 되는 토지주, 건물주, 임차인들은 더 많은 가격 및 보상 금액을 책정하고자 할 것이고, 매수자인 디벨로퍼는 매입 가격 및 보상 금액을 최저점으로 책정하고자 할 것이다. 토지를 확보해야 하는 비용을 최소로 지출해야만 사업 이익이 극대화 될 수 있을 것이기에 언제나 그 밀당이 빠질 수 없기도 하다.

울산은 경남 지역을 관장하는 곳에서 고분양가 심사가 이루어지고 있었던 터라 인맥을 동원해서 사업 진행 시 분양 가격은 어느 정도 수준일지 알아보려고 애를 썼고, 직접 주택도시보증공사(=HUG)에 전화를 걸어서 느낌을 얻어 내려고 애를 썼던 기억이 있었다. 이런 과정 속에서 아예 그 프로젝트를 선분양 형식으로 접근하는 것이 아니라 고분양가 논란을 헤징하기 위해서 후분양 상품으로도 고려해 보는 등 이익 극대화 및 해당 프로젝트의 매입 타당성 확보를 위해서 다각도로 검토했었다. 초등학교 배정은 교육지원청 통화 시 다행히도 주변 학교에 배정이 가능하다는 답변으로 큰 무리가 없는 상황이었다.

• 디벨롭시킨 단지 배치(안)    • 매매 대금 스케줄

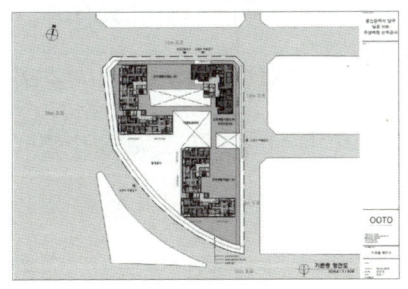 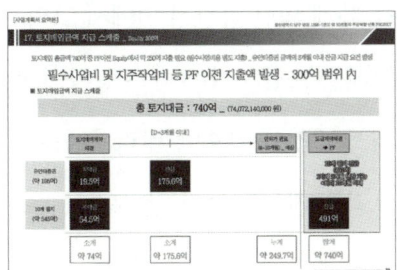

　또한 상업 지역의 토지 확보에 있어서 건물은 물론 해당 건물에서 영업하는 임차인들에 대한 부분이 매도자 책임으로 하여 토지 가격에 포함하는 계약으로 추진하기도 한다. 그나마 건물주는 임차인들과 관계가 있지만, 새로 매수하는 디벨로퍼가 임차인과 마주하게 될 경우 상황이 어떻게 전개될지 가늠이 안 되는 부분이 있기 때문이다. 정말 놓쳐서는 안 되는 토지라면 자금적으로 리스크하지만, 매수자 측에서 명도를 진행하는 것으로 하여 계약을 하기도 한다. 다행히 브로커의 토지 작업 내용에 따르면 본인 건물에서 영업을 하는 경우도 있었고, 명도에 대해서 무리 없이 진행할 수 있는 상황이었던 터라 그 부분에서도 큰 무리는 없었다. 그러나 어디에서든 리스크는 생겨나듯, 가장 핵심이 되는 큰 건물을 가진 소유주의 잔금 납부 시기가 인허가 완료 시점이 아닌 토지 매매 계약 후 3개월 이내라는 변수가 큰 고민거리였다. 브로커의 말대로 매각하려고 하는 의지는 확실하나 자금적인 기간이 리스크로 부각되어진 것이다. 부지 모양으로 볼 때 그 3개월 내 잔금을 달라는 부지

를 빼게 되면 상징성 면에서 그리고 단지 배치도 리스크하기 때문에 그 부지를 포함시켜야 하는 상황인데 3개월에 큰 금액이 들어가는 부분의 의사 결정을 단숨에 내리기에는 고려해야 할 사항들이 큰 상황이었다. 토지를 매입할 수만 있다면 사 두는 게 결과적으로는 이익이 될 수 있을 테지만, 그렇게 대금을 치렀는데 이러저러한 우발적인 리스크로 인허가 과정 속에서 진행이 안 된다면 그것 또한 디벨로퍼에게는 치명타가 될 수 있기 때문에 매입 대상 필지 중 잔금 시점이 빠른 필지가 있을 경우에는 더욱더 매입 이후의 인허가 리스크에 대해서 면밀히 살펴봐야 한다. 결국 투자에 대한 것은 투자자의 책임이니까 말이다.

야생에서는 서로 합심해서 사업지를 소싱하고 클로징해야 하는 상황들이 자주 발생하기 때문에, 서로 맡은 부분에서의 일에 대해서 최선을 다하면 결국 그 프로젝트를 클로징하는 목적지에 안착하리라는 신뢰와 믿음으로 일에 대해서 매진하게 된다. 브로커가 이야기하는 매입 조건의 그 잔금 3개월 리스크한 부분이 신경은 쓰이지만 잠시 미뤄 두고, 혹시 모를 토지 매입 협의 과정에서의 극적인 반전을 기대해 보면서 학교 배정, 고분양가, 분양가 책정, 사업 수지 분석 등에 대한 업무에 대해 최종적으로 짚어 가면서 클로징을 향해 나아간다. 이때 F 소장님과 부산의 친구와 함께 내가 맡은 사업 계획서, 수지 분석, 학교 배정, 고분양가 등에 대한 내용을 정리해 나갔다. 짚어야 할 것은 많은데 혼자서 할 수 있는 것이 한계가 있다 보니 급하게 SOS로 부산 친구의 도움을 많이 받앗던 사업지이기도 하다. 그렇게 모든 내용이 취합 되고 토지주와의 협의만 이뤄지면 되는 상황까지 모든 것을 준비해 두었다.

　결과적으로는 울산의 이 멋진 모양의 사업지도 클로징에 실패하게 된다. 시간은 지나고 검토하는 소싱 사업지는 늘어 가는데 클로징하기가 정말 이렇게 힘들구나 하는 생각이 드는 시점이기도 했다. 사업지 내 큰 부지를 가진 업체와의 협의 과정 속에서 진전이 없었던 것이 클로징 실패의 가장 큰 원인이었다. 해당 사무실의 본사에까지 인맥을 동원하여 분위기를 살피는 등 최선을 다해 해당 부지를 매입하기 위해서 노력했지만 매입에 대한 성과는 물론 필지별로의 매수 협의 진도는 순조롭지 못했다. 2023년 말 로드 뷰를 보니 아직도 그 사업체는 그 건물에서 영업을 하고 있음을 확인하게 된다. 결국 받아들이지 못할 무리한 조건의 그 사업지를 소싱하고 클로징하기 위해서 노력을 기울였는지는 모르겠지만, 아직까지도 그 사업지는 누구의 손을 타지 않고 그 모습 그대로 있는 것을 보니 씁쓸하기는 하다. 전술했듯이 어떤 사업지든 언젠가는 개발이 되기 마련이기 때문에 곧 혹은 좀 시간이 걸리더라도 그 사업지는 반듯한 모양의 건물로 신축되어질 것이라 예상된다. 일단 그 주체가 나는 아닐 것이다.

　조직, 협업, 시스템적으로 어떤 사업지, 프로젝트이든 레이더에 포착되고 잡히기만 해 봐라 하는 마음이야 굴뚝같지만, 막상 브로커 등을 통해서 소싱된 그 사업지와 프로젝트들은 순조롭게 착착 맞춰서 진행

**16** 급한 요청의 프로젝트는 더더욱 집중해서 봐야 한다.　　　　213

되지 못함은 야생 생활에서 느끼는 허탈한 감정이 아닐 수 없다. 사업지 소싱에 대한 브로커의 말을 제대로 짚어 나가지 못하면 최종적인 의사 결정을 내리는 그 시점에서의 결과물이 엉뚱하게 나오는 건 당연한 일일 것이다. 야생에 나와 수차례 협업으로 사업지와 프로젝트를 쫓아다녀도 목적을 이루지 못하고 마음속에 얼룩만 남는 상황이 계속되면서 지치기도 하지만, 그럼에도 불구하고 힘을 내어 다시 추슬러 본다. 또 어딘가에 있을 그 시행 프로젝트를 제대로 소싱하고 클로징해서 큰 사업 이익과 더불어 큰 보너스 등을 획득할 그날을 꿈꾸면서 말이다.

## 디벨로퍼 프로젝트 인사이트 16

과정 과정 배움도 있었을 것이다. 그리고 그 실패의 순간들을 잘 버텨 왔기 때문에 조만간 제대로 된 시행 프로젝트를 만날 수 있을 것이라고 생각하면서 늘 새로운 사업지, 프로젝트에 집중해 왔다.

지는 데 익숙해지지 말자고 이야기하듯, 계속된 클로징 되지 못하기만 한 프로젝트를 쫓아다니는 상황은 제아무리 열정으로 가득한 디벨로퍼일지라도 지치게 만드는 일일 것이다.

왜 그 프로젝트를 놓치게 되었는지에 대한 명쾌한 부분이 해갈된다면 툴툴 털고 일어서는데 더 도움이 될 수 있을 테지만, 이번 사업지 역시 명쾌하지는 못한 상황에서 발걸음을 돌려야 했다.

브로커든 디벨로퍼든 벌어진 상황에 대해서는 정말 솔직하게 클리어하게 다 이야기를 꺼내 놓아야 한다. 중간중간 바뀌고 틀어지면 소싱된 사업지가 클로징 되는 것에서 멀어진다고 봐야 한다. 적어도 디벨로퍼 업계에서는 말이다.

지나고 나서 보면 제대로 전력을 다한 것은 맞나? 하는 의구심마저 들기도 한다. 직접 눈으로 보지는 못했으니까 말이다.

그런 면에서 본다면 디벨로퍼도 직접 토지를 매입하는 일들을 해야 할 필요성을 느낀다.

브로커를 통해서 규격화되고 정형화 된 시행 프로젝트를 받아서는 답이 없다. 직접 필드로, 야생으로 나가서 마음에 드는 그리고 멋진 그림이 그려질 만한 제대로 된 토지를 발견하고 토지주도 직접 만나 가면서 그렇게 시행 프로젝트를 스스로 만들어야 하는 것이 필요하다고 생각이 든다.

국내 도시 개발 업체들이 직접 스스로의 사업장을 스스로 토지 작업부터 진행하듯이 말이다.

그게 소싱과 클로징에 성공할 수 있는 좀 더 빠른 지름길이 아닐까 하는 생각이다.

사파리에서 그런 기회들을 자주 만들고 실제로 경험했었어야 했는데 그렇게 하지 못한 부분이 문득 아쉬움으로 남는다.

그때 사파리에서 틈틈이 야생에 대한 경험과 시행 프로젝트들의 특성 등도 잘 파악해 두었어야 하는 건데 말이다.

다시금 시행 프로젝트를 소싱하러 짐을 싸서 야생의 안 가 본 길로 향해 본다.

### PROJECT INSIGHT

진정한 디벨로퍼라면
어디서 어떤 모습일지라도 최선을, 열정을 다해야 하며,
딜 소싱부터 클로징 결과야 어찌 되든 마지막 손을 떼는 그 순간까지
협업하는 동료에게도 최선을 다해 대해야 한다.

17

# 늘 나를 바라보는
# 주변의 시선을 잊지 말자.

⃝17

*"진정한 디벨로퍼라면
어디서 어떤 모습일지라도 최선을, 열정을 다해야 하며,
딜 소싱부터 클로징 결과야 어찌 되든
마지막 손을 떼는 그 순간까지 협업하는 동료에게도
최선을 다해 대해야 한다."*

프로젝트를 찾아 소싱하고 클로징을 해야 이익을 얻고 그 이익으로 다시금 또 새로운 프로젝트를 찾을 힘을 얻고 그렇게 선순환이 되어야 야생에서 오래도록 버텨 내고 디벨로퍼로서 명맥을 이어 나갈 수 있다고 생각한다. 대한민국이라는 한정된 지역에서 한정된 시행 프로젝트를 두고 넘쳐나는 수만 개의 디벨로퍼 간 소싱 과정에서 경쟁은 불가피한 것이라 생각도 든다. 그렇다고 야생이란 곳이 프로젝트를 먼저 차지하겠다고, 자기만 살자고 하면서 무조건적인 경쟁만이 있는 그런 삭막한 곳은 아니다. 프로젝트를 소싱하여 클로징하려고 하는 목적은 각자의 스타일대로 가지고 있으면서도 같은 조직은 아니지만 유독 코드가 잘 맞아 서로 간에 도움을 주고받기도 하고, 잠깐의 인연인데도 종종 생각나는 그런 야생에서의 동료가 있다. 그래서 야생이 아주 외롭지

는 않은 곳이리라.

사파리에 있을 때, 동탄 문화 복합 시설에 대한 공모 참여를 했던 적이 있었다. H 건설사가 시공으로 참여하기로 하고 사파리에 있을 때 근무했던 회사에서 디벨로퍼로서 중심이 되어 자금(에쿼티)을 투여해서 사업 시행자로서의 지위로 공모를 참여했었다. 이때 설계 파트를 총괄하는 I 소장님을 처음 만나게 된다. 난 사업 시행자의 실무 책임자 위치였다. 낮 시간에는 회사 사무실에서 본래의 업무를 진행하고 퇴근하고 나서부터 당일 저녁 때와, 휴일에는 온종일, 공모를 준비하기 위한 문정동 합사 사무실에서 업무를 보았고, 중요한 결정이 있는 날에는 새벽에까지 업무를 보았다. 그렇게 한 달 조금 넘는 기간 동안 공모 지침에 따른 많은 분량의 제안서를 만들어 내기 위해 협업하면서 즐거운 또 다른 경험을 했던 적이 있었다. 사파리 시절에서는 큰 규모의 보너스(보너스 = 사파리에서는 나를 위한 시행 프로젝트를 찾아나서는 게 아니었을 때니까 회사 전체의 프로젝트를 찾는 것으로 공모에 참여한 것이니, 보너스라고 해야 할 것이라 생각이 든다)를 만들어 내기 위해서 합심해서 노력을 했었다.

공모 참여는 이번이 두 번째였는데, 토지를 가진 공공 기관을 대상으로 하여 재무, 운영, 개발 콘셉트 등 다양한 공모 지침에 맞도록 각 컨소시엄의 재능과 각 업체가 가지고 있는 필살기를 한데 긁어 모아 공모에서 정해진 틀에 맞춰서 제안하고 평가를 받아 우수한 점수를 받은 컨소시엄이 우선 협상자가 되어 해당 사업권을 쟁취하는, 즉 보너스를 획득하는 것이다. 그렇게 서로 각자의 역할을 위해서 합사에서 머리를 맞대고 아이디어를 디벨롭시키고, 그 아이디어를 상품으로 만들면서 공모 준비를 했다. 그때 I 소장님을 먼발치에서 그리고 합사 기간이 진행되면서 의사 결정 과정 속에서 점차 가까이 보게 되고 의견도 나누면서 공모를 위해 힘을 합친 그 기억이 아직도 진하게 남아 있다. 그 과정 속에서 난 주로 커피를 많이 샀던 거 같다. I 소장님이 근무하는 회사는 도시 개발 파트까지 있는 설계 회사였기 때문에 나보다 경험치가 더 많을 테니 좀 더 잘 부탁한다는 의미에서랄까. 공모는 결국 머릿속에 있는 그 상상의 나래를 도면으로 그려 내고, 또 숫자로 이야기를 해야 하는 부분인 터라, 머릿속에서만 상상으로 그려 내는 역할의 나로서는 그 생각들을 집약하고 또 도면으로 그려내는 I 소장님과 그 팀원들에게 힘을 내시라는 의미로 그렇게 음료를 사 드렸나 보다. 그것도 아주 많이 말이다. 물론 결정 사항들에 대해서는 함께 신랄하게 이야기도 하고 자신의 의견을 관철해 내기 위해서 노력도 했었다. 그럴 수밖에 없는 건 모여진 업체마다 각자의 이해관계가 조금씩은 다를 수 있기 때문에 하나의 모서리인 공모 주체가 한쪽의 의견을 그냥 듣고만 있거나 무조건적인 동의로 일관한다면 그 컨소시엄은 건강해질 수 없고 결국 그 공모에서 보너스를 획득할 수 없기 때문에 더더욱 모두를 위해서라도 각자의 이해관계에 가장 중요하게 생각하는 부분에 대해서는 주장도 하고 상대를 설득하기 위해서, 이해를 구하기 위해서라도 목에 핏대 세우면서 이야기를 해야 할 의무가 있었던 것이다.

• I 소장님이 보내 준 조감도     • 조감도 ❷

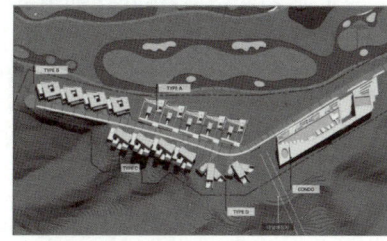
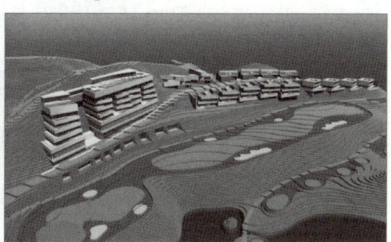

　그렇게 그 공모가 끝나고(소장님과 내가 속한 컨소시엄은 9개 업체 중에서 5등을 했다. 인터넷으로 채점된 내용과 의견 점수 등이 공개되었다) 난 사파리를 떠나게 된다, 한동안 연락을 못했던 I 소장님을 오랜만에 만나게 되고 함께 야생에서 뭔가를 도모해 보자고 이야기도 나누면서 좀 더 가까이하게 된다. 그 과정 속에 I 소장님이 근무하는 그 사파리 공간에(I 소장님도 함께 합사 때 근무했던 회사를 나와서 다른 곳에서 일을 하고 있었다) 야생을 떠돌던 내가 자리 잡을 만한 공간이, 역할이 있을 거 같다는 말에 기대를 가졌었다, 결과적으로는 그 포지셔닝으로의 완결은 이루지 못하게 된다. 그러던 중 I 소장님이 진행하던 강원도에 위치한 프로젝트에 대한 이야기를 듣게 되고 이렇다 하게 시행 프로젝트를 소싱하지 못하던 상태라서 시간도 좀 있었고, 골프 리조트, 휴양 프로젝트이긴 했지만, 그런 시설에 들어가는 상업 시설에 대한 새로운 아이디어가 시키거나 요청하지 않았지만 불현듯 생각이 났다. 그래서 그 프로젝트에 대해서의 의견을 적어 내려갔던 기억이 있다. 추가적으로라면 I 소장님의 업무에 조금이라도 도움이 될까 싶은 마음에, 그리고 I 소장님과 함께 근무하게 될지도 모른다는 기대감으로, 그렇게 아이디어를 적어 내려가고 또 정리한 것을 공유하면서 그 프로젝트에 대한 생각들을 디벨롭했던 기억이 난다. 그게 벌써 3년 전이라는 게 실감은 안 나지만 말이다.

I 소장님께 들은 내용으로는 그 골프장 프로젝트는 우여곡절 끝에 얼마 전 준공이 났고, 운영 중에 있는 것 같았다. 골프를 경험해 보지 못한 상황이라 크게 관심 두지 않았었는데 그렇게 우여곡절이 있는 프로젝트도 다 준공되고 운영하는 것을 보면 초기 인허가 과정 속에서, 상품에 대한 시작 단계에서의 고민들은 어떻게든 다 마무리가 된다는 것은 참 신기할 따름이다.(여전히 이런저런 문제들로 준공이 안 되고 슬럼화 된 현장들도 물론 아주 많이 곳곳에 있지만 말이다.) 걱정이 많다고 혹은 적다고 해서 프로젝트가 어떻게 되는 것은 아닌가 보다. 운칠기삼일까?

여담으로 보태 보자면 국내 세 손가락 안에 드는 시행사에서 근무하는 선배가 I 소장님이 참여한 저 골프장의 정식 오픈 전 사전 라운딩에 초대 받을 수 있는 방법을 좀 찾아봐 달라고 나에게까지 부탁할 정도로 I 소장님이 준비했던 저 골프장은 인지도, 평가, 기대가 높았던 곳으로 기억이 난다.(소장님과 노력은 했으나, 오픈 전 라운딩 기회를 선배에게 제공해 주지는 못했다.)

• 내가 작성한 아이디어 디벨롭 주저리 ❶   • 디벨롭 주저리 ❷

지나고 나서 보면 그 사파리에서 보너스(함께 공모를 준비했던 프로젝트에 대한 수주)를 획득했다면~ 혹은 I 소장님이 제안했던 그 사파리에서 I 소장님과 함께 근무하게 될 디벨로퍼 포지션에 내가 들어갔다면~ 어땠을까 하는 생각도 해 본다. 물론 지나고 나서의 추정에 큰 의미는 없겠지만, 입사해서 근무를 했다면 2022년 고금리로 접어드는 과정에서 겪었던 그 혼란의 사태를 I 소장님과 함께 그 사파리에서 겪으면서 엄청난 스트레스와 고충이 있지 않았을까 하는 생각을 해 본다. 그런 것보다는 이미 야생에서 산전수전 겪은 상황이기 때문에 고금리가 혹은 고금리에 따른 다양한 건설, 개발 업계의 리스크한 상황들이 버티기 더 쉬웠을 수도 있을 거란 생각도 해 보게 된다. 물론 그때그때 최선을 다해서 어떤 상황이라도 헤쳐 나갔을 것이다. 사파리든 야생이든…….

어느 위치에 있든 혹은 어떤 모양으로 만나든, 겸손해야 하고 정도를 벗어나면 안 된다는, 협업하면서 열정의 모습으로 임해야 한다는 교훈이 되는 I 소장님과의 일화다. I 소장님은 다른 곳으로 자리를 옮겨 더 힘을 내서 일을 하고 있는 중이고, 나 역시 더더욱 야생의 이곳저곳을 잘 다니면서 시행 프로젝트를 소싱하고 클로징하려고 애쓰고 있다. 이 글을 적는 지금도 종종 I 소장님과 이런저런 이야기를 나누고 있으며 그 과정 속에서 큰 인사이트를 얻는다. 물론 지난 처음 만남의 그때 이야기도 안줏거리로 종종 한다. 사소한 것, 사소한 모습 속에서의 그 인연은 어디로 튈지 모르는 다이너마이트 같은 것이 아닐까 하는 생각이 드는 순간이기도 하다. 그 찰나의 순간이 종종 큰 원동력이자 교훈으로 다가오기 때문에 더더욱 야생에서 힘을 낼 수 있지 않나 하는 생각이 든다.

## 디벨로퍼 프로젝트 인사이트 17

개인적으로는 '건축·설계' 분야에서 '업'을 영위하는 건축사 분들을 존경하고 또 그런 재능을 아주 많이 부러워한다. 탐나는 능력이 아닐 수 없다.

나의 경우는 이런저런 생각은 많으나, 그런 생각을 현실로 그려 낼 수 있는 재주는 없는 상태이기도 하고, 그런 생각들을 현실로 그려 내기 위해서 체크해야 하는 무수히 많은 법령에 대해서 줄줄 꿰고 있지도 못한다.

그런 디벨로퍼적인 머릿속의 생각을, 콘셉트를, 방향성을 건축 담당자 분들과 규모 검토를 위해서 미팅하고 콘셉트에 대해서 이야기를 하면 그 내용을 '짠~' 하고 멋지게 형태로 보여 주는 그 기술, 재주가 너무도 부럽다.

거기에 생각지도 못한 '팔살기', '디자인'적인 부분이 더해지면 눈으로 확인하는 그 프로젝트의 모습은 더 확실히 이해되고 확인된다. 준공 시점은 저만큼 뒷 단이지만 착공도 안 했는데 그 순간부터 사업에 대한 그 기대감을 커지게 하는 묘한 힘이 있음을 느낀다. 또 그 이미지를 보면서 다양한 아이디어를 생각해 내는 선순환의 묘한 힘을 발휘하게 된다.

짧은 한 달간의 협업이었으나, 서로에게 좋은 인사이트를 얻고 뭔가를 도모할 든든한 동료를 얻게 된 것도 큰 열매가 아닌가 생각한다. 그 인연으로 I 소장님이 일하는 곳에 좋은 자리가 있다고 알려준 것까지 고려해 본다면 사파리이든 야생이든 어느 곳에서건 좋은 동료를 만난다는 것은 행운이라 할 수 있을 것이다.

그러니 더더욱 지금 나의 주변에서 나와 함께 야생을 뛰어다니는, 혹은 아직은 야생으로 나오지는 않았지만 사파리의 이웃 울타리에 있는 동료에게 지인들에게 진심을 다해 잘해야 하는 이유가 여기에 있을 것이다 싶다.

스스로를 위해서 모두를 위해서 동료에게 더더욱 잘해야 한다. 그게 미래에 투자하는 길일 것이기 때문이다.

I 소장님의 건강과 앞날의 큰 축복을 기원한다. 늘 건승을 바라 본다.

## PROJECT INSIGHT

시행 프로젝트를 매매하기로 클로징 결정하는
그 순간의 선택이 10년을 좌우한다.
상대편에서 제대로 보여주지 않으면 뭔가가 있는 거다. 의심해 보자.
결론적으로 뭔가를 감춘다면 클로징하면 안 된다.

# 18

## 깨끗해 보여도 먹던 밥은 티가 난다.

(18)

*"시행 프로젝트를 매매하기로 클로징 결정하는
그 순간의 선택이 10년을 좌우한다.
상대편에서 제대로 보여주지 않으면
뭔가가 있는 거다.
의심해 보자.
결론적으로 뭔가를 감춘다면 클로징하면 안 된다."*

    B 선배의 지인(위례 신도시에서 부동산 운영하는 브로커)이 소싱한 사업지이다. 지금까지 야생에서 만나는 모든 시행 프로젝들에는 각각의 사연들이 꼭 있었다. 결과적으로 클로징을 못 하고 돌아서는 그 사업지들은 허무맹랑한 이야기이거나, 큰 특혜가 있는 비밀 같은 이야기들이 사업지에 얽혀 있는 것들도 있었다. 그런 사업지들을 경험하고 나서 손을 털고 나올 때면 다음번에는 꼭 걸러 내서 헛수고를 안 하리라 다짐을 했었지만, 자의든 타의든 이내 다시금 또 특별하면서도 허무맹랑한 이야기 속의 사업지를 쫓아서 전력을 다하곤 한다. 사파리에서도 보면 스스로 소싱한 사업지에 대해서는 무조건적으로 믿고 보는 자세가 형성되는 것을 볼 수 있는데, 이곳 야생에서도 그 흐름은 유효한 듯 보인다. 브로커가 이야기하는 특별하고 허무맹랑한 이야기에 대해서도 '일

단 한번 들어나 보자'라면서 조금은 가능성을 마음에 품고 접근하는 모습을 종종 보게 된다. 이 사업지 역시 그런 흐름에서 크게 벗어나지 못하는 상황이기도 했다. 어찌 보면 '망각'의 인간이어서라기보다 좀 더 제대로 되면서도 사업 이익, 보너스를 많이 얻을 수 있는 사업지에 대한 '갈망', '열망'이 야생에서 생활하는 디벨로퍼에게는 늘 자리하고 있기 때문에 그럴 것이다. 이왕 소싱해서 클로징하는 거라면 조금 큰 사업 이익이 발생하는 랜드마크 프로젝트를 소싱하고 클로징하려는 심리랄까. 그런 심리가 없다면 동물원, 사파리에서 안주하고 말았을 것이니까 말이다. 되짚어 보면 누가 봐도 좋은 위치에, 누가 봐도 멋진 콘셉트의 랜드마크 상품을, 그리고 무엇보다 큰 수익을 만들어 낼 수 있는 사업지를 소싱하고 클로징하려고 야생에 나온 것이 아니었던가 말이다.

야생에서 접하는 사업지는 1명이 소유한 가장 말끔한 토지가 있고, 여러 개의 소유주로 나뉘면서 브로커가 토지 작업, 명도 작업 등을 모두 정리할 테니 조금 높은 가격을 주고 매매하라고 하는 사업지도 있다. 혹은 현재 매각하려는 시행 프로젝트는 기존 핸들링하던 사업주가 인허가는 다 밟았는데 앞 단의 사업주가 더 이상은 버티지 못하는 즉, 인허가를 다 진행시켰고, 앞 단에 사업비도 쓴 사업지에 대해서 포괄 양수도(사업권 인수)를 필요로 하는 사업지도 있다. 야생에 나와서 겪었던 다수의 사업지들은 그나마 검토도 수월하고 육안으로도 보면 딱 즉각적인 판단이 서는 경우였지만, 이번에 소싱한 사업지와 같이 수백 명 가까운 토지주의 동의를 얻어서 사업을 진행하는 형식을 가지는 지구 단위 계획, 도시 개발 사업, 종중 부지 등의 사냥감은 참 어렵기도 하다. 하지만, 모두 다 어렵다고 복잡하다고 돌아서는 사업지라고 하더라도 의외로 제대로 열의를 가지고 살펴보았더니 순리대로 잘 풀리는 사업지가 있을 수 있다. 경기 흐름을 잘 타거나, 검토 과정에서 외부 환경이 개선되어서 사업이 다른 국면을 맞이할 수도 있는 것이다. 이런 호재와 긍정적인 가능성을 가진 사업지라고만 한다면 개발이 완료된 이후에 주는 사업 이익과 보너스는 어마어마하기 때문에 종종 매수를 희망하는 후단의 디벨로퍼들은 그 사업 이익에 눈이 멀어서, 혹은 그 부푼 기대감에 현혹되어 앞 단의 힘들고 어려운 것들은 물론 매수 이후의 과정 과정 험난한 Risk를 제대로 못 보게 되는 경우가 있기도 하다. 어쩌면 애써 보고 싶어 하지 않을 수도 있을 것이리라.

 그런 엄청난 사업 이익을 안겨다 줄 사업지들은 디벨로퍼로 하여금 온 전력을, 온 에너지를 그리고 가용할 수 있는 모든 무기들을 다 쏟아 부어 사용할 가능성을 높이기도 한다. 그러나 개발 이익이 막대한 사업지는 디벨로퍼로 하여금 앞 단의 노력보다는 사업 정산이 완료된 후의 개발 이익에 눈이 멀어 과정 과정 사다리처럼 짚어 나가야 할 것을 놓치게 할 가능성을 높일 수 있을 것이다. 그럴 경우 매매 계약을 체결한 후단의 디벨로퍼는 클로징도 하기 전에 최악의 상황을 마주하게 되기도 할 것이다. 그렇기에 더더욱 소심한 사업지의 트로피에 관심을 가지는 것이 아니라 당장 현재의 상황에 대해서 냉철하게 바라봐야 하는 것이다. 그게 야생에서의 다양한 사업지 혹은 프로젝트를 소싱하고 클로징해야 하는 디벨로퍼의 자세다. 호랑이가 토끼를 사냥할 때 전력을 다하듯이 야생에서 사업지를 접하고 확인하고 목표로 삼는 모든 과정에서도 전력을 다해야 한다. 사냥하는 과정에 집중하지 못하고 사냥이 끝난 뒤의 만찬만 신경 쓴다면 그 사냥감은 제대로 사냥하지 못할 가능성이 크다고 할 수 있을 것이다. 사업지를 소싱하고 바로 클로징하려고 하는 루틴하거나 혹은 휴리스틱으로 접근하는 그런 과정이 아니라, 모든 순간순간 최선을 다해야 한다는 것이다. 한순간의 소홀함이 모든 것을 그르칠 수 있고, 그 한순간으로 인해 야생에서의 이후의 삶이 정말 지옥이 될 수도 있다.

• 전체 조감도

• 동의율에 따른 매도 청구 시나리오 검토

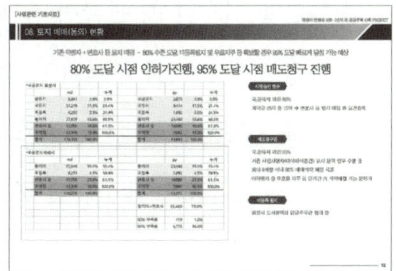

조금은 허무맹랑한 이야기의 이 사업지는 화성시에 위치한 지구 단위 계획 사업지인데, 기존 사업 시행자가 큰돈을 들여 지구 단위 계획에 대한 과정을 밟아 둔 상태이다.(도시 계획 위원회 심의 = 조건부 수용) 해당 권역의 토지에 대한 80% 지주 동의를 받아야 하는 그 허들을 넘은 것이기에 이후의 20% 동의, 사업 계획 승인 과정, 토지 매도 청구 계약금 지급 등의 과정만 넘기면 저렴한 가격의 토지가 APT를 지을 수 있는 토지로 변경되면서 대단지 상품으로 바뀌는 그런 변화를 줄 수 있는 프로젝트였다. 동의서만 받아 두고 그 다음은 매수자가 알아서 하세요 하는 그런 사업지가 아니라 나름대로 지자체와 지루한 인허가 일정을 밟아 놓은 그래도 디벨로퍼적인 마인드가 묻어 있는 프로젝트라고 할 수 있다.

브로커를 통해 소싱된 이 멋진, 그리고 일정 부분 사업 인허가를 진행한 사업지를 B 선배에게 넘기려고 하는 기존 사업자(매도자)가 제공한 자료들을 검토하고, 관공서 홈페이지에서 해당 내용들을 살펴보고, 실제 화성 시청 도시과 주택과 담당 주무관도 직접 만나면서 우리 쪽에서 매수를 진행하게 될 경우, 향후 B 선배가 사업 진행을 했을 때 기존 사업자에게 지급하는 계약금과 기존 사업자에게 잔여 부분 토지를 작업해 달라고 지급해야 하는 토지 용역 비용에 대해서 손해 보는 Risk가 생기지는 않을지, 또한 80% 동의를 받았다는 지주들의 서류들은 온전한 것인지~ 그리고 나머지 20%에 대한 토지 동의는 언제쯤 완료 가능할지, 그리고 기존 사업자가 이야기하는 전체 토지 가격이 토지주들과 제대로 합의가 되었는지 등에 대해서 검토를 하고 또 검토를 했다.

최종적으로 이 사업지는 대단지를 건축할 수 있는 사업지였으며 아파트 상품에 대한 가격 경쟁력도 있었고, 그에 따른 사업 이익도 실현 가능성이 있다고 생각이 들었다. 기존 사업자(매도자)가 잔여 토지에 대한 동의서 징구 및 매매 계약 체결만 계획대로 마무리 지어 준다면 그래서 최종적으로 매도 청구를 신청할 수 있는 비율(95% 동의율)까지만 끌어 올려 준다면 더할 나위 없이 좋은 사업지라는 판단이 들었다. 곧바로 브로커를 통해 기존 토지 작업자이면서 인허가를 진행한 매도자를 만나게 되었다. 이때는 A 선배도 함께 가서 미팅을 하게 되었는데, 우리 측에서 제일 중요하게 생각했던 기존 토지주들에 대한 관련 서류들의 원본 열람을 진행하지 못하는 부분에서 딱 멈춰 서게 되는 상황이 발생했다. 그도 그럴 것이 아무에게나 그 서류들을 확인시켜 주지 못한다고 하는 그들의 입장을 이해하면서도 그 서류를 봐야 의사 결정을 할 것 아니냐는 우리 쪽의 입장이 맞서게 된 것이다. 추가적으로는 그 토지주들의 서류(동의서, 인감 증명, 신분증, 매매 계약서 등)를 열람하기 위해서는 기존 사업주이면서 토지 작업 용역을 마무리 지어 주겠다는 그들에게 토지 용역 금액과 동일한 금액이 예치된 통장 잔고를 확인시켜 달라는 것이 있었다.

첨예하게 대치하는 매도, 매수자 간의 그 대립은, 내가 어느 쪽에 있는 입장이냐에 따라서 해석이 달라지는 참으로 미묘한 상태의 대치였지만, 한편으로는 매도자인 기존 사업자 및 매도를 하고 나서 잔여 부분의 토지에 대한 동의서 징구 등의 용역을 맡게 될 쪽이 좀 더 급한 것이 아닐까 생각이 들었다. 그렇다면 서류의 일체가 아니라 가장 큰 면적 등의 일부 토지 소유주에 대한 서류들 중 일정 부분이라도 우리 측에 확인시켜 주었다면 좋았을 텐데 그게 그렇게 흘러가지는 않았다. 큰 기대를 가지고 관련 있는 담당자들과 의사 결정자 모두 참여해 협의를 진행했던 그 미팅 자리는 상대방을 믿지 못하고 서로의 입장만 확인시켜 주면서 별다른 성과 없이 마무리가 되었다. 인허가를 밟아서 진행시켰고, 토지주와 밀접하게 관계를 맺고 있었던 기존의 디벨로퍼는 우리 측에게 PM 계약서를 체결하고 토지 용역 및 사업권 매각에 대한 계약을 체결하자고 하는 것을 제안했고 A, B 선배 역시 검토해 보자는 이야기와 함께 그 자리에서 일어나게 된다. 그리고 그 뒤로 두 번 다시 그 프로젝트를 진행한 기존 사업자와는 미팅을 하지 않았다.

• 동의서 양식

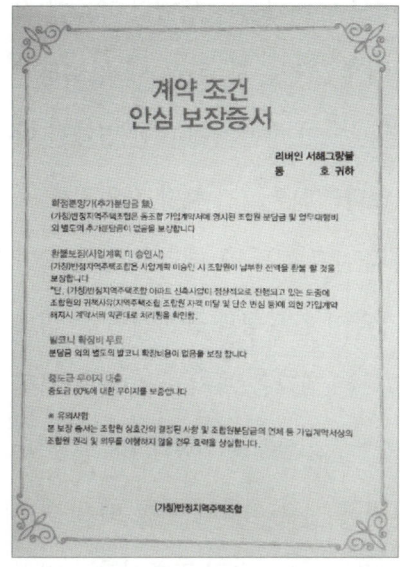

• 사업권 양도·양수, 용역 계약서 표지

그 과정 속에서 느껴지는 긴장감과 기싸움이 있긴 했지만, 지주들을 설득하고 또한 스스로의 계획에 따라 큰돈을 들여 지구 단위 계획을 수립하고 관공서에서의 지정 고시까지 진행하는 기존 매도자의 노력은 높게 산다. 박수를 보내고 싶다. 시행 프로젝트를 소싱하고 클로징하는 과정 속에서 벌어지는 리스크를 모두 다 예상할 수는 없다. 기존의 사업 시행자 역시 자신들이 클로징을 하지 못하는 이런저런 이유는 분명 생겼을 것이다. 그리고 해당 사업지를 다른 디벨로퍼에게 매도해야 하는 지금의 상황이 발생할 줄은 몰랐을 것이다.

늘 그래 왔지만 야생에서는 브로커에게 접수되었든 의뢰했든 혹은 디벨로퍼가 야생을 다니다가 직접 발굴했든, 소싱한 그 어떠한 사업지라도 왜 이 사업지를 앞 단에 조금이라도 인허가를 진행했던 그들이 직접 마무리 짓지 않고 다른 디벨로퍼에게 넘기는지, 혹은 왜 클로징이 거의 완료된 그 사업지에 대한 권리를 팔아야 하는지에 대한 명쾌한 이유를 설명해 주는 브로커, 매도자는 없다. 그냥 그건 해당 사업지를 소싱해서 클로징하려고 하는 매수자의 몫이고 검토 후 메리트 있다고 판단되어 매매 계약서에 도장을 찍어 계약이 완료됨과 동시에 모든 리스크는 자연스럽게 매수자로 이동이 된다는 생각을 가지고 있다. 자기들은 오로지 그 매각 프리미엄(그간 들어간 투입 비용 및 일종의 이익 보존 등) 그리고 토지 작업에 대한 수수료, 그리고 매각 성료에 따른 매각 수수료에만 관심을 두고 있는 게 일반적이기도 하다. 그리고 혹시라도 이런 저런 세부적인 사항들을 제대로 확인하지 않고 매매 계약에 도장을 날인하는 그 순간 한쪽 무리는 해방되어 하늘을 날고 다른 한쪽 무리는 그때부터 지옥이 시작되는 상황이 될 수도 있음을 절대 잊어서는 안 된다. 10,000분의 1이라도 이따금 매수자가 더 큰 수익을 실현할 수 있겠지만 그건 정말 가능성이 희박한 도박과도 같은 것이다. 앞날은 아무도 모른다.

    나는 다를 거야 혹은 나는 운이 정말 좋으니까 하면서 제대로 짚어 보지 않고 매매 계약을 체결했다면 그건 정말 가뭄에 콩 나는 사례와 비슷한 것을 믿고 한 행동인 것이며 나는 다를 것이라는 걸 믿고 기대했다가는 얼마 못 가서 야생에서 헤매다가 혹은 이익에 눈멀어 건성으로 매매

한 그 사업지를 어떻게든 살려 보겠다고 발버둥 치다가 파산할지도 모른다. 시간이 몇 년 흘러 2024년 어느 날 그렇게 서류를 보여 주지 않고 통장 잔고만 보여 달라고 했던 그 프로젝트가 야생을 돌아다니는 내 레이더에 포착되었다. 그런데 3년 전보다는 자신들이 인허가를 진행하고 토지에 대한 마무리를 확실하게 지어 주겠다면서 요구했던 금액보다는 요구하는 금액이 좀 줄어들어 있었다.

또한 해당 지구 단위 계획 구획을 더 크게 감싸는 토지 구획으로 아주 아주 힘이 센 '호랑이 무리 = 국가 기관이라 표현해 본다'가 땅을 정리해서 새로운 도시를 만든다고 선언을 한 것이다. 자연스럽게 그 사업지도 그 신도시 구역 안에 해당이 되기 때문에 아주 난처한 상황이 되어 버린 것 같았다. 제아무리 난다 긴다 해도 야생에서 가장 힘이 센 '호랑이 무리'를 이길 수는 없기에 조만간 어떻게든 결정은 나겠지만 그 호랑이가 발표한 신도시에 흡수되어질 운명이 아닐까 예상해 본다. 만약 3년 전 우리 측이 요구했던 계약자에 대한 서류를 보여 주고 적정하게 무리 없이 합의가 되었었다면 어땠을까 하는 생각도 들고, 동시에 그때 A, B 선배가 그 제안을 수용해서 계약금을 치르고 일을 진행했다면 2022년 고금리 시장과 전쟁 여파로 오른 공사 비용으로 인해서 사업 완결이 어려웠을 수도 있겠구나 하는 생각들이 동시에 밀려오기도 했다. 운칠기삼이라고 어떤 것에 대한 결과치로 더 크게 후회할지 모르겠지만, 야생에서의 이 다이내믹한 흐름에 울다 웃어 본다. 물론 이미 해당 사업지를 되살려서 사업 이익을 실현하기엔 어려운 환경이 되어 버린 2024년 화성 지구 단위 계획 사업 사업지를 클로징하기 위해서 검토 중인 또 다른 지인에게는 이런 과정을 다 이야기해 주었다. 판단은 그 지인의 몫이다. 매매 서류에 날인할지 안 할지 말이다. 선택은 오로지 그의 몫일 테니까. 그 지인의 판단을 존중하지만 섣부르게 날인했다가는 큰 낭패를 볼 수 있을 것이리라.

## 디벨로퍼 프로젝트 인사이트 18

돌아보면 에쿼티 '0'인 레버리지 100%인 첫 단추가 계속 잔상이 남는다. 그에 대한 부담감이 어쩌면 사업 이익의 볼륨이 더 큰 시행 프로젝트를 쫓았던 것은 아닌가, 그래서 더더욱 사냥을 못한 것이 아닐까 하는 생각까지 든다.

지참금 혹은 배낭 속에 '금'이라도 조금은 있어야 야생에서 만난 일꾼을 동원하든 상대방이 가진 '패'를 까 보이게 하든 뭔가의 다음 스텝으로 진행하기 위해서의 비용을 치를 수 있게 된다. 아무것도 없이는 시행 프로젝트가 있는 위치, 사업지를 클로징하기 위해 힘을 합쳐 돌격합시다. 하고 외쳐 봐야 상대방들과 조력자들은 도움을 주지 못한다. 용역에 대한 계약금이라도 치를 능력이 있어야 하는 것이다.

레버리지의 힘을 빌어서라도 통장 잔고를 만들어 그 기존 사업자들이 인허가를 진행했던 토지주들의 관련 서류를 보았어야 했고, 그 서류에 하자가 없었다면 토지 매매 계약은 물론 토지 용역 계약을 해서라도 프로젝트를 진행을 시켰다면 어땠을까?

상상이야 돈 들어가는 게 아니니 마음껏 해 보지만, 야생의 소싱과 클로징은 현실 아니던가.

내가 에쿼티가 없다면, 동료로 함께하는 사람들 중이거나, 돈이 많은 투자자를 평소에 물색해 두는 것도 필요하다고 생각이 드는 소싱 사업지였다.

그러나, 팔려고 하는 사람이 늘 쫄리게 되어 있듯, 진정성을 다하는 그런 파트너를 만나는 것도 천운이 아닐까.

그냥 용역 비용만큼의 토지 잔고를 보여 주어야 가지고 있는 토지와 관련된 서류를 보여 주겠다고 하는 버티기 자세로는 그 사업지를 제 값 주고 팔기는 어려울 것이다. 거기에 부동산 경기라도 꺾이는 상황을 맞이하게 되면 매출 대비 사업 이익이 현저하게 줄어들기 때문에 사업의 메리트는 급하락 할 수 있게 되기도 한다.

서로의 원만한 윈윈을 위해서라도 매도자, 매수자 모두 진정성 있는 모습을 보여야 하지 않을까 하는 교훈을 주는 프로젝트이기도 했다. 돌고 돌아 야생에서 그 사업지를 또 만나는 것 보면, 참 야생도 좁다. 그나저나 그렇게 돌아다니다가 이번에는 매수하려는 디벨로퍼가 아니라 아예 기존에 힘들게 인허가를 받은 지구 단위 지정 고시까지 없앨 만큼의 더 큰 호랑이를 만났으니 어떻게 돌파해 낼지도 내심 궁금해지는 사업지다.

**PROJECT INSIGHT**

100% 완벽한 시행 프로젝트가 어디 있던가.
서로를 믿어야 하는데 상호 믿음이 없다면 사업의 진행은 없을 것이다.
불신은 서로의 시간을 갉아먹고
서로에게 상처만 남기게 될 것임은 분명하다.

―― 19 ――

# 새로운 것 배우는 시간이면, 하던 것에 더 집중해 보자.

( 19 )

"100% 완벽한 시행 프로젝트가 어디 있던가.
서로를 믿어야 하는데
상호 믿음이 없다면 사업의 진행은 없을 것이다.
불신은 서로의 시간을 갉아먹고
서로에게 상처만 남기게 될 것임은
분명하다."

    B 선배의 지인(부동산 관계자)을 통해서 알게 된 사업지이다. 야생에 나와서 가장 난해했고 어려웠던 그리고 완전 힘들었던 사업지였다. 핵심 결과부터 이야기하자면 사업지는 매우 좋았으나, 그 사업지의 인센티브를 현실에 실현하기 위해서는 인허가를 완료해야 하는 마지막 일자가 정해진 사업지이다 보니 그 기간 안에 클로징할 수 있을지 없을지에 대한 쫄림으로 인해서 과정 과정의 검토에 대해서 조심스럽고 소극적이었던, 그래서 결과적으로 클로징하지 못한 사업지였다.

• 배치도

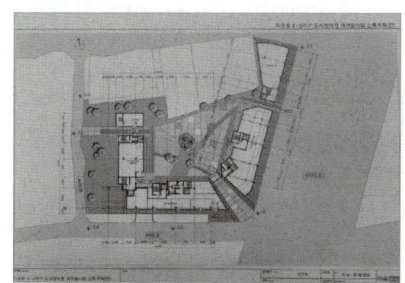

• 인허가 주요 일정

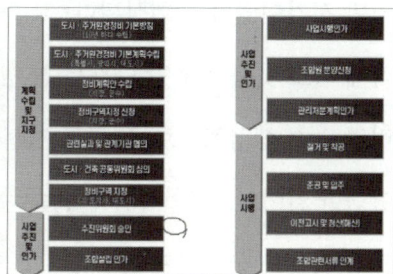

　이 사업지 역시 앞서 다룬 화성 지구 단위 계발 계획 수립으로 진행하는 사업지의 구도와 무척 닮아 있었다. 기존부터 해당 사업지의 토지 작업을 해 오던 토지 작업자와 그 토지 작업자를 알고 있는 브로커 그리고 A, B 선배, B 선배의 지인인 브로커 그리고 나 이렇게 조금 복잡하게 이루어진 조합으로 소싱은 출발하게 된다. 중간에 브로커들끼리의 연관이 있고, 그 브로커의 뒤에 사업지의 토지 작업자가 있고 다른 쪽에는 우리가 서게 되는 관계가 좀 복잡한 구도였다. 사업지의 위치부터 진행해야 하는 법규 등이 난해하고 고난도이다 보니 얽힌 사람들이 많았다.

　4대문 안에 위치한 사업지인데, 이런저런 법규가 복잡한 사업지였다. 아파트, 오피스텔, 상가, 지식산업센터, 오피스 등 자신이 야생에서 겪어 본 다양한 사업지 중 가장 애정이 가고 관심이 가는 분야가 있을 것인데, 비주거 시설 상품에 관심과 장점을 보였던 나에게 재건축, 재개발 그리고 아파트 상품에 대해서의 검토는 이런저런 이유로 상당히 어렵고 익숙지 않다 보니 혹 실수라도 해서 클로징에 문제가 생길까 살 떨리던 시간이었다고 회상된다. 그만큼 3년 가까운 시간이 지난 지금 생각해 봐도 웃음밖에 안 나오는 참 엉뚱했던 사업지랄까. 위치가 좋은 자리인 만큼 행정적으로, 법규로 지켜야 할 것들이 더더욱 늘어나게 됨은 당연한 일이다. 해당 사업지 주변은 현대화되어 가는 도심인 데 반해 그 도심 한가운데 위치한 이 사업지는 아직도 판자로 된 건물, 오래된 건물들로 된 곳이니 잘만 협의하면 많은 사업 이익 실현을 가능하게 할 가능성이 큰 사업지라는 판단이 들었다. 사업지를 접한 처음에는 말이다.

 사업지의 관할 구청이자 인허가에 대한 담당자가 있는 서대문구청을 수차례 들어가서 재개발 담당자에게 확인하고 또 확인해도 요건만 맞으면 무리 없이 진행되는 사업이라는 답변만을 듣게 된다. 명쾌한 답변이지만 그게 또 가장 어려운 부분이기도 하다. 위치에 대한 입지성도 좋고 한데, 문제는 용적률 특혜를 주는 대신 그 기간이 특정되어 있다는 것이었다. 이번 케이스의 사업지처럼 슬럼화 된 지역에 대한 도심 재개발 독려를 위해서 인센티브를 한시적으로 풀어 준 것이다. 해당 사업지에 대해서 속속들이 잘 알고, 토지 작업까지 해 준다는 토지 작업자와 브로커는 토지 작업 및 매수에 대해서는 걱정하지 말라고 이야기를 하고 있지만, 사업 시행자는 늘 그 말들이 그대로 들리지 않기도 한다. 또한 도심 재개발의 인허가라고 하는 기간을 그 누구도 장담할 수 없는 상황이었다. 만약에라도 사업지를 매수하고 토지 작업을 시작하면서 인허가를 시작했는데 구청과의 인허가 협의 과정 속에서 일정 하나라도 삐끗하게 되면 인허가 기간은 물리적으로 늘어날 수밖에 없다 보니 그 기간을 특정하기는 어렵게 되고, 한시적으로 제공된 용적률 인센티브가 일몰 되면 인허가를 다시 밟아야 하는 것이 이 사업지가 가진 가장 큰 아킬레스건이었다. 인허가를 다시 밟아야 한다는 건 완화된 용적률 인센티브만큼 건물이 축소된다는 것인데 최초 소싱할 때의 구도에서 벗어나게 되는 것이기에 이 사업지에 대한 매력도는 자연히 떨어지는 것이다.

결국 용적률 인센티브를 받은 그 상태로 클로징을 해야 원하는 사업 이익을 실현할 것인데, 인허가 기간이 늘어지면 그 용적률 혜택이 없기 때문에 그 이후에는 매력이 저 바닥으로 떨어지는 사업지인 것이다. 딱 눈앞에 제대로 된 큰 사업 이익을 안겨 줄 사업지가 있는데, 그리고 그 사업지에 대한 토지 작업까지 기간 내에 완료하겠다는 용역 업체도 있는데 계약을 날인하기가 참 어려운 상황이었다고나 할까. 그 사업지에 매력이 있다고 이야기하면서도 매수자인 우리 측에서는 그 누구도 '이건~ 됩니다.' 하는 말을 할 수 없었다. 오로지 사업지를 진행시켜 토지 작업을 하여야 이익이 실현되는 토지 작업자와 그 토지 작업자를 연결한 브로커, 그 사람들 입에서만 무조건 되는 프로젝트이니 계약하고 계약금을 지급해서 토지 작업 및 인허가를 진행자고 하는 이야기가 나오는 상황이었다. 지나고 나서 보면 토지 작업자가 그렇게 자신이 있다면 거국적인 합의를 통해서라도 토지 동의서 및 토지주들에 대한 확신을

**19** 새로운 것 배우는 시간이면, 하던 것에 더 집중해 보자.

주고, 동시에 매수자 측에게는 비용적인 개런티를 할 수 있는지를 확인했으면 좋았을 것이다. 그러나 어느 누구도 손해 보지 않으려고 한다면 그 빅딜은 늘 그렇듯 먼저 상대방의 패를 확인하려는 욕심 때문에 제대로 협의하여 진행하지 못하게 되는 아쉬움이 늘 있기도 하다.

• 구역 표시

• 사업 수지

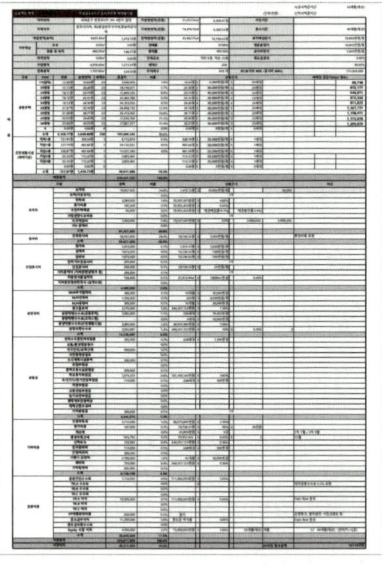

인허가, 토지, 가격, 분양성, 수지 등에 문제가 없다면 Go 해도 될 상황이기 때문에, 나는 여전히 인허가 관련된 부분을 구청 담당자에게 체크하는 것을 진행하고 있었고 동시에 '토지 용역 계약서' 초안이 오가면서 그렇게 조금씩 조금씩 의견을 좁혀 가고 있었다. 그때만 해도 순조롭게 토지 용역에 대한 계약서 도장을 찍을 줄 알았는데 전술했던 그 용적률 혜택 기간에 대해서 그리고 정해진 기간 내에 토지 동의의 요건 등에 대해서 이견이 좁혀지지 않았다. 정확히 이견이 좁혀지지 않았다기보다는 주어진 상황을 종합해 볼 때 기간 안에 인허가가 완료된다는 확신을 가지기에는 계속되는 의심을 잠재우지 못한 것이라고 해야 맞을 것이다. 그런 협의 과정 속에서도 그 용적률 인센티브 만료 기간은 점점 줄어들고 있기도 했다.

시공사와의 계약에서도 그렇지만, 토지 용역과 관련된 부분에서도 계약하기 이전에는 '갑'이 '갑'이지만, 그 도장 날인 이후에는 '갑'이 더 이상 '갑'이 아니듯, 매매를 순조롭게 리스크 없이 클로징하려는 매수자의 입장에서 볼 때 토지 작업 용역 업체와 브로커에게 계약금을 지급하고 나면 그 이후에는 되돌릴 수 없는 상황이 되어 버리고 만다. 토지 용역 업체야 계약금 받고 동의서 징구한 다음 계약서대로 하려고 했는데 생각처럼 잘 안 되었다고 버티면 이미 지급된 토지 계약금은 물론 용역 계약금 등은 회수가 안 된다. 물론 사업에 참여한 그 누구라도 요건을 맞추고 제대로 받으려고 하는 디벨로퍼적인 마인드를 가져야 하겠지만 대다수는 돈을 지불한 '갑'이 아니다 보니 어느 순간에서는 그 의지가 저하되고 동력을 잃게 되기도 한다. 자기 돈으로 투자하여 사업을 진행하는 사람과 단순 외부에서 용역을 받아 수행하는 사람의 마음 자세가 똑같을 수는 없는 것 아니겠는가. 그렇다 보니 더더욱 신중하게 계약서 날인에 대한 고민이 있었고, 이런저런 망설임으로 주저하는 상황 속에서 A 선배의 최종 건의로 사업에 대한 토지 용역 진행은 스톱이 된다. 사업지에 대한 소싱이 마무리 된다.

그렇게 그 사업지는 A, B 선배와 함께 소싱하고 클로징하려고 노력했던 기존의 사업지들과 같이 스쳐 지나가는 사업지가 되어 저 멀리 자취를 감춘다. 그때 토지 용역 주체인 대표자는 H 건설 임원 출신이었는데 타절함과 동시에 우리 측으로 내용 증명을 보내 왔었다. 매매할 것처럼 하면서 결정을 미루고, 인허가 타진한다면서 관공서 다니며 시간만 허비해서 본인이 손해를 보았다고 말이다. 물론 해당 주장에 반박하는 내용 증명을 보냈다. 상호 간에 의견을 조율하다 시간이 지나고 합의가 안 되어 타절했다고는 이야기했지만, 실무자로서 우리 측의 망설임이 조금 과했다는 생각이 들기도 한다. 야생에서 소싱하고 클로징하는 과정에서 그렇게 내용 증명이 온 건 처음이라 당황하기도 했다. 그 토지 작업 용역을 하겠다는 사람은 그만큼 자신이 있었던 걸까 하는 궁금증이 동시에 들었던 순간이었다. 시간 지나 생각해 보면 그 토지 용역 업체, 브로커 입장에서는 할 듯 말 듯 하면서 시간을 지체하여 그 누구라도 줄어든 시간 동안 인허가를 완료할 수 없는 상태로 만든 것에 대해서 하소연하거나 책임을 떠넘길 상대가 필요했겠으나, 한편으로 본다면 직접 토지 동의, 매도 의향서의 '주체'가 되어 일단 진행을 시켜 가면서 뭔가 좀 더 가시성 있고 도장 날인할 의욕이 생기도록 해 주었다면 어땠을까 하는 생각이 들기도 한다. 물론 취사 선택이야 각자의 몫이지만 말이다.

야생에서 만난 사업지들이 겉으로는 다 온전한 거 같지만 저마다의 사연이 있다고 말했듯이, 정말 온전한 사업지, 새것처럼 비닐 뜯지 않은 그런 사업지를 만나기는 정말 어려운 것이 현실인 것 같다. 그것도 내가 처음인 순서로 말이다. 조금 고쳐 쓰고 잘 애정 있게 바라보면 달라질 수 있겠지 하는 기대감으로 사업지들을 대하기에는 야생은 그리 녹록지 않기 때문에 결정 하나에 모든 것을 걸어야 하는데, 그 결정이 참 쉬운 일은 아닌 것이다. 서로 손발을 오랫동안 맞춰 왔거나, 신뢰로 똘똘 뭉쳐 있지 않는다면 계약서에서의 상대방을 믿는다는 것은 정말 큰 모험이 아닐 수 없다. 그만 한 살 떨리는 일이 없을 것이리라. 계약만 잘 해도, 상대방만 잘 만나도 절반은 성공한 것이라 단언할 수 있을 것이다. 야생에서는 더더욱 그렇다고 생각한다. 그 용역 업체의 말을 믿고, 인허가 업체의 검토 의견을 믿고 계약서에 도장을 찍고 진행했다면 어땠을까 상상을 해 보게 된다.

3년의 시간이 지난 지금 그곳을 지도에서 확인해 보니 아직 그대로 다. 거기에 해당 지역은 정비 구역 촉진 지구 등의 기타의 개발 대상 지역으로 지정되지도 않은 상태다. 그 시절 인허가 관청에서는 구역으로 지정이 된 이미지를 보았는데 제때 동의를 하여 신청하지 못한 것이 이유인 것 같다. 여러 가지 생각이 든다. 잘했든 못했든 이것 또한 운칠기삼인 거 같고 지금 난 그 사업과 관련이 없다는 것이 현실이고 야생에서의 내 상황이다.

### 디벨로퍼 프로젝트 인사이트 19

이때 만났던 토지 용역 업체 법인의 대표자는 H 건설 출신인데 다자기 말만 믿으면 무리 없다고, 토지주들과 다 이야기 되었다고 말을 하면서 도장 날인하여 추진하자고 했었다.
그러나 그 말을 있는 그대로 믿지 못했다. 우리 측이 정비 사업에 대해서 잘 모르는 부분으로 갈팡질팡했던 것도 그렇고 그로 인해 시간이 조금이라도 지연된 것과, 호기롭게 출발시키지 못한 이유도 있을 것이다.
그래서 잘하는 것을 해야 하고 모르는 것에 대해서는 알아도 자신이 서지 않는 것이 아닐까 생각이 든다. 뭘 알아야 똥인지 된장인지 알 수 있을 테니까 말이다.

돈이 되고 이익이 남는다고 해서 모르는 것에 덤벼들 디벨로퍼가 몇이나 되겠는가.

그 이유가 이 사업지를 클로징하지 못한 가장 큰 이유이지 않나 생각을 해 본다. 확신을 가지지 못하였기 때문에 출발시키지 못한 것이라 생각이 든다.

그러니, 디벨로퍼는 다양한 분야의 경험과 공부, 이론이 겸비되어야 한다. 그래야 야생에서 접하게 되는 다양한 사업지, 그리고 그걸 풀어낼 수 있는 법적 근거 등을 찾아내고 그걸 기반으로 클로징할 수 있는 전략을 수립해 낼 수 있을 거라고 생각을 해 본다.

거기에 더더욱 중요한 건 뜻을 같이할 파트너를 잘 만나야 한다는 거다.

그냥 내가 다 해 두었으니, 계약하고 돈만 주라고 하는 파트너를 만난다면 그 사업지는 해피하게 끝나지 않을 것임은 분명해 보인다.

디벨로퍼는 직접 스스로 사업지에 맞는 상품을 계획하고 인허가를 밟고 준공시켜 사업 이익을 추구하는 집단인데, 투자자 대하듯 계약하면 알아서 해 줄 테니 믿고 계약금이나 입금시키라고 한다면 그건 디벨로퍼의 특성을 제대로 보지 못한 것이 아닐까 생각이 든다.

결국 안 되는 것에는 정말 가지각색의 이유가 있다.

## PROJECT INSIGHT

제대로 된 멋진 사업지는
그리 호락호락하게 소싱 되거나 클로징 되지 않는다.
어떤 리스크가 있는지는
반드시 다음다음다음다음~의 것까지 잘 살펴야 한다.

## 20

# 다 믿어서는 안 된다.
# 직접 챙겨야 한다.

## 20

*"제대로 된 멋진 사업지는
그리 호락호락하게 소싱 되거나 클로징 되지 않는다.
어떤 리스크가 있는지는
반드시 다음다음다음다음~의 것까지
잘 살펴야 한다."*

지난 야생 생활 속에 접했던 다양한 사업지를 회상하는 그 시간들은 그 사업지를 접했을 그때보다는 조금 덜할 수 있지만, 그럼에도 불구하고 큰 인사이트를 주는 회상의 시간이기도 했다. 그때의 그 사업지에 대한 느낌은 물론, 함께 도와준 사람들과 그 과정에서 느꼈던 소소한 느낌과 감정들이 회상하는 시간 속에서 고스란히 느껴지기도 했다. 물론 기억하고 싶지 않은 기억도 있었고, 왜 그때 그런 결정을 내렸을까 혹은 그렇게 하지 말고 다르게 했었어야 했다는 후회가 밀려들기도 한다. 그러나 지나간 건 지나간 일이다. 그나마 그때를 기억할 때 그 흐름을 잊지 않게 해 준 '기록'이 있다는 것에 참 고맙고 잘했다는 감사함을 느낀다. 평상시의 기록을 게을리했었다면 결코 야생에서의 기억들을, 그리고 접했던 사업지에 대해서 잘 회상해 내지 못했을 것이다. 그중 이번 사업지는 참 독특한 한 인물을 접하게 되는 상황을 이야기하지 않을 수 없다. 추가적으로는 그 인물과의 협업이 이번 한 번의 사업지로 족하다는 것이 그나마 다행이었구나 하는 생각도 든다.

• 지구 단위에 문제없다는 소견서 표지     • 지구 단위 계획 구역

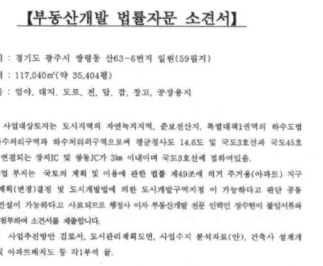
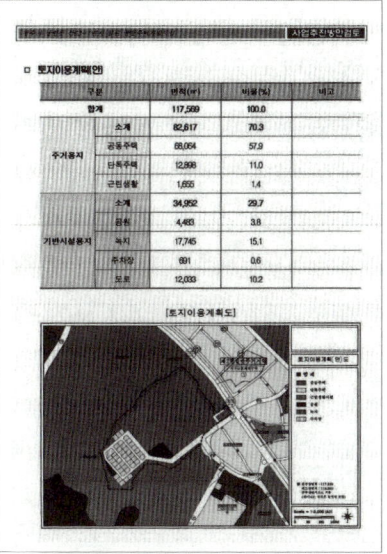

경기도 광주시에 있는 사업지로, 토지주의 동의를 얻고, 인허가 절차를 2년 가까이 밟아야 하는 사업지이다. 시간이 오래 걸리고 인허가 과정 속에서의 다양한 변화들로 인해 진입 허들이 높은 그런 사업지이기도 하다. 야생에서 만나는 사업지 중 이렇게 오랜 기간의 과정을 밟아야 하고 그 과정 속에서 내·외부적인 변화가 커질 수 있고 또 다양한 사람들을 설득하고 이끌어 가면서 디벨로퍼로서의 최종 결과를 획득하

는 사업지는 특수하다고 생각이 된다. 지구 단위 개발 및 도시 개발 사업 등은 특정 디벨로퍼들이 진행하는 참 특수한 그러면서도 어려운 사업지인 건 분명해 보인다. 광주시의 이 사업지는 예전 접했던 사업지와는 다르게 광주시에서 근무하다가 퇴직한 '행정사'가 사업지에 대한 브로커 역할을 하고 있는 사업지였다. 그런 면에서 이전과는 조금 특이한 사업지라고 기억을 하고 있다. 그러나 이런저런 이유로 해당 사업지는 행정의 진행은 시작을 안 했기에 토지 용역에 대한 부분에 대한 자신의 비용을 인정만 해 주면 그 행정사가 일사천리로 진행이 가능하다고 이야기하는 상황이었다. 이 사업지에는 J 선배가 함께 관여하여 진행하게 되었고, 내가 B 선배와 J 선배 그리고 A 선배와의 식사 자리도 마련하는 등 나름대로 노력을 했던 사업지이기도 하다.

• 아파트 배치도

• 사업 수지

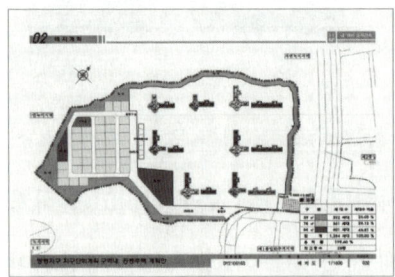
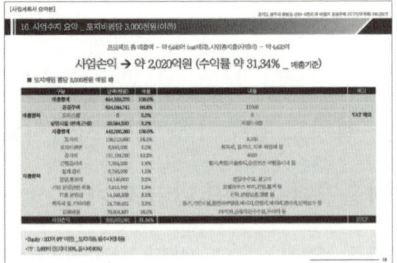

나름 광주시에서는 큰 영향력을 행사하고 있었던 행정사는 건축, 지구 단위 업체 등과 협업하여 팀을 이루고 있었고, J 선배는 토지 작업에 대한 업무에 참여하고 있었다. A, B 선배가 검토하여 인허가, 토지 작업 등 무리가 없다면 행정사와 인허가 관련 용역 계약을 체결하고 행정사가 관련된 토지 작업 업체와 계약하여 사업지의 토지주 승낙을 받고, 토지 매매 계약을 체결하고 인허가를 진행하기만 하면 되는 상황이었다. 여기에 금융사의 토지 매매 비용 및 필수 사업 비용 부분을 커버하겠다는 대출 확약서(조건부) 등이 보완되면 모처럼 수도권에서도 입지 좋고 매출액과 사업 이익이 어마어마한 큰 사업지를 클로징하게 되는 기회를 맞이하게 되는 것이다. 행정사의 사전 검토 의견으로는 토지 작업, 인허가 등에 대해서 큰 무리가 없는 상황이라는 행정사의 의견서가 제시되었고, 해당 용역을 진행해야 하는 지구 단위 업체, 건축 설계 업체와 미팅도 별도로 여러 번 진행하고 용역 계약서까지 서로 오가는 등 계약을 날인하기 직전까지, 즉 사업지를 바로 클로징할 수 있는 꽤 근접한 거리까지 다가갔던 케이스였다.

야생에서 다양한 사업지를 소싱하고 클로징하기 위해서 노력을 기울였지만, 이번 사업지처럼 사업 완료 시점의 구체적인 그림을 그려 가면서 업체들과 사전에 미팅하고 인허가, 토지, 지구 단위, 설계 업체들과 계약서를 다듬을 정도로 구체적으로 업무를 보는 것도 처음이었고, 실제 함께 협업할 업체들과 주기적인 미팅까지 하면서 사업지에 대한 구체적인 실행 모습을 그려 나가는 이야기를 한 것도 오랜만이었다. 그 중 토지 매입과 관련된 계약은 오늘 내일 날인을 진행하는 듯, 상당히 근접한 상태까지 디벨롭 시킨 경우는 최초가 아닐까 하는 사업지였다. 그래서 더더욱 애정 있게 바라보고 미팅도 보다 적극적으로 진행하면서 클로징을 위한 최선의 노력을 기울였다. 거기에 금융권에서의 참여에 대한 금융 주선 확약서도 우리가 원하는 형식으로 처음 받는 등 클로징의 무르익음을 온몸으로 느낄 수 있었다.

드디어 토지 용역에 대한 도장 날인을 실시하게 되었다. 야생에서의 첫 용역 계약서 날인이었다. 그렇게 도장 날인 후 가장 중요한 토지 매입에 대한 부분의 일사천리를 기대하고 있었는데, 의외로 토지 매입에 대한 성과가 시간이 지나도 발생하지 않는 것이었다. 시간은 지나가는데 초기 행정사가 장담했던 것과는 다르게 한 건도 조짐이 없는 상황에서 현장 조사를 다시 나가 보게 되었다. 그런데 사업지 중간쯤 언덕이 가팔라지려고 하는 곳에 연립이 지어지고 있고, 준공까지 난 연립이 있었다. 거기에 그 주변으로 계속해서 토지를 깎아 내고 부지 정리를 하고 있는 모습도 보이고 뭔가 우리가 계획한 흐름대로 진행이 안 되고 있음을 한눈에 확인할 수 있었다. 이미 기존 토지 작업에 대한 이야기에서는 사업지 내 신축 등 연립은 토지 비용에 건물 비용까지 모두 다 합쳐진 것이고, 혹시 해당 토지주가 강력하게 반발하면 해당 연립의 사업 이익까지도 조금 추가하여 감안하면 충분히 매입이 가능하다고 했었다. 실제 다른 토지의 매입 평균 가격보다 해당 연립이 위치한 곳의 평당 매입 가격은 두 배 이상으로 잡아 두었기에 그 부분을 그렇게만 믿고 있었는데, 그게 생각처럼 순조롭지 못하게 흘러가고 있었음을 계약을 진행하고 나서 알게 되었던 것이다. 그도 그럴 것이 시장 조사 갔을 때 해당 연립으로 세입자가 이사를 오는 모습을 보게 되니 뭔가 크게 잘못되고 있음을 알 수 있었다.

이전 해운대에서 브로커가 변심하여 지역 내 다른 업체로 사업지에 대한 계약을 빼앗긴 경우와는 다르게 토지주와 밀접하게 관계한 용역 업체가 있었음에도 그리고 해당 연립의 문제를 걱정했던 부분에 대해서 매입 방법, 전략까지 수립했음에도 매입에 대한 진전이 없는 상황은 야생에서 처음 겪게 되는 상황인지라 난감한 상황이었다. 계약을 체결한 각 업체의 모든 계약 효력 발생 기준은 토지 용역 업체의 토지 매매율에 연동된 상황인데 한 건의 토지 매입 계약도 진행이 안 되고 있으니 어떻게 해야 할지 정말 멘붕 상태이기도 했다.

행정사 사무실에서 토지 매입과 관련된 담당자들이 모두 모여 토지 매입 용역 관련 비상 대책 회의도 진행하고 다양하게 현황 파악을 진행해 보니, 결국 토지주의 토지 매입 금액에 대한 중도금 추가 요청이 있었던 것이 확인되었다. 지구 단위 개발의 경우 토지 계약금을 지급하고 인허가 완료 후 금융 본 PF가 실시되면 잔금을 지급한다고 하는 방식으로의 토지 계약 체결 및 협력 업체 계약이 이루어지는 게 일반적이다. 토지와 관련된 매매 계약중 중도금 지급에 대한 옵션은 감안하지 않는 것이 국룰이기도 하다. 아주 특별한 케이스가 아니면 말이다. 토지 전체 매입 금액만 해도 1,000억 원대 이상이 되는 사업인데, 토지 매입율이 어느 정도 올라오지 않은 상태에서의 중도금 지출은 A, B 선배가 사업을 진행하기에는 벅찬 요구 조건인지라 심사숙고해서 결정을 해야 함은 당연한 것이었다. 결국 A, B 선배는 내용 증명을 보내 해당 사업지에 대한 토지 매입 용역에 대한 해지를 통보하게 되면서 이 멋지고 가능성이 충만했던 사업지에서 손을 떼야 하는 상황이 되어 버렸다. 손을 뗀다기보다 클로징을 할 수도 없는 상황의 사업지를 두고 나름대로 꿈만 꾼 상황이라고 표현해야 하는 것이 맞을 것이다. A, B 선배와 행정사, 그리고 J 선배와 금융사의 확약서 등 관련 가용 가능한 모든 조치를 사용했음에도 그 사업지를 클로징하기에는 역부족인 상황이었다는 게 맞을 것이다.

저렴한 가격에 토지를 매입할 수 있고, 기간이 좀 걸리더라도 토지의 형질을 변경하여 사업지의 크기를, 사업 이익을 더 크게 얻을 수 있을 것 같았던 광주 사업지는 결국 우리가 가진 접근 방식으로는 클로징하기에 너무 강했던 사업지였던 거다. 많은 토지주 중의 일부가 요청하는 금액적인 부분의 커버 등은 물론 좀 더 토지 작업에 대한 부분의 현황 등에 대한 분석이 디테일했었어야 했는데 그렇지 못한 부분이 있었기 때문에 대처하지 못했던 것이 해당 사업지를 제대로 클로징하지 못하는 요인으로 작용하게 된 것이 아닐까 싶다. 계약금 그리고 잔금으로 합의만 되었다면 설사 일부 토지주가 요구하는 비용이 조금 높았더라도 커버해서 끌고 갈 수 있었을 텐데, 매입 자금의 중도금 편입을 요구하는 부분은 받아들이기 어려운 큰 사안이기도 했다. 혹 중도금이 마련되었다고 해도 토지 매입이 일정 허들을 넘지 못하면 리스크만 더 커지게 되는 것이기에 야생에서 사업지를 소싱하고 클로징하는 그 어떤 디벨로퍼도 실행하기는 어려웠으리라.

거기에 사업지에 연립 사업을 진행하는 지주와 추가적으로 전원주택을 개발하려고 하는 사업자들로 인해 점점 더 사업 진행 리스크가 커지고 사업 진행에 큰 걸림돌로 작용되었을 수도 있을 것이다. 애초에 자금적인 버퍼의 한계로 매입해 봐야 사업 이익이 줄어들어 매력적인 사업지가 아니었다고 생각되었다면 소싱을 하지 않으려고 했었을 것이다. 행정사가 제시했던 내용대로, 토지 용역 업체가 이야기한 대로 토지 매입이 진행되지 못했고, 소싱이 되어 열심히 달려가는 상황 속에서 토지 매입에 브레이크가 걸린 것이다. 최초 소싱했을 때부터 중도금을 요구하는 상황을 알았어야 했는데 그렇지 못했던 것이고, 그 불확실성을 알지 못한 채 나와 지구 단위 업체, 건축 설계, 행정사 등의 검토 의견이 이어졌으니, 1층 없는 2층을 건축한 것과 같은 상황이었던 거다.

사업지를 소싱할 때 업체와 맺는 용역 계약서의 도장 날인이 주는 기대감은 실로 엄청난 것이었다. 그 도장 날인과 동시에 모두 다 해결되고 이제 클로징하는 일만 남았다고 생각했던 것이 오판이었고 허황된 꿈이었음을, 그리고 좀 더 살펴봐야 하고 그때부터 시작이라는 것까지 모두 다 염두에 뒀었어야 했는데 그러지 못했음을 시인한다. 저절로 용역 업체의 노력으로 무혈 입성까지 되는 것이라고 기대했던 그 어리고 순진한 마음에 씁쓸한 웃음이 나는 상황이다. 대부분 소싱되어 오는 사업지는 자신을 클로징하려면 이것, 저것 등 조건을 유리하게 부풀려서 제안해 오기 마련인데, 그 순간 우리 팀은 그냥 끌려만 가는 상황이었기 때문에 애초에 그 사업지를 클로징하기에는 역부족인 것을 몰랐던 것이다. 너무 늦게 알아 버렸다. 아마 알았다고 해도 그 사업지의 그 몇몇 지주들이 내민 카드를 그때도 지금도 받아 내기는 힘들었을 거다. 아니, 아마 받아 내지 못했을 거다. 벌어질 수 있는 리스크에 대한 부분의 검토 및 유기적인 대응에도 문제가 있었고, 안이했다. 그 큰 사업 이익을 만들어 줄 사업지가 순순히 우리에게 다가와서 우리에게만 그 기회를 허락해 줄 리가 없지 않았겠는가 말이다.

    시간이 지난 지금 다시 야생에서 그 사업지를 만난다면, 그와 비슷한 조건의 사업지를 만난다면 다시는 놓치지 않을 것이리라 다짐을 해 본다. 더 자본을 만들고 체력을 기르고 애초에 사업지 안에 일체의 개발 움직임이 없게 해야 함은 물론, 토지 잔금 기간을 넉넉하게, 중도금 없는 조건을 내걸 것이리라 다짐도 해 본다. 토지 가격을 더 줄지언정 중도금은 줄 수 없다고도 꼭 앞 단부터 이야기해야 할 것이리라. 그래야 그 사업지를 놓치지 않을 것이다. 이 또한 지금의 생각이기 때문에 야생에서 제대로 된 사업지를 소싱하게 되면 또 어떻게 국면이 전개될지는 장담할 수 없지만 말이다. 계약서까지 왔다 간 업체들에게는 미안한 마음이 든다. 리스크 관리를 잘못하여 계약서 체결하고 함께 멋진 사업지를 클로징할 기회를 만들지 못함에 미안한 마음이다.

## 디벨로퍼 프로젝트 인사이트 20

세상에 공짜 점심은 없듯, 토지 매입 용역 업체와의 계약서에 도장을 찍었다고 해서 그냥 다 저절로 사업지를 클로징하는 일은 절대 없을 것이다.

그걸 믿는 것은 안일함을 떠나 세상 물정, 야생 물정 모르는 것이나 다름없다.

늘 '다 이야기 했다'는 말에 속아서 시간과 노력을 허비하고 만다.

토지 매매 계약서에 인감 증명까지 넘버링해 가면서 준비하고, 사용 인감까지 준비했었는데 그것들을 한 번도 사용하지 못했다는 게 웃음만 나온다.

일정 수준까지 계약률이 올라야 한꺼번에 계약금을 지급하고 또 인허가가 완료되고 PF가 완료되어야 잔금을 주는 일정의 카드로는 잡을 수 없었던 사업지였다.

그리고 그렇게 놓치기에는 너무도 아쉬운 사업지였는데 말이다.

리스크 헤징을 위해서 고민했지만 그 고민과 철저함이 촘촘하지 못했었던 거 같다.

그 토지주들을 한번이라도 직접 만났었더라면 어땠을까 하는 아쉬움도 남는다. 그랬다면 중도금 요청, 연립 사업자의 매도 불가 등에 대한 부분을 단박에 알아차릴 수도 있었을 텐데 말이다.

세상에 공짜는 없다.

## PROJECT INSIGHT

야생에서의 소싱과 클로징의 성공은 '운'이 따라 주어야 한다.
그래서 더더욱 사업지를 찾는 디벨로퍼는
늘 최선을 다해 사업지를 살펴야 하고
클로징하기 위한 최선의 전략을 변화하는 상황에 맞춰
지속적으로 수정해야만 한다.

## 21

**실패하더라도 안 되는 거
되도록 해야 하는 것이
디벨로퍼다.**

(21)

*"야생에서의 소싱과 클로징의 성공은
'운'이 따라 주어야 한다.
그래서 더더욱 사업지를 찾는 디벨로퍼는
늘 최선을 다해 사업지를 살펴야 하고
클로징하기 위한 최선의 전략을
변화하는 상황에 맞춰 지속적으로 수정해야만 한다."*

    B 선배를 통해서 만나게 된 K 선배로부터 연락이 왔다. 몇 차례 A, B, C 선배와 함께 K 선배를 만났던 터라 야생에서 직접적인 사업지에 대한 소싱부터 클로징에 대한 연대는 없었지만 안면은 있었다. 그래서 반갑게 전화를 받았고 K 선배는 남원시 사업지의 사업 계획서 작성에 대한 용역을 제안해 왔다.

• 단지 배치도  • 현장 전경

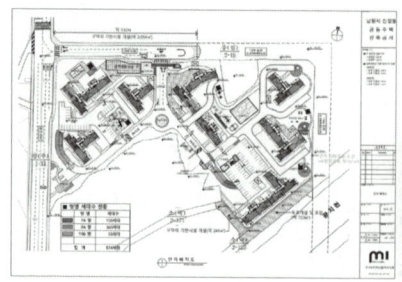

야생에서 사업지를 소싱하고 클로징하는 일을 주로 하지만, 간간이 사업 계획서, 시장 조사 보고서를 써 주는 단기 아르바이트를 하기도 한다. 그렇게 사업지를 소싱하고 클로징하기 위한 비용도 확보하고 거기에 해당 용역이 아니면 접하지 못했을 프로젝트를 접할 수 있는 기회도 생긴다. 그리고 상품, 지역별로 변해 가는 시장 상황도 체크할 수 있는 기회를 돈을 받으면서 할 수 있는 아르바이트였기에 흔쾌히 수락했고, 단기간 집중력 있게 써야 하는 상황이라 부산 친구에게 도움을 청하고 서로의 보고서 작성 파트를 나눈 뒤에 용역 금액도 5대 5로 나누기로 했다. 사업지가 어떤 컨디션인지 확인하기 위한, 그리고 그 주변의 리서칭 등을 위한 현지 시장 조사는 내가 가기로 했다. 이전부터 보고서 등 작업 아르바이트가 생길 때면 친구와 함께 일을 나눠서 한 덕에 호흡은 잘 맞았다. 그리고 남원시 시장 조사를 다녀온 뒤에 큰 어려움 없이 보고서를 완료하고 납품할 수 있었다.

그렇게 야생에서의 소싱부터 클로징하는 것에 대한 협업은 물론 중간중간 생겨날 수 있는 아르바이트 등이 발생할 때마다 함께할 수 있는 '동료'가 있다는 것은 참 복 받은 일이 아닐 수 없다. K 선배가 검토를 요청한 사업지는 남원시에서 멀리 떨어진 곳에 위치한 아파트 상품이었다. 야생은 넓은 곳이어서(우리나라 안에 있겠지만~) 사업지 위치만 안다고 해서 해당 사업지, 프로젝트에 대해서 단박에 알 수 있는 것은 아니다. 그렇기 때문에 인터넷에서 얻을 수 있는 내용으로 뼈대를 구성하고, 살과 피를 더하기 위해서는 꼭 사업지가 있는 지역으로 가서 그 지역성을 살펴봐야 한다. 그래야 사업지의 특성을 이해하고 그걸 기반으로 하여 전략도 수립하고 마케팅 전략도 수립할 수 있다. 그런 과정을 거쳐야 비로소 사업 계획서, 그리고 시장 조사 보고서가 완성이 된다. 비록 내가 직접 사업지를 선택하고 또 그 선택한 사업지에 대한 클로징을 하는 건 아니지만 향후 있을지 모를 그 어떤 사업지의 클로징 순간을 위한 과정 중의 하나라고 생각하며 다양한 사업지에 대하여 고민하고 또 디벨롭시키는 것은 디벨로퍼에게는 꼭 필요한 밑거름 같은 것이다. 기초 체력 기르기랄까. 또한 더불어서 그런 연습 혹은 복습하는 활동에 용역 비용까지 받으면서 하게 되니 그 얼마나 즐겁지 아니한가.

• 상품 개발 콘셉트

• 사업 수지

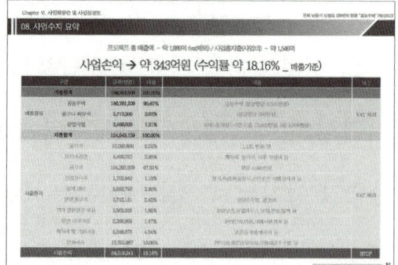

해당 사업지를 보다 보니 겹쳐지는 또 다른 기억이 있다. 부산 친구에게 도와달라고 이야기하기 전에 먼저 이야기한 지인이 있었다. 그런데 그 지인의 반응과 대응이(구체적으로 언급은 하지 않지만 역지사지로 볼 때 그 지인이 내가 해 준 것의 1/100 도 대응을 못해 주는 것을 경험하고 나서 인간관계의 반품을 결정하게 되었다.) 향후 함께 뭔가 도모하기에는 참 난감한 반응으로 되돌아 왔었다. 그래서 그 지인을 야생에서의 파트너, 동료로서 지속적으로 협업을 계속하기에는 내 에너지만 뺏어 가는 사람이라는 생각이 들어서 흔히 말하는 테이커의 기질이 충분하다고 판단을 했고 결국 '반품'을 하게 되는 계기가 이 남원 프로젝트였다. 한동안 잊고 지냈었는데 야생에서의 생활을 소환하는 중에 다시금 기억나게 되었다. 아마 이 남원 사업지를 의뢰 받지 않았다면 그리고 부산 친구보다 먼저 연락을 하지 않았었다면 그 지인을 반품할 일도 없었을 테고, 그냥 그렇게 야생을 함께 다녔을 거 같기도 하다. 그러나 단언하건대 그 반품은 잘했다고 생각한다. 그래서 후회는 없다. 그렇기에 더더욱 야생에서의 동료, 파트너가 중요하다고 생각이 든다. 그래야 더 멀리 오래 야생을 누빌 수 있을 테니 말이다. 동료, 파트너는 야생에서 필수다. 옵션이 아니다. 동료, 파트너가 제대로 구축되어 있어야 급한 상황에서 그리고 큰 사업지를 소싱했을 때 언제든 협업하여 목적을 이룰 수 있는 가능성을 높일 수 있을 것이다.

다시 사업지로 돌아와서 그동안 야생에서 접한 사업지들 모두는 각자 심각한 혹은 가볍지만 풀지 못하는 그런 사연들이 하나둘씩은 꼭 있었다. 남원에서 접한 이 사업지는 지역 주택 조합으로 진행하던 중에 순조롭지 못한 상황을 맞이하고 난 뒤, 사업 진행을 새롭게 리뉴얼

하기 위한 방법으로의 진행을 도모하는 사정이 있었던 거 같다. 사업지에 대한 전략 분석 정도의 아르바이트라 보고서 납품하고 비용 정산 받은 후에 이 사업지가 어떻게 진행되었는지는 잘 모르겠다. 나에게까지 이야기를 해 줄 상황은 아니었을 테지만, 야생의 대다수 사업지와 관련된 소싱, 클로징에 대한 상황들은 경험상 제대로 서로에게 이야기되지 않는 경우가 아주 많이 있다. 그래도 한번 다녀왔었고 관계되었던 사업지라, 궁금한 마음에 현재의 상태를 확인하려고 지도를 살펴보니 아직도 개발이 진행되지 못한 나대지 형태로 낡은 펜스만이 남아 있는 부지의 모습을 볼 수 있었다. 전략 수립을 위한 보고서 아르바이트를 발주하고 했으면, 나에게 보고서 발주를 했던 그 회사(사람)가 원하는 목적을 이루어 그 남원시 외곽에 위치한 사업지를 잘 클로징했으면 좋았을 텐데 말이다. 어떤 문제가 있었던 걸까? 문득 궁금해진다.

지역 주택 조합(개인적으로 지역 주택 조합, 협동 조합 주택 등에 대해서는 경험치도 없고, 선한 사업 형태라고 생각하지는 않는다)으로 시작하려고 했던 그 이유가 있었을 테고, 그런 과정에서 잘 안 풀리다 보니 새로운 전략이 필요했을 거고 그 방안으로 일반 PF 사업으로의 진행을 고려했을 것이다. 그 일반 PF 사업에 대한 사업 계획서 작성 아르바이트를 내가 하게 된 것이 이 사업지와의 인연이었다. 사업지를 제대로 클로징하기 위해서는 초기의 분석도 중요하고, 그 사업지의 컨디션은 물론 주변의 시장 움직임 파악에도 크게 관심을 두어야 한다. K 선배가 관여하여 진행했던 그 사업지는 지역 주택 조합으로의 진행에 문제가 있다는 것을 알게되었고 그 과정 속에서 사업지의 클로징을 위해 변화를 꾀했던 거 같다. 적절한 조치였다고 보여지지만, 사업지를 클로징하는 환경이 꼭 그 사업지와 사업을 진행하는 디벨로퍼 둘만의 관계로만 이어진 것이 아니기에 디벨로퍼의 자세, 그리고 디벨로퍼와 함께 사업을 진행하려는 그 주변의 조직, 네트워크 등에 대해서도 면밀히 살펴봐야 한다는 생각이 든다. 사업지가 있는 야생은 언제고 바뀔 수가 있고, 그 야생의 시장 환경이 디벨로퍼와 사업지 둘만의 관계보다는 더 비중 있고 우선하기 때문에 아마도 그 남원시 외곽의 사업지가 정상화를 이루지 못한 것일 수도 있으리라. 즉 야생에서 사업지를 소싱해서 클로징하는 것은 정말 '행운', '운'이 따라야 하는 것이다. '운'만을 바라보고 그냥 멍때리는 것은 아니지만, 그럴수록 더더욱 디벨로퍼가 할 수 있는 것을 최대한 해야 함을 보여 주는 야생에서의 아르바이트였다. 좋은 경험치였다.

## 디벨로퍼 프로젝트 인사이트 21

한편으로는 그 사업지에 대한 소싱의 기득권을 최대한 놓지 않고 클로징을 위해서 노력했던 그 발주 회사는 존경할 만하다고 생각이 든다.

가지고 있는 다양한 방법으로 사업지를 클로징하려고 최선을 다한 것일 테니 말이다.

그러나 그 정상화 사업 계획이든 디벨롭 사업 계획이든 내부적인 인력, 조직력, 시스템으로 소화하지 못하고 외주를 주는 상황이라는 것은 아쉬운 부분이기도 하다. 내부에서 씹어 넘기지 못하는 전략 혹은 기획이라면 정상적인 시스템은 아니었을 테니까 말이다.

결국 야생에서의 소싱과 클로징은 '토지 확보'가 관건이고, 지역 주택 조합으로 든 PF 사업으로든 토지에 대한 자신감이 있었기에 조금 도심에서 비껴간 자리지만 최선을 다해 다른 상품으로 좋게 포장하려고 노력을 했던 것이 아니었을까 싶다. 앞서 경험했던 곳에서도 토지 용역에 대한 자신감들은 늘 있어 왔지만 토지에 대한 확보가 순조롭지 못해서 진행하지 못한 경우를 많이 보아 왔었다.

그런 의미에서 디벨로퍼적인 끈기와 계속적으로 뭔가 도모해 보려고 했던 그 추진력은 박수 쳐 줄 만하다 싶다.

그래서 나 역시 조금은 긍정적으로 보려고 했던 거 같다.

> 그 노력이 부족했든 주변 환경이 못 받쳐 주었든, 주변을 설득하고 열린 생각과 귀로 사업을 추진하려고 집중하는 모습은 큰 인사이트를 준다.
> 그 발주 회사는 어디에서라도 꼭 성공하는 회사가 되지 않을까 하는 기대를 가져 본다. 단, 내부적인 조직의 역량에 대해서도 고려하는 회사가 되기를 또한 바라 본다. 결국 사람이 하는 일 아니던가.

### PROJECT INSIGHT

사업지는 모두 다 저마다의 사연이 있기 마련이다.
그 사연을 제대로 해석하고
헤징 방안을 본인의 스타일대로 디벨롭해야
멋진 사업지를 클로징할 수 있다.

## 22

# 주제 파악을
# 먼저 해야 한다.

(22)

*"사업지는 모두 다
저마다의 사연이 있기 마련이다.
그 사연을 제대로 해석하고
헤징 방안을 본인의 스타일대로 디벨롭해야
멋진 사업지를 클로징할 수 있다."*

 

야생에서 다니면서 A, B 선배와 함께 시행 프로젝트를 소싱하고 클로징하기 위해 이런저런 모험을 하던 때, 알게 된 K 선배(남원시 보고서 용역을 소개해 준)가 있었다. 지방에 본사를 둔 건설사가 수도권 시장 확대를 위해 서울 지사를 설립하려고 오픈 준비를 하게 되었고, 운이 좋게 그 지사에 K 선배와 함께 근무하게 되는 기회가 있었다. K 선배가 발굴한 파주시 헤이리 근처의 아파트 개발 사업권 매매에 대해 검토했고, K 선배를 통해 A, B 선배에게 최종적으로 제안을 했으나, 결과적으로는 D 건설사에서 진행하고 있고 2025년 입주를 앞두고 있다. K 선배와 검토할 때는 시행자 자격이었고 시공사를 따로 알아봐야 했던 터라 시행 마진이 적었던 부분도 클로징을 못 한 이유라고 할 수 있었다. 더더욱 에쿼티에 대한 레버리지로 사업 이익의 크기가 커야 사업권에 대한 메리트를 느끼는 부분에서는 의사 결정이 조금 주저되는 사업지기도 했었을 것이리라. 그러나 D 건설은 시행, 시공을 함께하는 케이스의 접근이라서 좀 더 버퍼가 많았던 게 주요했을까 하는 생각을 해 본다. 물론 D 건설사에서 해당 사업지를 매수하고 분양한 현재의 상황 속에서 분양이 잘되었는지 혹은 이익이 남는지에 대해서 따져 볼 수는 없지만, 2022년 고금리와 원자재 가격 상승으로 부동산 개발 업계의 분위기가 반전되어지면서 시공 비용에 대한 상승 리스크를 제대로 제어하지 못했다면 빛 좋은 개살구일 수 있겠다는 생각이 든다.

야생에서 시행 프로젝트를 소싱할 때 그 사업지가 위치한 지역을 중요하게 따지는 경우가 있다. 흔히 부동산은 첫째도 둘째도 셋째도 '로케이션'이라고 하지 않던가. 프로젝트의 매출 외형과 사업 이익이 크더라도 외곽에 있는 사업지를 소싱하게 되면 왜 저 큰 프로젝트가 외곽에서 개발의 첫 삽을 뜨지 못한 채 외롭게 있을까? 하는 의심이 생겨나면서 쉽게 클로징할 수 있는 여건임에도 불구하고 주변을 살피며 혹시 뭔가 리스크한 건 없을지 더욱 조심하게 되는 것은 어쩔 수 없는 현실인 거 같기도 하다. 그냥 사업지만 보고 그 프로젝트에 집중만 하고 클로징하여 사업 이익과 보너스를 획득하면 될 것인데, 이런저런 생각이 많아져 조심스러운 마음이 커지면서 그 프로젝트를 지켜보는 시간도 길어지고 머뭇거리면서 그렇게 귀한 시간을 허비하고야 만다. 이건 왜 이럽니까~ 저건 왜 이럽니까~ 하면서 시간을 소비하게 된다. 클로징이 목적이 아니라 리스크를 헤징하는 게 목적이 되어 버리는 모순으로 변해 간다고 해야 할까. 꼬리가 몸통을 흔드는 격이 되는 거다. 그러나 모든 리스크를 100% 헤징하고 사업지를 클로징한다는 생각은 다소 무리가 있다고 본다. 사연 없는 무덤 없다고 했듯, 해결할 수 있는 리스크를 남겨 두더라도 그 누구보다 먼저 사업지에 대한 클로징을 해내는 디벨로퍼가 사업 주체가 되는 것이기에, 너무 오랫동안 리스크 헤징에만 집중하게 되면 결국 사업지를 클로징하지 못하게 되고, 야생에서 사업지 소싱을 하는 떠돌이 신세를 벗어나지는 못할 것이다. 리스크에 대한 헤징 방법은 아주 박사급으로 탁월할 수 있을지 모르나, 그냥 야생에서 떠도는 박사일 뿐이다.

이 사업지를 처음 접할 때, 나 역시도 베스트한 점수를 주기는 어려웠다. 사업지가 자리한 위치가 그리 베스트한 곳은 아닌 것은 맞다. 그냥 그 사업지에 지어지는 프로젝트 자체로는 흠잡을 곳이 없는데, 주변과의 조화로움과 인접 지역 주거지와의 소비 선호 위계 등을 종합해 볼 때 그 주변 환경 때문에라도 큰 관심과 집중을 불러일으키기엔, 그리고 좋은 로케이션이라고 이야기하면서 관심을 집중시키기에는 어려움이 있었던 것이다. 인허가가 이미 완료되어 있었고, 가격 협의만 이뤄진다면 바로 클로징이 가능한 컨디션이었으나, 초기 단기간에 들어가는 비용이 과한 것이 매매 계약 체결을 머뭇거리는 요인이기도 했다. 시각에 따라서는 잠재된 리스크에 대해서 파악하는 것만으로도 벅차다고 할 수 있을 것이다.

• 사업 구역도

• 조사 내용 서머리

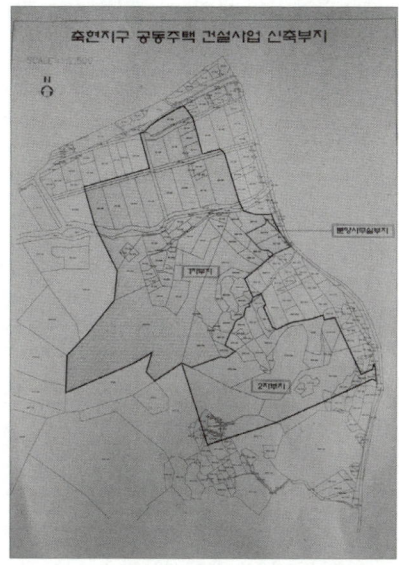 

이 사업지에 얽힌 추억이라면, 아내와 함께 해당 Site 내부로 들어가서 두 발로 걸으면서 프로젝트를 이해하려고 했던 기억이 있다. 아내는 공인 중개사 자격증이 있는 중개사이기도 하지만, 여러 수요자들을 만나고 또 관계 맺고 있다 보니 소비자 측면에서도 나에게 좋은 인사이트에 대한 이야기를 해 줄 수 있을지도 모른다는 생각도 있었다. 2000년 디벨로퍼 일을 시작할 때부터 종종 시장 조사를 갈 때 아내도 함께 동행했던 기억이 있다. 아이들이 어릴 때도 함께 다니고는 했는데 집 근처인 이 사업지는 아내와 함께 크게 한 바퀴 걸어서 단지 배치도의 주요 포인트를 다니면서 사진으로 기록하고 그 사업지가 위치한 입지적인 특징과 향후 그 배치대로 지어졌을 때의 준공 시점을 상상하면서 그렇게 시장 조사를 했던 기억이 있다. 땀도 엄청나게 많이 흘리면서 말이다. 대단지이고 저렴한 분양 가격이 책정된다면 분양을 받으면 어떨까 하는 생각까지도 했었는데 매수가 불발되고 경기 침체가 되다 보니 기회를 살리지는 못했다.

이전에도 야생에서 겪어 보았던 인허가가 완료되고 사업권을 양도·양수 하는 프로젝트이다 보니 들여다볼 게 많았고 '인허가 완료'라는 부분에 대하여 개인적으로 부정적인 인식이 팽배해서 리스크에 대해서만 생각이 가득했다. 즉 뭔가 리스크한 것들이 많기 때문에 기존 사업자인 매도자가 사업을 진행하기 어렵다고 판단하고, 이에 매각을 하려고 하는 것이라든가, 혹은 이런저런 상황들이 발생하다 보니 사업 수지가 줄어들어 투입 금액 대비 이익이 적어 매각을 결정하게 되었다든가 하는 이미지가 이 사업지와 오버랩이 계속되었다. 그로 인해 사업을 매수하려는 매수자가 인허가 완료된 이 사업지를 좋게, 반갑게 맞이할 수 없도록 하는 요인으로 작용하고 있는 것이 아닌가 생각이 들었다. 그리고 그것이 이 사업지가 가진 리스크라면 리스크라고 판단이 되었다. 정상적이라면 왜? 매각을 하려고 할까? 라고 하는 질문만 계속되는 사업지였다. 왜?

- 사업지 위치 및 모습들

- 매입 자금 스케줄 요약

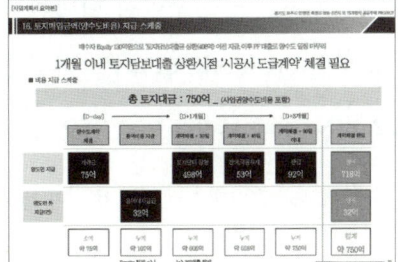

　시행 프로젝트를 바라볼 때, 어떻게든 클로징할 방법을 찾아내어 최종 목표인 사업지를 매매해서 사업 이익을 현실화하고 보너스도 많이 받으려고 하는 것은 디벨로퍼라면 마찬가지가 아닐까 생각이 든다. 특히 내가 속한 쪽에서는 사업지를 바라볼 때마다 가장 크게 걸리는 것이 레버리지를 높게 하다 보니(에쿼티 '제로') 일정 금액 이상의 사업 이익이 실현되어야 손에 남는 것이 흡족하게 되는 A, B 선배의 입장에서는 그리 메리트가 있는 사업지는 아니었을지도 모를 일이다. 그런 관점에서 볼 때 이 사업지의 사업 이익은 아주 메리트가 있는 것도 그렇다고 메리트가 없는 것도 아니었지만, 그보다 더 의사 결정에 대한 대립인 사항은 사업지가 위치한 입지에 대해서의 호불호가 내부에서 맞서고 있기도 했다. 아마도 헤이리 근처에 있는 이 사업지는 지역에는 안 어울리는 덩치를 가지고 있다 보니 언밸런스한 모습이 매수자의 관심을 끌지 못하는 이유가 될 수도 있었을 듯하다. 흔히 말하는 대로 생뚱맞은 대단지가 외곽에 위치한다고 하는 느낌이랄까. 거기에 인허가까지 난 사업권의 양도·양수라서 더더욱 그랬을 수도 있고 말이다. 지나고 나서 보면 단기간에 자금이 많이 투입되는 사업지는 매수자가 의사 결정을 하는 것에 부작용으로 작용하게 되어 매수 협의 혹은 클로징을 향한 의지를 중단하게 만드는 효과로 나타나는 거 같다. 다 매도자인 기존의 디벨로퍼가 손절해서 빠르게 Exit하려고 생각하는 그 색안경을 좀처럼 지울 수 없으니 말이다. 그런 의미에서라도 내가 진행하는 사업지가 혹시 매각을 해야 한다면 자금에 대한 지급 시기를, 비율을 조금은 매수자 측에 유리하도록 하는 것이 매각 허들을 낮추는 것이 아닐까 싶다. 매각 가능성을 높이려면 그렇게 배려해야 한다. 얼른 매각 대금 받고 Exit하려고만 하지 말고 말이다.

    추가적으로 해당 사업지에 대한 클로징이 조금 부담스러웠던 것은 자금 스케줄이 너무 빠른 것이 단점이었던 거 같다. 토지에 대한 대출금 상환액이 계약 체결 이후 1개월 안에 이루어져야 했던 부분이 매수자가 큰 금액을 가지고 있거나 혹은 시공, 시행을 함께하는 것이 아닌 경우라면 자금 스케줄을 맞춰 내기가 어려운 상황이기도 했다. 아마도 D 건설에서 해당 사업지에 접근할 수 있었던 유리한 조건이 바로 그런 것이 아니었을까 하는 생각이다.

• 현장 모습

• 단지 내 상가 홍보 현수막

　해당 사업지를 드롭한 이후에 해당 현장을 다녀온 적은 없으나 2025년 상반기에 입주한다고 보면 1년이 남은 상황이니 거의 다 지어졌을 것이고, 조만간 가 보게 된다면 모습을 남겨 두어야겠다 싶어서 현장을 다녀왔다. 디벨로퍼는 야생에서의 생활을 이어 가기 위해서는 소싱과 클로징을 하여 사업 이익을 현실화시키는 것은 필수일 것이나, 그 결정, 그리고 그 결심이 항상 어렵기만 하다. 이 사업지다 싶으면 더 좋은 사업지가 나타날 수 있을 것이고 이것저것 고민하다 보면 소싱과 클로징은 물 건너갈 확률이 되고 만다. '운칠기삼'이라는 말처럼 '운'이 따라야 한다. 그리고 그 운에 따라 마주하는 시행 프로젝트를 제때 매매계약 체결하여 마무리 짓는 그 결심도 중요하다. 그것만이 야생에서 제대로 소싱하고 클로징하여 사업 이익을 현실화하고 보너스를 받을 가능성을 높이는 것이 될 테니까 말이다. 늘 그랬지만 이 사업지를 클로징하기로 마음먹고, 모든 역량을 집중해서 마무리 짓는다는 자세로 임했다면 어땠을까 하는 상상을 해 본다. 아마 쉽지는 않았을 것이다. 지나고 나서야 어떤 해석인들 못 하겠는가. 그때 당시에 스스로의 독특한 해석과 결심이 필요한 것이다. 다시 야생의 다른 시행 프로젝트를 찾아 나서는 상황이지만, 이만 한 사업지를 다시 마주할 수 있을지에 대한 의구심을 품으면서 발길을 돌렸던 기억이 있다.

### 디벨로퍼 프로젝트 인사이트 22

야생에서 클로징 성과를 거두지 못하고 오랫동안 시행 프로젝트를 쫓아다닌다고 해서 마음이 급하여 자금 부담이 초기에 몰려 있는 사업지에 대해 덜컥 매매 계약을 하게 되면 야생에서의 생활에 큰 리스크가 될 수도 있다.

아예 야생에서 더 이상 시행 프로젝트를 찾아 나서지 못하는 상황이 될 수도 있기 때문에 계약은, 자금 투입은 정말 조심해서 신중히 해야 한다.

그렇기에 더더욱 토지 가격이 싸든가, 뭔가 숫자적인 메리트가 있어야 그 자금적인 부담을 헤지할 수 있는 것이 아닐까 싶다.

물론 그렇게 일반적이지 않은 시행 프로젝트들은 또 그 나름대로의 리스크가 도사리고 있음을 명심해야 할 것이지만 말이다.

수없이 반복하지만 '세상에 공짜는 없다'.

그러기에 이 사업지는 이도저도 아닌 상황이 아니었나 싶다.

위치도, 매출도, 사업 이익도. 거기에 단기간에 많은 비용이 들어가는 상황이었으니 말이다.

거기에 더해서 레버리지에 대한 메리트를 사업 이익에서 떼어 내고 나면 남는 게 없는 버퍼도 매수 의사 결정에 부정적으로 작용한 것을 부인할 수 없다.

헤이리 근처의 이 사업지는 준공 이후 어떻게 변해 갈지는 모르나, 한동안은 자리 잡기 위해서 고생할 것으로 보여진다. 주변에 인프라가 거의 부족하기 때문에 그런 휑한 환경을 만족할 만한 수요자가 그 단지 세대수보다 적다면 그 세대수만큼 수요가 쌓이기 전까지는 어려움을 면치 못할 것이다.

반대로 쾌적하고 녹지에 둘러싸인 조용한 단지를 바란다면 제격일 수도 있을 것이다. 혹은 반려동물에 특화된 단지의 콘셉트를 적용하든지 등등.

사업지를 핸들링하는 기존의 디벨로퍼, 혹은 중간의 브로커가 요구하는 것에서 매수자에게 불리한 부분의 요청이 있다면 꼭 반대급부적인 메리트가 있는지도 살펴보고 나서 결정해야 한다.

한동안 클로징하지 못해 사업 이익이 눈에 아른거려서 그 사업 이익에 매몰되어 의사 결정을 내리면 큰 낭패를 면치 못할 것이다.

**PROJECT INSIGHT**

못 해낼 것이라는 걱정보다는,
더 잘 해낼 것이니 용역 비용을 좀 더 높여 달라고 하는
방향으로의 생각 전환이 야생에서는 필요하다.
그리고 온 힘을 다해서 기대하는 것 이상으로 좀 더 잘 해내면 된다.

## 23

# 스스로를 과소평가하지 말고, 일단 예스라고 해 보자.

(23)

*"못 해낼 것이라는 걱정보다는,
더 잘 해낼 것이니 용역 비용을
좀 더 높여 달라고 하는 방향으로의
생각 전환이 야생에서는 필요하다.
그리고 온 힘을 다해서 기대하는 것 이상으로
좀 더 잘 해내면 된다."*

    평택에 주상 복합 상품을 주도적으로 이끌어 가야 하는 중책을 맡았을 때 그동안 야생에서의 방황 혹은 긴 어두운 여행 속에서 제대로 된 시행 프로젝트를 만난 듯한 느낌이 들어서 기쁜 순간이기도 했다. 내가 오너가 아닌 임원의 역할로 합류하게 되었지만 오너와 같은 마음 자세로 임하게 된 프로젝트였다. 시간이 지나 그때를 회상해 보니 흡사 야생에서 큰 성을 짓고 그 성에서 멋진 사업지들을 진두지휘하는 것처럼 매출과 사업 이익을 키워 나가는 전략을 수립하며 협력 업체들과 합심해서 재미나고 즐겁게 평택 사업지의 A to Z을 실행하던 그 꿈만 같았던 시간들이 스쳐 지나간다. 그렇게 그 든든한 성이 오래오래 야생에서 나를 지켜줄 줄 알았었는데 2022년 고금리, 원자재 상승으로 이어지면서 그 성에서 자진 하차 해야 하는 상황을 겪는다. 이 보고서 용역은 그 평택 사업지를 진행하던 중 여수 PM 업무를 통해서 알게 된 로컬 테넌트의 지인이 소개시켜 준 현장에 대한 보고서 작성 건이었다.

• 상업 시설 모습    • 전문가 설문지 양식

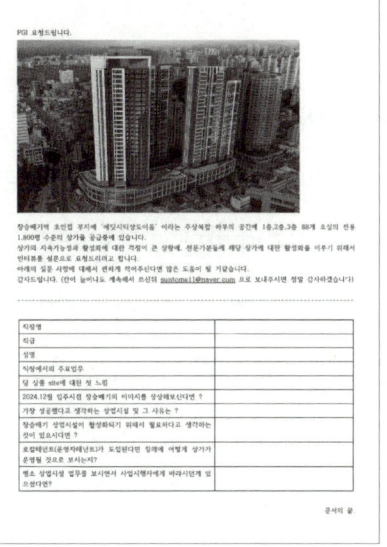

사업 계획서 혹은 시장 조사 보고서와 같은 보고서 작성이라기보다는 단순 컨설팅이라고 하는 것이 좋을 것이다. 그들이 풀어내지 못한 한 단락에 대한 부분을 채워 넣는 용역 말이다. 그 협업은 상도동에 있는 상업 시설에 대한 난해하고 꽤나 긴박하면서도 손이 많이 가는 그런 보고서 작성 건이었다. 사전 미팅을 통해서 프로젝트에 대한 이야기를 듣고서도 어떻게 접근을 해서 어떻게 마무리를 지어야 하는지 난감함이 있었다. 상업 시설에 대한 용역에 먼저 참가한 사람들과의 의사소통에서도 접점을 찾기가 쉽지는 않았었다. 먼저 참여한 사람들이 쳐 내지 못하는 보고서의 전략을 내가 쳐 내야 하는 나의 책임과 보고서 작업의 한계에 대한 부분으로 첨예한 기싸움도 있었다. 무엇보다 해당 상업 시설의 용역 비용 중 나에게 일부분의 용역 비용을 지급해야 하는 그들은 내가 믿을 만한지, 그들의 기대에 부응할 실력이 있는지에 대해서 생각이 많아 보였다. 그도 그럴 것이 내가 가진 능력치나 의지 등을 증명할 그 무엇도 없다 보니 이야기는 자꾸 공회전을 하고 있었다. 오로지 여수 웅천 지구 때 만난 그 지인만이 나를 알고 있었을 뿐. 또한 처음 마주했으니 소개자의 소개로는 해갈이 안 되는 것임은 분명했다. 그러다 보니 앞 단의 이야기를 나누는 시간 그리고 내 참여 조건에 대한 합의를 이뤄 내기에 난항이 있었기도 했다. 나 역시도 그들의 이야기를 말로만 듣고서 된다 안 된다 등의 말로 대답하기에는 한계가 있었기도 했다. 아예 보고서를 풀 버전 보여 주고 이런저런 부분의 용역을 해 주면 좋겠다고 하면 더 쉬웠을 텐데, 할지 말지도 모르는 나에게 그런 수고를 하라고 하는 것도 그들에게 쉬운 일은 아니었을 것이다.

    미팅 이후 보고서 용역에 참가해서 그들이 원하는 수준까지의 작업을 마무리하는 조건(시간, 비용, 보고 스타일 등)을 제시했는데 처음 미팅 때와는 달리 의외로 흔쾌히 그 조건을 수용해 주어서 일을 시작하게 된다. 기존의 성에서 내가 책임지며 관장하던 시행 프로젝트도 근무 시간에 충실히 업무를 진행하면서, 동시에 새로운 컨설팅 용역의 보고서를 작성해 주는 일을 하게 된 것이다. 늘 하던 일이었기에 손가락과 팔목을 최대한 더 많이 움직였고, 평택 사업만 진행했으면 하지 않아도 될 의도치 않은 야근을 하면서 그렇게 정해진 시간에 컨설팅 용역을 마무리 짓기 위해서 분주히 작업을 이어 나갔다. 다행히 이 상업 시설이 위치한 사이트 주변에서 시행 프로젝트를 직접 참여해 본 적이 있었던 터라 지역에 대한 거부감은 없었으나, 애초에 기존의 참여자들이 남겨 둔 마지막 부분의 과제는 참 손이 많이 가는 부분이기도 하면서 난해하기까지 했다. IT 기술의 발전으로 원하는 정보들은 손쉽게 얻을 수 있는 환경이 되었으나, 그만큼 제대로 된 '방향성'의 로직을 그려 내지 못하면 넘쳐나는 자료들, 수치들 속에서 길을 잃을지도 몰랐기 때문에 정신 똑바로 차려야 했었다. 결국 어떻게 업무를 진행하고 어떻게 마무리 지을 것인가에 대한 지속적인 생각의 집중이 야생에서는 무엇보다 중요하다고 생각한다.

기존 평택 프로젝트를 진행하는 조직에서 협력했던 동료의 도움으로 순조롭게 내용 정리가 되었고, 그 과정은 나름 디벨로퍼가 새로운 사업지를 찾고 클로징하기 위한 아이디어 디벨롭과도 비슷한 순서들을 과정들을 겪어 내면서 점점 더 탄탄하게 무르익고 있었다. 물론 내가 계획한 시간에 마무리 짓지 못한 분업 파트들이 생겨나기도 하고 일정에 조금 무리가 간 부분도 있었긴 했으나, 큰 틀에서는 그리 유의미한 것들은 아니었다. 대세에는 지장이 없었다. 업무 기간 중 기존에 참여했던, 나에게 컨설팅 용역을 의뢰했던 사람들과 이메일의 상호 교환적 미스로 인해 오해가 있었기는 했지만, 이내 그들의 사무실에 가서 직접 전반적인 보고서 작업 내용에 대한 브리핑을 진행하면서 오해는 풀어지고 그 시간 속에서 내용에 대한 숙지는 좀 더 명확해졌다. 그렇게 난해한 컨설팅 보고서에 대한 기존 참여자들의 요구를 다 정리해서 납품하고 보고서 용역은 마무리가 되었다.

통신이 발달한다고 하더라도 손발을 맞춰 보지 않던 팀과의 협업에는 일정 기간마다 직접 대면해서 의사소통을 하는 시간이 필요하다고 생각이 든다. 급할 때는 보고 싶은 것만 보기 때문에 종종 서로 오해가 쌓이기도 하기 때문이고, 관련된 과정 속의 에피소드가 있다. 오해의 원인은 대용량 파일 전송은 그 파일 표시가 가장 하단에 위치하게 되는데 받아 보는 쪽에서 스크롤을 내리지 않으면 그 파일을 발견하지 못하는 것이고, 또 보내는 사람도 보냈으니 확인해 보라고 한번 더 체크했어야 했던 것이었다. 사소한 것이 때로는 큰 오해로 번지기도 하기 때문에 보내는 쪽이든 받는 쪽이든 주고받는 그 행위의 가장 중심적인 내용에 대해서는 상호 크로스 체크를 해야 한다. 그건 필수다. 주기적으로 만나는 자리가 있었다면 미팅 전에 아젠다가 작성되었을 것이고 그러다 보면 크로스 체크가 되어 주고받는 파일의 내용 등은 충분히 확인이 될 수 있기 때문이다.

납품 이후 결과에 대해서는 전해 듣지 못했다. 나는 그들이 의뢰한 용역에 대한 성과물을 작성하여 정해진 일자에 납품하였고 용역 비용도 정산 받았다. 딜이 완료된 것이다. 2022년 금리 상승과 그 이후의 원자재 값 폭등으로 인한 시공 비용 상승 등이 해당 상업 시설에 어떻게 작용하고 반응했으며 현재의 상황이 어찌 되었는지 궁금하긴 하다. 급한 마음에 지도를 검색해 보니 2025년 1월 준공이라고 되어 있다. 3년 가까이 공사 진행을 해 왔고 코로나19에 금리 상승 시기 러시아 전쟁 이슈 등을 정통으로 맞았는데, 2024년 2월 로드 뷰에서는 지상층 상가 포디움 부분을 완료한 모습이 나온다. 건물 높이로 봐서 1년밖에 안 남은 공사 기간 동안 지상층을 올리고 나머지 내부 공사 부분을 완료할 수 있을지 은근 걱정이 앞선다. 상업 시설의 활성화 컨설팅에 참여했던 프로젝트라서 그런지 그래도 기억이 더 뚜렷하다.

용역 과정 속에 알게 되었지만 이 컨설팅 용역은 기존 참여자들이 상환경, 콘셉트, 그리고 로컬과 관련된 내용으로 상업 시설에 대한 MD, LM, 활성화 등의 내용으로 앞 단을 열었던 현장이었다. 그러던 중 마무리를 짓고 Exit를 해야 하는데 컨설팅의 내용 중에 빠진 부분이 있었던 거다. 그들의 발주처인 '조합' 측에서 부족한 부분에 대한 채움 없이는 정산을 해 주지 않는다고 하여 급히 나를 찾았던 것이다. 가격, 로컬에 대한 매출액 예상, MD 구성, 그리고 앞 단부터 계속 강조했던 로컬 테넌트에 대한 운영, 개념 등에 대한 내용들이 급히 필요했던 거고 그 내용에 대한 작성을 위해 나에게 협업 의뢰를 했던 것이었다. 기존 사람들도 나에 대한 선택의 고민이 있었겠지만, 나 역시도 기존 사람들이 제안한 그 일반적이지 않으면서 손이 많이 가고 거기에 다른 나의 상황이긴 하지만 평택 시행 건을 핸들링하는 상황에서 병행 처리에 대한 수락이 쉽지 않은 상황이기도 했었다. 일이 되려고 했었던지, 아니면 내가 유독 비주거, 그리고 상업 시설과 관련된 프로젝트를 좋아했었던 게 통했는지 몰라도 결과적으로는 빠른 시간에 제대로 잘 논리를 만들었던 거 같다. 쉬운 과정은 아니었지만 말이다.

　보고서 제안을 마무리하고 해당 상업 시설의 분양 매출액을 거의 비슷하게 예측해서 맞혔다는 것이 가장 흐뭇했던 기억이 있다. 나름 신경 쓰고 또 인접 지역 임대가를 기준으로 분양가를 도출했는데 그 가격들이 엉뚱하게 제안되었다면 신뢰에도 큰 영향이 있었을 텐데, 기존 사람들이 내게 제공해 주지 않은 가격을 내가 세운 논리의 가격 접근으로 유사하게 맞혔다는 것은 나 스스로에게 힘이 나는 동력으로 작용하기에 충분했다. 또한 내가 가진 논리가 틀리지 않았음을 방증하는 것이기도 했기에 작성 보고서에 대한 신뢰도도 상승할 것은 당연했으리라. 특히 운영자 테넌트 라는 새로운 개념(단어)을 적용한 기존 사람들의 콘셉트에서 큰 인사이트를 얻기도 했다. 즉 다양한 조직, 다양한 사람들이 함께 일을 하면 어딘가에서는 꼭 배움이 함께 수반되는 거 같다. 기존 사람들이 제공해 준 앞 단의 내용들을 보면서 후단을 순리적으로 하나의 팀이 작업한 것처럼 이어 가려고 하는 과정 속에서의 배움이 즐거웠었다. 그러니 힘에 부치거나 도움이 필요하거나 다른 색을 더해 보고 싶을 때, 배움이 필요하다고 생각할 때는 함께 소싱하고 클로징할 수 있는 다른 조직의 도움을 마다해서는 안 될 것이라고 느꼈다. 그 속에서 배움이 있고 그 힘을 합침으로 해서 마주하고 있는 일들에 대해서 제대로 완료할 수 있기도 할 것이니 말이다.

- MD 구성 핵심 전략

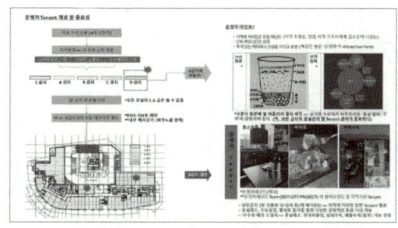

- 로컬 도입에 따른 예상 시나리오 비교

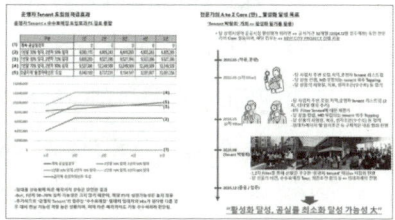

기존 사람들과 중간의 소개자를 언제 야생에서 다시 만나게 될지는 모르겠지만 다시금 큰 프로젝트의 일부분이라도 내가 뭔가 조력할 수 있는 포지션이 있다면 손발 맞춰 보고 싶은 생각이 든다. 컨설팅 용역을 마무리 짓고 나서 축배라도 했었어야 했는데 그렇게 헤어지지 못함이 아쉬운 원팀이었다.

## 디벨로퍼 프로젝트 인사이트 23

혼자 할 수 있는 것에는 한계가 있다는 것이 이 컨설팅 용역을 마무리 짓고 느낀 인사이트였다.

20년 이상 부동산업에서의 경험치를 가지고 있지만, 나 역시도 혼자서 다 하지는 못한다. 유독 어느 챕터, 어느 부분에서는 그 데이터 수집, 편집, 소결 등에 대해서 하기 싫거나 거부감이 있는 곳도 있고, 어느 부분에서는 유독 신나서 페이지가 늘어날 정도로 아이디어가 솟아나는 곳도 있다.

그렇듯, 자신이 잘하는 것을 더 잘하게 힘쓰고, 부족한 부분은 협업으로 두 가지가 하나로 합쳐져서 더 완벽한 내용이 되도록 하는 것이 필요한 곳이 야생이 아닐까 생각이 든다.

그리고 그런 다양한 사람들이 모여 힘을 발휘하는 곳이 조직이다.

모두 다 만족시키려다가 아무것도 아닌 게 된다는 이야기가 있듯, 조금 부족한 부분이 있을지라도 자신이 정말 잘하는 것, 관심이 있는 것을 좀 더 열심을 다해서 하기 위해 노력해야 할 것이다.

그래야 그 잘하는 능력을 기반 삼아 '어벤저스'에라도 뽑힐지 누가 알겠는가.

피드백은 좀 아쉬움으로 남는다. 내가 제안했던 내용이 부족했다면 부족했다고 아니면 아닌 대로 이야기를 이어 나갔으면 좋았을 텐데 그 부분이 없었다는 것은 조금 많이 아쉽다.

혹 다시금 그들을 야생에서 만난다면 그들이 용역을 맡아서 진행했던 그 상업 시설에 대한 전체 용역과 같은 것을 함께 처음부터 협업해 보고 싶기도 하다.

문득 처음 생판 몰랐던 사람들이 만나서 자신의 입장만 밝히면서 되냐 안 되냐 하는 이야기를 듣고 지레 겁먹고 안 된다고만 하지 말고, 일단 의욕적으로 Yes라고 말하고 그 용역에 대한 클로징을 위해서 최선을 다해 보는 것, 그렇게 함께 '팀'으로 해 나가는 것이 필요하다고 생각이 든다. 물론 그에 대한 보상을 제대로 받고 말이다. 안 된다고만 하지 말고, 더 잘할 테니 그에 대한 용역 비용, 나에 대한 활용 비용을 더 높게 요구하는 것이 현명하지 않을까 생각한다.

원하는 것을 제대로 말하는 것도 아주 중요하다. 원하지 않는 조건으로 노예처럼 일하는 것은 결코 그 누구에게도 이롭지 못하다.

## PROJECT INSIGHT

야생에서의 소소한 경험치도 중요하지만, 모든 경험을 다 할 수는 없다.
그러니 안 되는 것은 빠르게 NO라고 이야기해야 한다.
끌어안고 고민하지 말고
그 고민을 NO라고 밝히고 그 고민에서 탈출해야 한다.
소소한 경험에 대한 욕심이 스트레스로 이어지고
스스로에게 화만 불러올지도 모른다.

## 24

# '영점' 조준 사격은 한 번이면 족하다.

(24)

"야생에서의 소소한 경험치도 중요하지만,
모든 경험을 다 할 수는 없다.
그러니 안 되는 것은 빠르게 NO라고 이야기해야 한다.
끌어안고 고민하지 말고
그 고민을 NO라고 밝히고 그 고민에서 탈출해야 한다.
소소한 경험에 대한 욕심이 스트레스로 이어지고
스스로에게 화만 불러올지도 모른다."

평창 알펜시아700 골프장 인근에 위치한 단지형 타운 하우스 상품을 만나게 된다. 건물은 지어져서 해당 상품의 인근에 위치한 리조트, 골프장을 이용하는 사람들이 해당 시설에서 숙박을 하며 운영이 되고 있었다. 동물원에 있을 때 알게 된 지인과 꾸준히 연락을 주고받으면서 지내 왔었고, 그렇게 동물원에서의 인연이 야생에서도 이어지는 드문 케이스였었다. 지인은 해당 상품의 분양성, 임대 활성화를 위한 '획기적인 아이디어' 그리고 준공이 되었으나 미분양이 존재한 상황에 대한 부분의 극복 방안이 담긴 시장 조사를 요청해 왔다. 물론 시장 조사에 대한 비용은 없었다. 단지 종종 우리 집 근처에 와서 커피 한 잔을 사는 것이 전부였다. 그러나 관계도 있고 새로운 상품에 대한 궁금증, 또 무엇보다 안 되고 있는 프로젝트에 대한 아이디어 디벨롭을 즐겨 하고 있던 상황인지라 흔쾌히 다녀와서 의견을 전달해 주기로 하고 지금은 반품한 사회 친구와 해당 사업지를 구경하러 갔다. 오는 길에는 그 친구가 보고 싶어 했던 또 다른 사업지를 둘러보기도 했다.

• 단지 배치도

• 현장 모습

　골프장 내부에 있거나 골프장과 초인접해 있는 타운 하우스를 흔히 골프텔이라고 하고 골프장 이용에 대한 편리성과 골프장 조망 등에 대한 가치를 높게 평가하여 높은 가격에 분양하는 사례를 그간 종종 보아왔는데, 해당 프로젝트는 골프장 외부에 위치해 있었고, 때마침 평창으로 통하는 고속도로 개통 등으로 인해 수도권과의 접근성이 향상되다 보니 인프라가 부족한 그곳에서의 숙박을 바라는 이용 수요가 많을 것이라는 생각이 들지는 않았다. 정석대로라면 세컨드 하우스와도 같은 개념으로 수도권에 거주하면서 골프를 좋아하는 수요자가 매입을 하고 해당 매입 호실에 대하여 단지 운영 주체에게 관리를 맡기고, 그

운영 주체가 골프를 치고 나온 다수의 이용자들 혹은 그 전에 하루 숙박하고 골프를 치려는 수요자들에게 대여를 하면서 활성화가 되도록 마케팅 등으로 수요 확보에 노력을 해야 하는 상품이어야 했다. 그런데 사업지를 둘러보니 그런 시스템적인 부분도 갖춰져 있는 것이 없었다. 그냥 강촌에 MT 오는 대학생들처럼 개별 호실에 숙박하는 사람들이 음식사 오고 알아서 각 호실 안에서 먹고 치우는 그런 상황이 전부인 타운하우스 콘셉트의 단독 주택 군락으로 인식되는 공간이었다.

• 시장 조사 내용

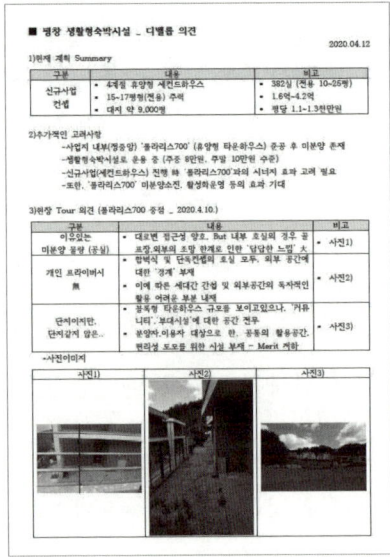

• 수익 민감도

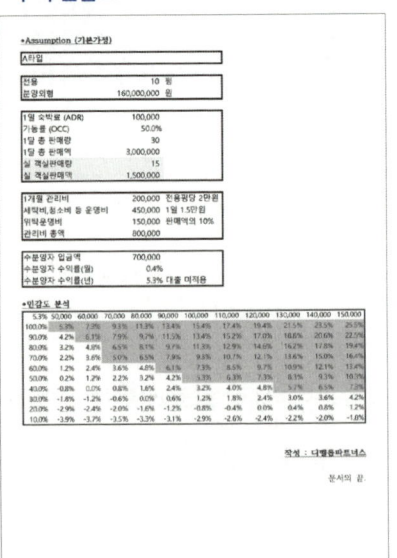

어떤 사업장이든 잘되면 잘되는 대로, 혹 안 되면 안 되는 대로의 이유가 있기 마련이다. 시행 프로젝트에 갖가지 이유가 있는 것처럼 말이다. 소싱부터 클로징까지 일사천리로 되는 프로젝트도 있고, 정말 해도 해도 안 되고 계속해서 시간, 체력, 비용들을 허비하면서 쫓아다니는 그런 사업지도 있을 것이다. 혹은 정말 거의 막바지 클로징을 향해 다 되었다고 생각을 했는데 뜻하지 않은 곳에서의 돌발 변수로 인해서 바로 도장 날인하기 직전에 드롭이 되는 경우 등 다양한 경우들이 있을 것이다. 이미 앞에서 경험한 다양한 프로젝트에서 보았듯이 말이다.

치밀하게 계획하고 또 수시로 계속하여 리스크 매니지먼트를 해야 하는 이유가 여기에 있을 것이다. 늘 들여다보지 않고 그냥 한번의 느낌 혹은 감으로 클로징이나 컨설팅을 통한 아이디어 디벨롭을 진행했다가는 낭패를 보기 일쑤다. 아마도 평창 알펜시아700 타운 하우스 사업장이 그런 케이스였으리라 생각이 든다. 골프장, 리조트에 초인접했다는 그 자신감이 우발적으로 발생되는 리스크에 대해 눈을 멀게 했고 그에 따라 준비를 제대로 하지 못하다 보니 준공 이후까지의 미분양, 그리고 3차 부지 개발에 대하여도 불투명한 상황으로 귀결되지 않았을까 싶은 생각이 들었다.

시장 조사를 갔을 때 이용자가 없었던 것은 아니었다. 나가는 사람도 있었고 때마침 들어오는 사람도 있었는데, 떠나는 혹은 떠났던 호실의 문 앞에는 술병이 어지럽게 놓여 있었다. 그 느낌은 단지의 이미지를 저해하는 요소로 보여졌다. 결국 관리가 안 되는 상황이었던 거다. 단지 주변을 걸을 때도 대로변에서 가장 눈에 잘 띄는 곳에 잔여 물량 해소를 위한 내용과, 숙박을 하고 있다는 것을 알리는 내용을 담은 홍보 현수막이 컨테이너와 함께 위치해 있었고, 단지의 가장 뒤쪽 도로와 야산이 만나는 지점은 공사하고 남은 자재들이 어지럽게 쌓여 있었다. 둘러볼수록 뭔가 모르게 어수선한 느낌이 드는 상황이었다. 흔히 말하는 관리가 전혀 안 되는 공사판과도 같은 느낌이었다. 만에 하나라도 대로변에 홍보 문구를 보고 관심을 가진 수요자가 분양을 받으려고 하거나 장기임차로 들어오려 한다고 해도 그런 환경들이 그다지 긍정적으로 작용하지 않을 것 같아 보였다. 나에게도 이 사업지를 처음 만나는 그 느낌이 좋은 상태로 가지 못하는 이유가 바로 그 현장에 있었다. 내부의 적이었던 것이다. 외부에서 아무리 수요자들을 찾아서 끌어들인다고 하더라도 내부가 정리가 안 되면 안 되는 것인데 말이다.

안 되는 상품에 가서 안 되는 이유를 찾는 거야 손쉬울 수 있다. 그러나 그걸 찾으려고 평창까지 간 것이 아니기에 뭔가 새롭게 디벨롭할 수 있는 그 무언가를 찾아내려고 머리를 굴리며 생각을 하고 주변과의 포지셔닝 등에 대해서 다양하게 시나리오를 그려 보았다. 다행히 야생에서 그간 접해 왔던 사업지, 프로젝트, 용역 수행들에서 얻은 경험치가 다양한 생각을 들게 했고 평창 사업지 위에 오버랩 되는 것을 느낄 수 있었다. 그 자리에서 PC 작업을 하지는 못했지만 연신 시장 조사 다닐 때마다 가지고 다니는 손바닥만 한 수첩에 이런저런 아이디어를 적어 내려갔다. 머릿속에 생각나는 것은 그때 그 자리에서 바로 적어 두어야 한다. 그 느낌의 정도는 뒤에 적으면 흐려진다. 디벨로퍼에게 메모는 필수다. 그리고 눈에 들어온 모든 장면들을 카메라에도 기록해 두었다.

사업지를 소싱하더라도 해당 사업지에 지어지는 건축물이 분양이 안 되고 공사비, 금융 비용을 갚지 못하면 채권단에서는 '공매'를 통해서 해당 사업지를 싸게 팔아서 그들의 채권을 확보하려고 할 것이기 때문에 이렇게 준공이 되고 투입된 돈을 제때 갚아 나가지 못하는 사업장들은 하루하루 한순간 한순간이 정말 중요할 수 있다. 때문에 약한 약을 처방하기보다는 강한 약을 처방하고 또 그로 인한 효과가 나타나게 하는 것이 필요하기도 하고, 또 채권단에서도 볼 때 '아~ 그렇게 하면 좀 팔리겠는걸?' 하면서 동의하는 마음이 들게끔 해 주어야 당장이라도 외부에서 발생할 수 있는 큰 위기를 모면할 수 있을 것이라는 생각이 들었다. 내가 어떤 아이디어를 제시하든 그 내용 중에서 취사 선택은 시장조사를 의뢰한 지인이 하겠지만 나름 '합집합'의 방식으로 내 스스로 자르지 않고 있는 것들을 다 모아서 제안을 해 보았다. 물론 그 제안들 중 어떤 것이 이 컨디션에서 맞는 선택일지는 외부에 있는 사람은 모른다. 혹 이미 그 처방으로 제안한 내용들을 실행한다고 해도 버스는 떠나갔는지도 모를 일이고 말이다.

내용을 보내고 나서 결과는 궁금했으나, 애써 지인에게 물어보지는 않았다. 그런데 사실 그 뒤로 그 평창의 프로젝트가 죽었는지 살았는지 난 아직도 알지 못한다(4년이 지났는데도 말이다) 늘 그랬지만 야생에서는 '야, 저쪽으로 가면 좋은 프로젝트가 있으니 가서 한번 봐줘 봐~ 어떻게 하면 프로젝트를 성공시키고 좀 더 많은 사업 이익을 현실화시킬 수 있는지~ 등등' 스스로 궁금한 것들뿐만 아니라 사업을 진행함에 있어서 가장 중요한 것들을 조사해 달라고 말하는 사람들이 있다. 먼저 그 사업지를 접했거나 1%라도 그 사업지에 대한 권리가 있다고 생각하는 사람들은 스스로의 생각 존재 여부와는 다르게 주변에 확인 받고 싶어 하는 심리가 있는 거 같다. 야생에 늦게 나오거나 소싱에 대해서 네트워크가 부족한 나 같은 사람은 그 말을 순진하게 믿고 그 사업지에 대해서 진심을 다해 분석하고 조사해서 결과물을 전달한다. 그러나 딱 거기까지다. 그 사업지가 어떻게 되고 어디로 가고 죽었는지 살았는지~ 하는 그런 내용들에 대한 피드백은 없다. 평창 프로젝트도 그랬다. 후의 이야기이지만 그 지인은 그 이후에도 이런저런 사업지들을 나에게 조사해 달라고 요청을 했고 어느 순간 나는 No라고 이야기를 했다. 물론 그 사업지를 조사하고 또 분석해 줄 수 있지만, 그 지인이 추구하는 요양 시설, 펜션, 모텔 등에 대한 지향점과 내가 지향하는 지향점이 맞지 않았다. 설사 그 사업지에서 사업 이익이 엄청나게 많이 쏟아져 나온다고 해도 내가 야생에서 오래도록 헤매면서 찾아다니던 그런 시행 프로젝트는 아니었다고나 할까. 그래서 나 역시 과감하게 No라고 이야기를 했었던 거 같다.

입고 있는 혹은 사려고 하는 갑옷을 모두 다 고쳐서 모든 창을 막을 수 있는 방어 목적으로만 사용하려고 하지 말고 스스로 가지고 있는 창을 고쳐서 한방에 적을 쓰러뜨리는 것이 낫다고 생각을 해 본다. 아닌 건 아닌 거다. 계속 그렇게 내가 원하지 않은 엉뚱한 사업지들을 쫓아다니는 것은 나 스스로에게 좋지 않다고 생각을 한다. 갑옷을 고치고 부족한 부분을 보완하는 것도 한두 번이지, 언제까지 부족한 거 보완하고 소양 쌓고 하면서 야생에서 제대로 된 사업지를 만나 한 번에 단번에 클로징을 할 것인가 말이다. 주변에 있는 지인들이 한두 차례 부탁하는 것이야 친분도 있고 하니 그렇게 조사하고 봐줄 수 있다. 그 사업지가 내가 원하는 사업지든 아니든 관계없이 말이다. 그러나 그건 무수히 많은 갑옷의 구멍과도 같은 것이라고 생각이 들기에 모두 다 고쳐 쓰기에는 한계가 있다. 그러니 과감하게 대응을 해야 한다. 갑옷을 다 고쳐 쓰기에는 한계가 있기 때문이다. 그럴 노력도 한계가 있고 말이다. 여기저기 널려 있는 내가 원하지도 않은 상품 부류와 사업지에 대한 보고서를 써 주는 것을 줄여야 한다. 그래야 내 시간을 내가 온전히 쓸 수 있는 거다. 야생의 경험이 좋지만 그 모든 경험을 다 하기에는 내 인생, 내 시간이 너무 부족하기 때문이다.

그 사업지가 어떻게 되어 있는지 지도로 살펴보니 2021년도에도 그대로인 상태이다. 2022년 고금리 흐름 속에서 사업권을 매각하기도 애매했을 것이고 아마 코로나19 때의 여파로 그나마 힐링하는 수요자들에게 관심이 있었을 것 같기도 하나, 그때 보았던 그런 관리 상태였다면 큰 성과로 이어졌을지에 대해서는 의문으로 남는다. 혹 평창 그곳을 지나가게 된다면 궁금해서라도 한번 안을 들여다보고 싶어진다.

## 디벨로퍼 프로젝트 인사이트 24

야생에 나온 이유는 내가 내 자유 의지대로 뭔가 제대로 된 사업지를 소싱하고 전력을 다해 검토하고 클로징하고 싶어서 나온 것이기 때문에 그에 반하는 상황에 대해서는 자신 있게 No라고 이야기하여 스스로를 지켜 주어야 한다.

결국 스스로의 시간을 지켜 주어야 하고 그 시간을 나를 위해서 써야 하는 것이다.

그게 야생으로 나온 목적임을 잊어서는 안 될 것이다.

원하지 않는 것에 영혼을 갈아 넣고 정작 내가 원하는 것을 못 하거나 등한시하게 되는 상황이라면 어렵게 야생에 나온 그 결단이 너무 아쉽지 않은가 말이다.

굶주리고 힘들고 추워도 내가 선택한 야생이니 어찌 되든 내가 하고 싶은 대로 해 보는 것도 필요할 것이 아니겠는가 말이다.

그러니, 한 번, 딱 한 번 영혼 갈아 넣는 시늉을 하고 나서는 시간에 대한 정당한 비용을 받든, 제대로 No라고 이야기해 주든 해야 한다.

그래야 내 시간 내가 마음껏 쓸 수 있게 된다.

명심하자. 아닌 건 아닌 거다.

**PROJECT INSIGHT**

코브라가 몸을 부풀리듯,
모든 사업지들은 순간순간 몸을 부풀린다.
그 부풀림에 속으면 안 된다.
모든 의사 결정의 중심에는 스스로의 기준이 있어야 한다.

## 25

# 겸손해할 줄 아는
# 프로젝트를 만나야 한다.

(25)

> "코브라가 몸을 부풀리듯,
> 모든 사업지들은 순간순간 몸을 부풀린다.
> 그 부풀림에 속으면 안 된다.
> 모든 의사 결정의 중심에는
> 스스로의 기준이 있어야 한다."

A 선배와 B 선배 그리고 K 선배가 발굴한 사냥감이다. 프로젝트 덩치도 매우 커서 아파트 세대수로 거의 2,000세대 육박하는 대단위 개발 사업이고, 학교, 도로, 그리고 인허가에 대한 부분의 내용들을 제대로 짚어 나가야만 하는 프로젝트였다. 거기에 더해서 이런 골짜기에 이런 대단지를 계획하고 인허가를 진행했다는 것 자체에서 느껴지는 존경심이랄까 디벨로퍼에 대한 멋짐이 느껴졌다. 정말 무에서 유를 창조하는 것이 디벨로퍼구나 하는 생각이 드는 사업지였다.

• 사업지 위치  • 유치권 부착된 출입문

　C 선배와 함께 시장 조사를 다녀오기도 했지만, 주변이 정말 가파른 경사로라서 이런 곳에 대단지 아파트가 될까? 하는 생각이 연신 드는 현장 컨디션을 보면서 혀를 내두를 수밖에 없었던 기억이 난다. 해당 사업지는 오래도록 계획 단계에서 머물러 있다 보니 이런저런 이해관계자들이 사업의 진행을 더 어렵게 만드는 상황이었다. 주 출입구에는 유치권 공고문이 붙어 있었고, 펜스는 낡아서 개구멍이 여러 곳에 나 있기도 했다. 현장 내부가 좀 궁금하기도 해서 C 선배와 그 개구멍으로 사업지 안으로 들어갔는데 공포 영화 세트장을 연상케 하는 관리 상태를 보여 주었다. 이 사업지에 돈을 빌려준 대주단은 채권을 회수하기 위해서 매수자를 찾기에 열중이었고, 그런 상황속에서 전달 받은 서류로만 보자면 이 사업지는 그 누구에라도 매각될 수 있도록 예쁘게 화장도 하고, 예쁜 옷도 입고 정말 제대로 부풀려진 모양새를 하고 있었다. 그래서 그 겉으로 보여지는 모습에 반해서 A, B선배와 K 선배가 큰 사업 이익을 기대하고 소싱해 온 것이 아닐까 싶다. 어쨌든 그 선배들이 이 사업지를 좋게 인지했고, 나와 C 선배

25 겸손해할 줄 아는 프로젝트를 만나야 한다.

가 시장 조사를 나와서 시장 조사를 했다는 것은 그 선배들의 바람을 1차적으로는 이룬 셈이 될 것이다. 어쨌든 사업지가 레이더에 잡혔고, C 선배와 시장 조사를 다녀오면 어떤 결과에 대해서 코멘트가 있을 테니까 말이다.

단, 늘 야생에서 느끼는 것이지만, 매도자는 빨리 팔아 치우기 위해서 포장을 하게 되는데 그럴 때 매수자가 드는 생각은 딱 한 가지로 귀결된다. 아니 그렇게 좋으면 왜 직접 안 하시고~ 팔려고 하시나요?라는 질문으로 말이다. 이 사업지에 대한 경험담을 쓰는 중에 4년이 지난 현재는 어떻게 되었을까 싶어서 네이버 로드 뷰를 확인해 보았는데 그 사업지로의 진입로 부분으로는 로드 뷰를 제공하지 않고 있다. 즉 아무런 움직임이 없다는 것일 거다. 그렇게 좋은 모습으로 포장된 사업지임에도 4년간 아직도 그대로 있다고 하니 안타깝기도 하지만, 시장은, 야생은 냉정한 곳이기에 진정성이 없는 부풀림은 그 부풀림 내부에 존재하는 리스크를 감추고 나서 상대방에게 그 리스크를 전가하고 스스로 빠져 나오려고 하는 얄팍한 수가 있음을 보여주는 것이기에 그러한 부풀림의 조짐이 있는 사업지는 절대로 좋은 결과를 기대할 수 없기도 하다. 이 사업지처럼 말이다.

• 시장 조사 의견   • 시장 조사 의견

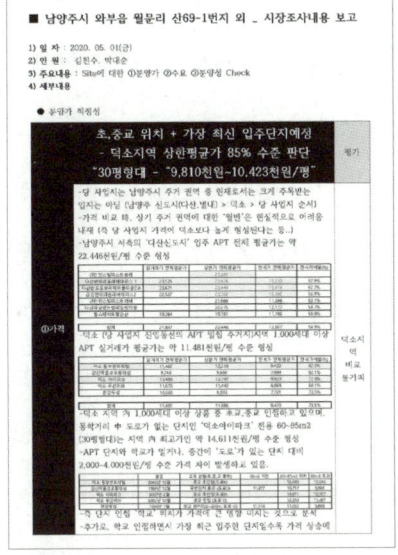
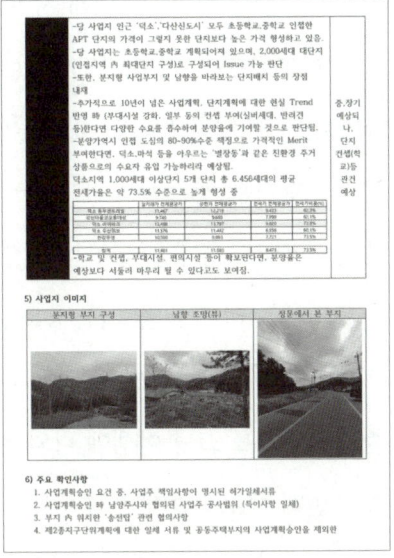

　2018년 7월 호기롭게 야생에서 시행 프로젝트를 직접 소싱하고 클로징하겠다고 나왔고 이 사업지를 만났던 때는 야생에 나와서 수십 건 수백 건의 시행 프로젝트, 컨설팅 용역 업무 등을 겪은 상황이었다 보니 점점 더 프로젝트에 대한 내부의 진정성을 봐야 한다는 클로징 의식이 희미해지고 있었다. 빠르게 클로징을 해서 뭐라도 프로젝트를 진행하고 싶은 급한 욕심이 눈을 흐리게 하기도 했다.

　그래서인지 다양한 문제들이 많이 도사리고 있는 이 사업지에 대해서 선배들에게 정리해서 보내 주는 약식 보고서에는 '인허가, 학교 등이 무리 없다면~ 즉 팔려고 하는 사람들이 이야기하는 게 맞다면~ 단지의 상징성이 있고, 랜드마크가 되어~ 매수에 긍정적일 수 있다~'라는 아주아주 긍정적이고도 미래 지향적인 소견을 달아서 보냈던 것 같다.

　인허가 관청에 가 보지도 않았고 그냥 주어진 정보, 그리고 현장을 다녀온 내용, 인터넷 확인 자료들만 취합하여 이런 결론에 다다르고 그걸 보고했다는 것은 다시금 생각해도 위험한 순간이 아닐 수 없다. 물론 그렇게라도 흥정을 붙여서 조건 이외의 것들을 직접 매도자 측과 만나 협의해 보려고 했던, 가능성을 좀 높여 보겠다는 실무자로서의 의지는 높게 살 수 있을지 모르나, 유치권, 인허가 등등의 다양한 위험에 노출된 사업지를 그냥 야생에 나와서 소싱하고 클로징을 한 적이 없으니까 하면서 클로징하자고 앞장서는 모양새는 야생에서 주의해야 할 것이다. 야생에서는 자신들이 진행하던 사업지를 다른 사람에게 매각할 때는 좋게 보이기 위해, 사업지에 대한 가격을 조금이라도 더 받아 내기 위해서 몸을 부풀리는 것도 있지만, 일부러 자기의 새끼를 키워 내기 위해서 숙주를 골라 잡아먹히는 동물들도 있다는 것을 명심해야 한다. 매매 계약을 체결하고 계약금을 납부하고 난 뒤, 뒤이어 감춰 둔, 풀지 못하는 리스크를 발견하여 잔금을 치르지 못하게 하는 그런 악의적인 브로커, 기존 사업자들도 있다. 상대방의 의도도 모르는 상황에서 내 스스로도 프로젝트를 진정성 있게 대하는 것이 아니라 지금의 내 상황이 이러니 그 상황을 기준으로 해서 사업지를 고르고, 더 나아가 제대로 살펴보지도 않은 상태에서 리스크 검증도 다 안 마쳤는데 클로징까지 하겠다고 결론을 내어 버리면 큰 낭패를 볼 수 있을 것을 명심해야 한다. 그 교훈을 알려 준 사업지가 아닐까 싶다. 이 글을 쓰면서도 아찔했던 순간이었다는 생각이 든다.

다행히, 그 프로젝트는 A 선배와 B 선배의 기준에는 부합되지 못하는 사업지가 되었고, 내부적으로 클로징해 보자는 결정이 내려지지 않았다. 매도자와의 후속 미팅도 이루어지지 않고 시간이 지나면서 그 사업지는 확인해야만 볼 수 있는 폴더 속으로 자취를 감춰 버렸다. 그렇게 4년의 시간이 지났고 말이다. 만약 그 사업지를 그때 인수했다면, 덜컥 계약금이라도 걸고 매매 계약을 체결이라도 했다면 바로 뒤이어 코로나19가 도래하고, 2022년 고금리로 하루하루 이자가 불어나던 시절이 오게 되었을 것인데, 똘똘한 한 채, 똘똘한 사업지의 중심 방향성에서 벗어난 사업지였기에 아마 잔금 시점 혹은 분양 시점에서 제대로 빛을 보지 못하고 좌초되지 않았을까 하는 생각이 든다. 만약 Go를 외치며 이 사업지를 매수했다면, 곧 매수할 때의 그 매도자 위치로 뒤바뀌어 헐값에라도 누군가에게 그 사업지를 팔아야 하는 상황을 마주하고 있었을 것이 뻔하다는 무서운 상상을 해 본다. 그런 상황에서 우리 역시 그때의 매도자처럼 어떻게든 포장해서 제값 받고 팔아 넘기려고 갖은 수를 썼을지도 모를 일이다. 그렇게 야생에서의 소싱과 클로징 그리고 야생의 외부 환경은 단언할 수도 없고 또 예측할 수도 없는 변화무쌍한 곳이 아닐 수 없다. 그 사업지를 클로징하기 위해 뭔가를 안 한 것이 다행이라고 느껴지는 것을 보면 말이다. 야생에서 무수한 시행 프로젝트를 만나겠지만, 정말이지 보여지는 것이 전부가 아님을 명심해야 할 것이다. 혹 스스로의 진퇴양난인 사업지를 내다 팔아야 할 때라도 너무 과하게 포장하지는 말자. 아마 상대방도 금방 눈치채거나 혹 이미 알고 있을지도 모를 일이다. 진정성 있는 그런 디벨로퍼로서 각자의 역할에 충실하면 좋겠다 싶다.

### 디벨로퍼 프로젝트 인사이트 25

앞서 수십 번 이야기했듯 야생에서 접했던 그 무수한 사업지들은 각각 다 나름의 이유가 있었다.

소싱하는 입장에서는 브로커든, 토지주를 만나든 그들에게서 그 사업지를 가져와야 하는 입장이다 보니 리스크에는 늘 노출되어 있다. 리스크를 줄이면서도 원하는 사업 이익을 키우기 위해서 안과 밖의 모든 것들을 단숨에 클리어하게 검토한다는 것이 늘 부담이기도 했다.

빠르게 검토하지 못하여 시간을 넘기면 언제나 다른 디벨로퍼들이 그 사업지를 낚아채 가는 경우가 있으니까 말이다.

투입되는 자본의 크기가 크다 보니 한 사업지에서 리스크를 직면하게 되면 다른 곳에도 영향을 미칠 것은 자명하다.

외부로 보여지는 모습은 그 누구에게라도 좋게 보여야 하는 것이 디벨로퍼의 숙명인 걸까. 매도자는 매수자에게, 그리고 사업 시행자가 된 매수자는 또 수요자에게 그렇게 포장을 하고 화장을 하고 이전 것들은 저 수면 아래로 묻어 두고 새로운 모습으로 탈바꿈하려고만 한다. 진정성이 있건 없건 말이다.

그러나 그 새로운 모습에 속으면 안 된다.

그 사연 하나하나 다 들어 주다 보면 정작 내가 망하게 된다. 그러니 독한 마음먹고 그 화장한 모습, 과대 포장 다 걷어 내고 나서 맨얼굴로 그렇게 사업지를 제대로 대해야 한다.

그래야 탈이 없고 그래야 모두가 해피해진다.

야생에서는 그 무엇도 보이는 대로 믿으면 안 된다.

그렇지만 스스로는 진정성 있는 디벨로퍼가 되도록 노력해 보자.

## EPILOGUE
## 글을 마치면서……

　잠시 폴더를 열어 보니 굵직한 초안이 완성된 시점은 5월 25일로 표시가 되고 있다. '글을 마치면서'를 적는 이 순간은 8월 22일이다. 거의 3달 동안을 마무리 짓지 못해서 손 떼고 있었는데 무슨 생각이 들어서였는지 흩어져 있던 인터뷰, 인물 소개 등을 취합하고 나서 내용의 마무리를 짓는 이 지면에 몇 자 적으면서 내가 가장 편안하게 생각하는 나의 케렌시아에 앉아 있는 중이다.

　끝내지 않으면 새롭게 시작할 수 없다는 생각이 들었다. 계속 이야기를 더해서 담아 봐야 자꾸 생각날 테고, 야생에서 겪은 놓쳤던 사업지들, 다양한 용역에 대한 이야기는 이제 이렇게 보내 줘야겠다는 생각이 들었다. 그리고 좀 더 새로운 사냥 장비와, 새로운 시각, 생각으로 다시금 긴 여정을 떠나 볼까 마음먹는다.

　이번에는 왠지 모를 기대감이 들고 제대로 소싱부터 클로징까지 성공할 수 있을 것 같은 느낌이 든다. 혹 그 사업지의 크기, 사업 이익, 보너스 등을 누구와 나눌지라도 반드시 사업지에 대한 클로징을 완료해서 마무리에 대한 느낌을 느껴 보고 싶다. 쫓아다니고 준비하는 그런 앞

단의 과정으로 야생에서의 이 귀하고 다시 오지 않을 시간들을 허비하고 싶지 않은 마음이 간절하다.

그간 야생에서 겪은 사람, 사업지 등이 다 내가 느낀 것과 같지 않을 수 있다. 어떤 결정을 했느냐에 따라 다른 결말이 올 수도 있었기 때문에 같은 잣대로 평가는 어렵다. 다만, 간접 경험치로 메모를 해 두고, 비슷한 상황이다 싶을 때 꺼내 보거나 기억을 되살려 그 위기를 잘 극복하고 험하고 긴 야생에서 불필요한 체력 소모가 없었으면, 시간적으로나 비용적으로의 낭비를 안 했으면 하는 바람을 담은 것이니, 그 마음을 온전히 읽어 주기를 바랄 뿐이다.

앞에서도 언급했지만, 야생에서 내가 겪었던 사람들 역시도 서로 합이 안 맞았을 수 있다. 뭐든 서로 간의 관계는 다를 것이니 내가 평가한 그 시각에 너무 기분 상해하지 않기를 바란다.

그럼에도 불구하고 야생에서 소싱하고 클로징하는 것은 정말 더없이 좋은 기회가 될 것임은 확실하다. 2022년 고금리 기조로 흘러가면서 어느덧 2년 가까이 야생에서의 소싱과 클로징이 참 힘든 상황이 계속되고 있지만, 달도 차면 기운다고 곧 좋은 사업지를 야생에서 더 많이 소싱할 수 있는 좋은 상황이 될 것이라 믿어 의심치 않기 때문에, 지금 좀 더 힘내서 그때를 위한 준비를 해 나간다면 야생에 나온 그 목적을 이룰 것이리라 믿어 본다.

야구 시합에서도 아무리 어려운, 잘하는 투수가 나오더라도 타순이

한 바퀴 돌면 점점 적응해 나가듯, 초보 야생러라는 딱지를 떼고, 이제는 베테랑 야생러가 되어 야생에서 큰 사업지에 대한 클로징에 성공하는 그날을 맞이할 수 있도록 다 같이 힘내면 좋겠다는 바람을 가진다.

모두의 건승을 바란다.

등장인물 소개

인터뷰

추천의 글

# 부록

## INTRODUCTION OF CHARACTERS

## 야생에서 만나
## 함께 시행 프로젝트를 찾아다녔던
## 디벨로퍼 동료 소개

야생에서 시행 프로젝트를 찾는 과정 속에서 만났던 협력했던 사람들(디벨로퍼)이 있었다. 두 번째 책을 쓰려고 마음먹고 나서 그 사람들의 실명을 거론하자니 시간이 흘러 관계가 멀어진 사람도 있었고, 아무리 좋은 경험치라고 생각하더라도 기억을 끄집어내 적어 보는 것이 서로에게 어떻게 다가올지 몰라서 내용 중에 등장하여 나에게 인사이트를 준 모든 사람들을 영어 알파벳으로 표시하기로 했다. 그리고 그렇게 야생에서 시행 프로젝트를 찾아다니며 겪은 내용들을 그 시행 프로젝트에 대한 구분으로 하여 에피소드 형식으로 적었고, 그 과정의 소견으로 디벨로퍼 프로젝트 인사이트라는 나만의 느낌을 적으면서 마무리를 지었다.

에피소드와 인터뷰로 구분된 내용이 책의 큰 줄기로 해서 원고를 정리해 두려고 했는데 사워하다가 문득(늘 신선한 아이디어가 샤워하는 과정 속에 자주 머리를 띵하고 스쳐 간다. 아주 종종…… 앞으로 더 많이 샤워를 해야겠다 싶다. ㅎㅎ) 등장하는 사람들에 대한 부분도 야생에서의 기억일 테니, 그 알파벳에 대한 순서로 해서 야생에서 함께 시행 프로젝트를 찾고 뛰어다니고 몰입하여 작업했던 지인들에 대해서도 좀 기억을 남겨 두면 어떨까 하는 생각이 불현듯 들었다.(시원한 물줄기를 맞고 정신이 번쩍 들다 보니 종종 샤워할 때 번뜩이는 생각들이 나나 보다.) 그래서 야생에서 만났던 시행 프로젝트에 대한 에피소드를 적어 나가기에 앞서서, 야생 러이면서 디벨로퍼인 지인들의 기억을 하나하나 내 관점 기준으로 적기를 시도해 본다.

관계가 지속되는 지인도 있으나, 최근 연락이 소홀해진 지인들도 있다 보니 그때 함께 땀 흘리며 소통하면서 야생을 누비던 그 관계로의 친밀감은 표시되지 않을 수 있고, 한편으로는 에피소드 속에서 안 좋은 시각으로 표현한 부분도 있어서 나를 아는 또 다른 지인들이 그 알파벳으로 특정된 사람을 유추해 낼 수 있다는 부담감도 있기 때문에 최대한 은유적으로 불투명한 느낌을 담아서 설명해 보려고 한다.

시간이 지나 회상할 때 이렇게 제대로 말 못 하는 부분이 있듯, 야생에서의 시행 프로젝트를 쫓아다니면서 클로징하는 것은 쉽고 즐거움만 가져다 주는 것이 아니다. 리스크하고 잇따른 시행 프로젝트의 클로징 실패에 따른 실망, 지침, 좌절, 갈등 등등이 가미되면서 애초에 의기투합하여 모였던 것과는 다른 결말로 이어질 수 있기도 하다. 그게 야생이다. 야생에 나왔다고 해서 무조건적으로 멋진 시행 프로젝트를 찾아서 투자자의 지원을 받아 클로징에 성공하고, 분양 성공하여 사업 이익에 더하여 인센티브를 얻고 넉넉하고 편안한 삶만을 누리는 그런 시간이 기다리는 것은 아니다. 더더욱 힘들고 더 어려운 시간을 보낼 수 있음을 기억해야 한다.

내가 겪은 야생에서의 시행 프로젝트들을 소싱하고 디벨롭시키고 클로징하기 위해 노력했던 각각의 에피소드에서 나와 함께 노력했던 사람들과 야생에서 함께한 기억, 그리고 시간이 조금 흘러 다시금 그 순간을 회상했을 때의 느낌에 대해서 솔직하게 적어 보았다.

이니셜로 등장했던 지인들에 대한 인물 묘사는 전적으로 내 개인적인 시각이자 관점이다. 지나고 보니 아쉽고 또 안타까운 감정도 있지만 많이 조력해 주고 힘이 되어 준 지인들이 많았구나 하는 생각이 든다. 지금 내가 회상하여 적어 본 그 느낌 그대로 거친 야생에서 시행 프로젝트든 PM 용역이든, LM 업무든 그 어떤 것이라도 디벨로퍼가 할 수 있는 일들을 함께 소싱하고 클로징하기를 희망해 본다.

## A 선배

한눈에 멋짐 폭발되는 외모와 말투가 멋진 사람
생각이 많고 의리가 있는 사람

### 야생에서 함께한 기억

많은 시행 프로젝트를 함께 협업했다. 물론 그 시행 프로젝트들을 제대로 마무리하지는 못했지만 후회는 없다.
몇몇 시행 프로젝트는 좀더 A 선배가 잘해 주었다면 클로징할 수 있었을 것도 같은데, 그 부분은 아쉬움으로 남는다.

### 지금의 느낌

멋진 디벨로퍼로서 대부분의 사람들과 관계가 좋은 그 모습은 늘 본받을 만하다고 생각한다. 그렇기에 시행 프로젝트들의 정보를 잘 파악하는 것도 A 선배의 재능이 아닐까 싶다.
시간이 조금은 흐른 지금, 야생에서 다시 만나 함께 시행 프로젝트를 메이드 하자고 한다면…… 난 지금의 내 길을 갈 듯싶다.

| B 선배 | 머리, 두뇌 회전이 빠른 사람<br>긴 포석으로 흐름을 길게 가져갈 줄 아는 사람<br>그러나, 조금은 어려운 사람 |  |

### ↳ 야생에서 함께한 기억

이야기를 잘 들어 주었던 거 같다고 생각한다.
막내였던 나에게도 예의 있게 대해 주었던 것이 늘 고마웠다.
그래서 더더욱 힘을 내어 스탠드를 밝히고 시행 프로젝트를 클로징하려고 몰두했지 않았나 싶다. 그런 부분에서는 야생에서 함께 시행 프로젝트 메이드에 성공했더라면 더 좋았을 텐데 하는 생각들이 많이 남는다.

### ↳ 지금의 느낌

조금만 더 디벨로퍼로서의 자질과 조직의 귀함에 대해서, 사람의 소중함에 대해서 표현이 있었다면 다른 양상으로 흘러가지 않았을까 생각이 든다.
리스크 없는 사업 없듯, 그때 그 결심이나 추진력에 대한 부분은 늘 아쉬움으로 남을 것 같다.

| C 선배 | 국가 대표 출신의 터미네이터 외모<br>그러나 세심하고 다정한 사람<br><br>진정한 디벨로퍼로서의 사고방식을 가진 사람<br><br>다른 사람의 이야기를 충분히 듣고 나서<br>합리적인 결정을 내릴 줄 아는 사람 |  |

### 야생에서 함께한 기억

함께 시행 프로젝트를 메이드할 때 큰 도움이 되어 주었다.
시행 프로젝트별로 약점 분석도 하고, 새로운 메이드 기법에 대해서도 이야기해 주고, 주변 정세에 대해서도 코치해 주고…… 네트워크가 좋아 야생에서 함께 다니면 정말 든든한 사람이다.

### 지금의 느낌

시행 프로젝트의 최종 목적인 딜 클로징 성공, 사업 이익, 인센티브는 실현시키지 못했지만, 그 야생에서의 함께한 시간들과 교감들이 지금 큰 시너지이자 큰 도움이 되고 있는 중이다.
인연이, 고생한 그 시간들이 헛되지 않다는 것을 몸소 보여 주는 멋진 사람이다. 그리고 다시금 야생에서 시행 프로젝트를 함께 메이드하려고 한다면 이번에는 제대로 클로징할 수 있을 것 같다는 느낌이 든다. 함께라면 말이다.

| D 후배 | 이야기할 때 뭔가 숨기는 듯한 느낌이 많은 사람
결국 자기가 가장 소중하다는 것을 증명한 사람
디벨로퍼라는 이름으로 불리긴 어려울 사람
사파리에 안주하려는 성향을 가진 사람
야생에서의 배신과 실망을 알게 해 준 사람

### 야생에서 함께한 기억

사람의 입장이 바뀌는 대표적인 장소가 '화장실'이라고 하던데 그 화장실을 들어갈 때와 나올 때의 입장이 극명하게 바뀐 모습을 보여 준 기억이 가장 크다.

그럼에도 불구하고 잠시 함께 같은 곳을 바라볼 때는 최선을 다해 준 것에 대해서 고마운 마음을 가지고 있다.

그러나 무술 고수가 제자에게 모든 필살기를 다 전수하지 않듯, 너무 일찍 발톱을 드러낸 것 아닌가 싶은 기억이 있다. 그 필살기가 필요했을 텐데 말이다.

### 지금의 느낌

사파리에서 더 열심히 특식 받고 재주 피우면서 그렇게 살아가라고 이야기해 주고 싶은 느낌이 드는 후배다.

그때 발톱을 감추고 몇 개의 시행 프로젝트를 함께 더 메이드했다면 어땠을까? 싶다.

그 전에 묻고 싶은 말은 "너도 그러고 싶은 마음이 있기는 하니?"

| E 후배 | 듬직하고 허투루 말하지 않는 돌쇠 같은 사람<br>야생에서의 다양한 경험치가 충만한 사람<br>무엇보다 아이디어와 풍부한 브레인이 좋은 사람 |  |

### ↳ 야생에서 함께한 기억

동물원에서의 인연이 지금까지도 이어지는 다방면에 능력이 좋은 후배로 기억되고 있다.

제대로 큰 시행 프로젝트를 함께 클로징했으면 하는 바람을 늘 가지고 있고 야생에서 조언이 필요할 때마다 가감 없는 조언을 해 주는 나침판 같은 후배다. 그래서 늘 든든했다.

### ↳ 지금의 느낌

언제가 될지 모를 합동 시행 프로젝트 메이드에 대한 기대감을 높여 가고 있는 중이며, 나에게 종종 미션, 협조를 구하는 부분은 신선하고 기분 좋은 느낌을 주는데 그런 즐거움을 앞으로도 계속 이어 나갔으면 하는 바람이다. 그렇기에 야생에서의 상호 교류는 계속되어야 함을 느끼게 해 주는 후배다.

## F 소장님 (사회)

분야가 다른 사회 후배지만 경험치 충만한 사람
함께 일하면 기분이 좋아지는 멋진 사람
주변 사람을 배려할 줄 알고 목적이 뚜렷한 사람

### 야생에서 함께한 기억

야생에서 가장 많은 도움을 받은 사람이다.

정말 큰 사업지를 함께 소싱하고 클로징하려고 할 때 그때 그 사업지를 클로 징했다면 더 함께 더 멋지게 야생을 누볐을 텐데 그 부분이 두고두고 아쉬움으로 남는다.

큰 도움으로 큰 인사이트를 주었던 멋진 사람으로 늘 기억하고 있는 중이다.

### 지금의 느낌

다시금 야생에서 멋진 사업지를 만난다면 가장 먼저 함께 클로징하자고 이야기할 사람이기도 하다. 70~80% 클로징 성공이 확실하다고 생각될 때 이야기하고 싶을 정도로 귀하게 대해 주고 싶은 사람이다. 늘 건승을 바라면서 말이다.

| G 후배 | 코뿔소처럼 듬직하게 소신 있게 갈 길만 바라보고 가는 사람<br>말하면 그 말 지켜 내기 위해서 온 힘을 다하는 사람<br>경우를 벗어나지 않고 늘 선을 잘 지키는 사람  |

### ↳ 야생에서 함께한 기억

그때 그 큰 규모의 시행 프로젝트를 제대로 클로징했다면 많이 달라졌을 텐데, 종종 만나면 그 프로젝트에 대해서 이야기를 나눈다.

야생의 환경만 따라 주었다면 벌써 많은 시행 프로젝트를 클로징했을 텐데, 기회는 또 오리라 믿어 본다.

함께 프로젝트를 고민했던 것 이외에도 후배가 스스로 일군 그런 성과들을 보면서 큰 인사이트를 받는다.

### ↳ 지금의 느낌

여전히 시행 프로젝트를 함께 메이드하기 위해서 의기투합하고 있으며, 내 아이디어, 생각에 대해서 존중하는 모습 속에 나 역시 최선을 다하는 모습으로 임하게 되도록 해 주는 후배다.

아마 머잖아서 함께 제대로 된 시행 프로젝트를 획득하고 사업 이익, 인센티브를 나누는 그런 상황이 올 것이라 확신해 본다.

뚝심대로 가는 후배는 꼭 성공할 것 같다.

## H 후배들

3명이 함께 사이좋게 다니는 삼총사 같은 사람들
팀워크가 좋고 각자 재주와 개성이 있는 멋진 사람들
성향, 성격, 외모가 멋진 사람들

### ↳ 야생에서 함께한 기억

혼자 이것저것 다 챙길 때마다 부담이기는 했지만, 후배들이 있어서 큰 도움을 받아 시행 프로젝트를 쫓고 프로젝트에 대해서 분석하고 메이드, 클로징 방법의 전략을 수립하는 데 큰 도움을 받았다. 그래서 늘 고마운 기억이 있는 후배들이다.

그리고 그 후배들의 팀워크가 늘 부러웠기도 했다.

야생에서 함께 만난 여러 가지 사업지에 대한 클로징에 성공은 못 했지만, 늘 배웠다면서 힘내라는 격려의 말을 잊지 않고 내게 해 준 멋진 후배들이다.

### ↳ 지금의 느낌

그 후배들은 그 후배들대로 야생에서 시행 프로젝트를 찾아 열심히 다니는 모습을 보게 되고 또 듣게 된다.

야생에서 다시 만나 제대로 된 시행 프로젝트를 만나 합심하여 시도해 보기를 나 또한 바라고 있다.

그리고 그 후배들의 앞길에 꽃길이 가득하기를 바라고도 있다. 후배들의 건승을 늘 바란다.

| 소장님
(사회) | 분야가 다른 사회 후배지만 친구라고 생각하는 사람(소장님)
잠재력이 무한한 큰 그림을 그릴 줄 아는 사람
생각과 말이 깊고 인연을 소중하게 생각하는 사람  |

### ↳ 야생에서 함께한 기억

'전화'로 야생에서의 다양한 경험치를 나누고 공감했던 그때가 가장 기억에 남는다.

주제 안건에 대한 서로의 생각들을 나누고 그렇게 인사이트를 받고, 그렇게 디벨롭해 갔던 시간들이 소중하게 기억된다. 비록 제대로 된 시행 프로젝트를 쫓아가는 시간을 보내지는 못했지만 인연의 소중함을 느끼게 해 주었다.

### ↳ 지금의 느낌

야생에서 더 멋진 모습으로 제대로 된 프로젝트를 클로징 하기를 바라고 있다.

후배라 썼지만, 멋진 친구라고 생각하고 있다. 늘~

가족의 평안함과 건강, 그리고 건승을 바란다.

| J 선배 | 옆집 형처럼 외모, 웃는 모습이 귀엽고 포근한 사람<br>긴 흐름 긴 호흡으로 뭔가를 만들어 갈 줄 아는 사람<br>이야기를 잘 들어 주고, 혜안을 제시해 주는 사람 |

### 야생에서 함께한 기억

네트워크, 규모가 어마어마하며 시행 프로젝트에 대해서 잘 알고, 직접 시행 프로젝트의 위치도 파악한다. 그리고 등기부등본을 보면서 시행 프로젝트에 대한 밑그림도 그리는 다재다능한 디벨로퍼로 기억하고 있다.

앉아서 에헴 하는 그런 탁상공론하는 사람들 하고는 차원이 다른 모습을 늘 보여 주고 있다.

악하거나 모진 성향이 아닌 탓에 딱 그때 그 자리에서 시행 프로젝트를 클로징했어야 하나 그러지 못하기도 하지만, 그 진가는 머잖아 발휘, 실현되지 않을까.

거기에 늘 새로운 방향성에 대한 고민과 열린 귀, 눈, 마음이 멋진 선배로 기억되게 한다. 그런 기억이다.

### 지금의 느낌

꾸준히 시행 프로젝트를 함께 클로징하기 위해서 노력하고 있는 중이다. 성과와 상관없이 레이더를 풀가동하여 시행 프로젝트를 발굴하고 있고 그 프로젝트에 대한 정보를 나에게도 알려 준다.

머잖아 성과가 현실화되면 급물살을 타고, 야생에서 제일가는 멋진 디벨로퍼가 되지 않을까 하는 생각이 드는 선배다. 그런 느낌이 지배적으로 든다.

| K 선배 | 허허실실 하지만 강단이 있는 사람<br>조금은 차가운 느낌이 있는 사람<br>그렇지만 그 '선'을 잘 이해하고 있는 젠틀한 사람  |

### ↳ 야생에서 함께한 기억

함께 한 사무실에서도 근무했던 기억이 가장 먼저 떠오른다.
제대로 된 시행 프로젝트를 메이드하지는 못했지만, 함께 팀을 이뤄 공통의 목표를 향해 나가면서 큰 인사이트를 받기도 했다.
내 '논개 정신'이 그 선배의 근무 환경을 좀 더 좋게 만든 부분도 있지만, 늘 제대로 된 시행 프로젝트에 목말라하고 열심히 찾아다니는 모습을 보여 줘서 기억에 남는다.

### ↳ 지금의 느낌

다시 야생에서 함께 프로젝트를 클로징할 기회가 있을지는 모르겠지만, 야생에서 만나게 된다면 크게 조력해 주고 싶다는 생각이 있다.
네트워크와 전문 지식이 좋은 사람이니 어디 가서든 큰 역할을 해낼 것이라는 느낌 아닌 느낌이랄까……. 다시 야생에서 꼭 만날 수 있기를 바라 본다.

| 부산 친구 | 의리 빼면 시체인 사람<br>보고서 퀄리티가 남다른, 디자인 솜씨가 좋은 사람<br>아이디어가 좋은 사람<br>늘 웃는 모습으로 흔쾌히 부탁을 잘 들어주는 사람  |
|---|---|

### ↳ 야생에서 함께한 기억

야생에서의 A to Z에 거의 모두 관여한 사람이다.

거의 클로징을 완료한 사업지부터 시작해서 사업 계획서의 일부, 급한 시장 상황에 대한 서머리까지 거의 나와 한 팀처럼 야생에서 시행 프로젝트에 집중했던 친구다.

제대로 마무리 짓지 못한 시행 프로젝트의 클로징에 늘 미안함을 가지고 있지만, 그럼에도 불구하고 흔쾌히 사업 계획의 시작에 동참해 주어 힘이 되어주는 모습이 늘 한결같았고 그 기억에 늘 고마운 마음이 있는 멋진 친구이자 동료다.

### ↳ 지금의 느낌

나보다 먼저 야생을 경험했고 뒤이어 야생에 나온 나에게 다양하고 많은 도움을 주었던 모습이 늘 힘이 되었다.

아직도 야생에서 시행 프로젝트를 찾고 있는 중인데, 그 성과가 제대로 빠르게 나타나기를 바라고 있다.

야생에서 만나 다시금 시행 프로젝트를 함께 시작하게 된다면 그때는 이전보다 좀 더 잘 해내도록 노력할 것을 다짐해 본다. 늘 친구의 건승을 바란다.

| 이름이 두 글자나 같은 동료 | 잘나가던? 어린 시절 아이돌을 준비할 정도로 수려한 외모가 멋진 강단 있는 디벨로퍼이자, 함께 있으면 재미있고, 진심 어린 말로 상대에게 어필하는 진정한 마케터의 모습을 가지고 있는 동료이자, 진심 유쾌한 사람이다. |

### ↳ 야생에서 함께한 기억

20년 전 스쳐지나가듯 동일한 프로젝트에서 각자 다른 역할로 만났던 기억이 있다.

그 뒤로 큰 프로젝트에서 우여곡절 겪으면서 재미나게 일했었고, 각자 힘을 합쳐서 뭔가 해 보겠다고 모였던 적이 있었는데 잘 안되어서 아쉬운 마음 또한 든다.

다시금 그 유쾌하고 즐거운 모습으로 돌아가서 함께 전략을 짜던 시간을 맞이하면 좋겠다는 생각을 잠시 해 본다.

### ↳ 지금의 느낌

2022년에 한번 제대로 뭉칠 뻔했었는데~ 곧 그런 기회가 다시 도래하리라 예상해 본다.

가까운 동네 주민이니 다시금 의기투합하여 멋진 시행 프로젝트를 메이드하고 클로징해서 그 프로젝트의 이익과 성과를 함께\나누는 기회가 있었으면 좋겠다.

그때는 제대로 이름 한번 불러 보고 싶다.

꼭 다시 야생에서 제대로 만나 보고 싶다. 늘 건승을 바란다.

INTERVIEW

## 야생에서 함께
## 시행 프로젝트를 클로징하기 위해 협력했던
## 등장인물들의 솔직한 이야기들······

 야생에서 내가 주도했든 팀원이 되어서 막내로서 협조를 구했든 간에, 시행 프로젝트를 클로징할 때 혼자서 할 수 있는 혹은 여럿이서도 모자라는 부분에 대한 일이 벌어졌을 때 혹은 준비할 때마다 늘 도움을 준 선후배들이 있었다. 그러한 조력과 팀워크가 없었다면 애초에 사업지를 소싱하거나 클로징할 준비는커녕 나 혼자 만반의 준비를 했어도 여러 가지로 부족하여 게임이 안 되는 기울어진 운동장으로 출발할 수도 있었으리라. 금전적인 지급 없이 성공에 대한 이런저런 담보 없이도 기꺼이 함께해 준 선후배들의 솔직한 이야기가 문득 궁금하기도 했다. 내가 바라본 그 사업지를 클로징하기 위해서 준비하던 그때의 그 선후배의 솔직한 심정과 실패했던 그 사업지를 뒤로하고 또 어떤 느낌을 받고 또 어떻게 생각을 했는지 말이다.

 그래서 내가 느낀 사업지를 클로징하기 위한 준비 과정과 그 클로징 과정에서의 생생한 이야기를 보내 주고 나서 그에 대한 생각을 물어봤다. 솔직하게 적어 달라고 부탁했고, 받은 글을 그대로 이 지면에 옮겨 본다. 그리고 그 글을 읽으며 심장 뛰던 그 순간들을 추억해 본다. 그때 함께해 준 선후배의 선의에 다시 한번 고마운 마음을 가지면서.

그들의 야생 생활에 더할 나위 없는 건승을 바란다.

## J 선배

INTERVIEW

### ❶ 첫 토지작업

뭐든 처음 하는 일이 제일 힘들고 재밌고 열심일 것이다.
내가 처음 접했던 토지 작업도 결과는 별로였지만 나름 열심이었던 에피소드 하나 적어 본다.
2005년 늦여름인가? 너무 오래돼서 기억도 가물거리는데 확실히 기억하는 건 친구가 평택 송탄에 마을 하나를 통째로 작업 들어간다고 해서 토지 이용 계획, 설계 및 규모 검토를 해 주고 겸사겸사 현장에 친구도 볼 겸 방문했다가 동네 어르신(이장님)이 젊은 친구가 인상도 좋고 인사성도 바르고, 그러더니 현장 친구한테 날 가리키며 이런 친구가 토지 작업 하면 잘 먹히겠다고 꼬셔 보라고. 당시엔 좀 어이없기도 하고 회사 일도 바쁘고 해서 그냥 동네 분들 하고 막걸리 한잔하고 서둘러 상경했는데, 토지 작업 속도가 예상했던 거보다 신통치 않고 현장 친구 한숨 소리가 서울까지 들리는 거 같아 불편하던 차에, 현장 친구 전화. 아무래도 주말 이틀씩만이라도 도와달라고 막무가내로 떼쓰는 바람에 어쩔 수 없이 팔자에 없던 토지 작업자로 겸업 선언을 하고 현장 투입. 처음엔 주말에만 참여했지만, 평일 날도 어르신들이 밤만 되면 현장 사무실 앞마당에 술판을 벌려 놓고 날 찾는다고. 어쩔 수 없이 화, 수, 목 3일만 회사 출근하고 나머지는 현장으로 출근함. 마당에 보름달만큼 큰 수은등도 설치하고 나니 현장 사무실 마당은 밤마다 불야성 같은 홍등가로 변해 갔다. 어느덧 한 달쯤 지났을 무렵 눈치만 보던 청년 회장 등 젊은 친구들까지 가세한 술판에 거의 어느 변화가 같은 주막거리로 변하였고, 관망만 하고 기웃대지도 않던 여자 분들이 단단히 화가 나서 이러다 동네 버리겠다고 한숨 쉬며 빨리빨리 계약서 써 주고 작업자들 내보내라고, 동네 시끄러워서 살 수가 없다고. 그렇게 여자 분들 덕에 순식간에 눈부신 성과물이 나오기 시작하고 어느덧 50%에 육박하던 작업률에 변수가 생겼다. 당시 시행업 협회 회장 회사에서 동네 입구 건물을 통째로 매입하고 판을 벌리더니 계약금을 지급 하면서 작업을 한다. 우리 동의자들도 돈에 눈이 멀어? 그쪽으로 옮겨 가고, 결국 그쪽 책임자가 면담을 요청해 와 회담?을 한다. 결과는 뻔했다. 그동안 들어간 돈 얼마냐? 조금 더 생각해 줄 테니 다 넘겨라. 뭐 다른 방법도 없고 거대 시행사랑 싸워서 이길 자신도 없고 해서 그쪽에서 원하는 것보다 더 비굴하게 항복하고 물러섰다. 서울로 상경하는 가을밤은 유난히 쓸쓸하고 추웠다. 그래도 얻은 건 내가 토지 작업에도 강점이 있구나였고, 어느 현장이든 될 수 있다로 자신감을 얻은 기회였고 지금도 그때의 자신감으로 사업지 사냥에 매진하고 있다.

❷ 토지 브로커들 천지

건축사 사무소가 망?했다.

나름 허가 잘 받아 주고 규모 있는 일도 좀 했던 터라 자신감이 건방으로 바뀔 즈음 덜컥 인천 논현 지구 역세권에 상가 부지를 계약하고 허가 신청하고, 상가치고는 규모가 상당(7천 평/10F)했기에 건설사도 중견 건설사로 계약하고 당시에는 제일 큰 신탁사랑 금융 자문 계약도 체결하고 이제 큰돈 만질 일만 남았다 김칫국 뜨러 가는데 모기지인지 하는 글로벌 금융 위기로 건설업이 풍지 박산이던 2008년. 뭐 굳이 언급이 없어도 다들 잘 아시리라. 그냥 다 날리고 망했다.

건설업 전체가 초상집이었으니 설계 수주도, 기존 매출금도 수금이 안 되고 해서 건축사 사무소도 접기로 하고 분위기 좀 좋아지면 본격적으로 시행업에 도전해 보자, 을이 아닌 갑으로서 설계쟁이들한테 갑질? 좀 해 보자는 장난기 섞인 심정으로, 다만 남이 만들어 온 사업지 말고 내가 직접 토지 작업하고 인허가 체크하고, 기획하고, 금융 건설사 작업까지 해 보자 했는데 초심은 오래가지 못했다. 여기저기 브로커들이 들고 온 사업지 분석하고, 해 볼 만하다는 결론에 도달. 그런데 정작 매수 의향서 보내고 일주일 한 달이 지나도 매도 의향서가 안 온다. 참 낭패다. 어쩔 수 없이 브로커한테 통보하고 등기부에 주소 보고 찾아가 만나 보니 매각에 관해서 대화는커녕 생각도 해 본 적 없단다. 왜? 어떻게? 이런 물건이 돌아다닐 수 있나. 지금도 앞으로도 계속 궁금할 테고 이런 어이없는 일은 어이없게도 계속 되리라 본다.

어떤 물건은 어제 토지주 직접 만나 매각 의사 확인하고 조건 협의한 싱싱한 물건이라 해서 나름 들떠서 현장에 가 보니 골조가 10층쯤 올라가고 있다. 잘못 봤나? 다시 지도 검색해 봐도 틀림없다. 뭐 이런 경우가 있나 싶으면서도 다행이다. 현장도 확인 안 하고 설계 등 검토 작업 들어갔다면 창피할 뻔했다. 또 한번 반성. 하지만 브로커들 물건은 작업이 된 건지부터 확인하고 검토 들어가는 게 맞다는 당연한 이치를 깨우친 것도 수확이라면 수확이다.

그런데 한편으로는 나도 브로커의 길로 접어든 건 아닌지 걱정하며 마음속에 채찍질을 해 본다.

### ❸ 인허가는 관계성으로 쉬워진다.

2000년 초부터 성남시 시민운동 하시던 분들 하고 환경 운동 단체를 만들어서 어린 나이에 부대표 및 기부 유치단장을 맡으면서 지역 유지들, 지역 언론사들, 공무원들 하고 관계 형성에 노력했다. 주변 도시(추후에 전국으로 확대)에 지부를 만들면서 주변 도시에도 영향력 깃발을 세우고 불법이 아닌 편법? 내지는 아이디어로 인허가 대행(용역)으로 밥벌이도 했고.

자연스럽게 나의 사업지 선정에도 영향력이 미치는 곳으로 결정하게 된다. 현재도 성남, 광주, 용인, 이천 등 내가 자라고 활동했던 주변 도시에 사업을 준비 중이며 다음 사업지도 아마 그럴 것이라고 본다.

공무원들은 대체로 인허가 접수가 되면 무슨 핑계로 안 된다 할까 고민한다. 그냥 아무 문제 없이 내주어도 될 간단한 허가도 법정 기한을 하루나 이틀 남기고 아님 예외 조항에 있는 추가 기일까지 가서야 마지못해 내주곤 한다.

그런 경우에 힘 좀 쓴다는 지역 유지나 지역 언론사, 시민 단체 대표 등을 통해서 압력을 넣거나 읍소를 하고 저녁 식사 겸 술 한잔 걸치고 나면 다음 날 아침이면 들어오시라고 연락이 오고 언제 불편하게 했냐는 식이고 만사 일사천리다.

하룻밤 사이에 확 바뀐 게 술과 안주가 좋았던 건가 자리가 좋았던 건가 아님 내가 시중을 잘 든 건가 아리송하다.

❹ **사랑하는 동생이 부탁해서 몇 자 적어 보려 책상머리 붙잡고 있긴 한데 뭘 어떻게 써야 할지. 텅 빈 머리 흔들어 봐야 나올 게 없다는 거 너무 잘 알면서 볶아 놓은 마른 참깨에서 기름 나오는 거 상상하며 여기 한 칸만 더 채워 보자.**

최근, 여러 용도의 개발 사업을 돌고 돌아 노유자 시설 중에 노인 복지 주택(시니어 하우징)을 선택하고 토지 작업을 시작하고 오늘에야 약 6만 평의 매도 의향서를 받아 들었다.

토지주가 다 똑같겠지만 의향서에 왜 인감 증명원을 첨부하라는 거냐? 소유주인 내가 직접 자필 사인하고 인감 도장 찍어 주면 되는 거 아니냐?

결국 신분증 복사본 첨부하는 걸로 마무리하고 인사 잘하고 친한 척 눈웃음 선물 날리며 기분 좋게 헤어졌다.

나름 노인 복지 주택은 여러 차례 시도도 해 보고 친구 사업도 곁눈질로 컨닝도 해 보고 해서 자신 있다 생각했는데 많이 어렵다.

필수적으로 노인 분들 눈길에 미끄러지면 안 되니 모든 단지 내 도로는 열선 심어야 하고 야외, 실내 운동 시설 넉넉히 만들어야 하고, 놀이 시설, 건강 관련 판매 시설, 필수 의료 시설, 멀리 안 나가도 놀 거리·즐길 거리, 또 찾아오는 자녀들, 친구들 배려할 수 있는 게스트 하우스, 저렴한 관리비로 운영하려면 규모의 경제도 실현해야 하고 해서 최소 3천 세대 이상 계획해야 하고 노인 건강에 최고인 온천 시설 설치를 위한 탐사(1차 완료)도 진행 중임.

다행히 주차장은 좀 협소(세대당 0.2대) 해도 되니 지하층에 도시 하나를 만들어 이 모든 편의 시설을 지하화 해도 충분하다는 결론에 도달.

한편으로는 이천시의 협조가 필요해서 지역 유지? 의 도움으로 곧 이천시장 미팅 자리가 만들어질 거 같고, 이천시장 입장에서도 2년도 안 남은 지방 선거에서 재선에 도움이 되는 은퇴자 마을 뭐 이런 류의 투자 유치를 시정 성과로 보이게끔 현수막 걸고 언론사 부르고 해서 협약서 체결하고 이렇게 접근해 보겠다 1차 언질 주고 미팅 주선 진행 중임.

한 가지 더 덧붙이자면 지금 사업 방식 특허 진행 중인(처음 언급함) DNA 추모관을 단지 내에 설치하려 한다. 불에 태워 죽은 골분을 모시고 추모하는 게 아니라 살아 있는 DNA(머리카락 등)를 모시는 박물관 같은 시설, 추모원 허가의 최대 리스크는 민원인데 준비 중인 사업은 민원 및 규모의 제한이 없다는 것도 장점이고 추후에 과학의 발달로 환생(복제)도 가능한 그런. 자세한 건 특허 완료되면 언론사에 배포할 거니 조금 궁금하더라도 참아 주세요.

## 이름이 두글자나 같은 동료

INTERVIEW

안녕하십니까? 부동산 개발 및 분양 대행업에 종사하는 박경순이라고합니다

그간 참여했던 주요 프로젝트는 일산 장항동 라페스타 복합 쇼핑몰 분양 대행, 일산 장항동 웨스턴 돔 복합 쇼핑몰 분양 대행, 일산 대화동 원마운트 복합 쇼핑몰 분양 대행, 부산 사직동 공동 주택 업무 대행, 일산 대화동 가로수길 쇼핑몰 분양 대행, 일산 주엽동 삼부 르네상스 업무 및 상업 시설 기획 및 분양 대행 등에 참여했습니다.

이중 박대순 이사님과는 웨스턴 돔, 가로수길 2개 현장에서 파트너로 업무를 진행하였습니다.

웨스턴 돔 프로젝트 시에는 직접적인 업무를 함께 진행하지 않아 안면만 있는 상태로 가로수길 프로젝트에서 시행사와 분양 대행 파트너로 다시 만나게 되었습니다.

매출 약 2,000억 350호실 정도의 상업 시설이었으며 근방에 라페스타, 웨스턴 돔, 원마운트라는 복합 쇼핑몰이 자리 잡고 있어 출발부터 프로젝트 성공을 위해서는 기존 상품과는 다른 특색이 있어야 한다 판단하여 기획부터 특화 설계까지 분양 성공을 위한 기획이 필요했습니다.

많은 현장에 참여했지만 기획부터 설계 모든 과정을 분양 대행사에서 참여했던 현장이였으며 가장 큰 걱정은 서면이 아닌 구두로만 대행업을 약속한 시점이었지만 시행사에서는 대행 서면 계약을 체결한 것처럼 업무를 지시하다 보니 기존 현장과는 다른 시스템에 불만이 생길 수밖에 없었습니다. 자연스레 두 회사의 실무진이었던 이사님과 저의 마찰이 생길 수밖에 없었고 저희 분양 대행사 직원들까지 프로젝트를 그만두겠다던 기억이 납니다. 그때는 모두가 날카롭고 의견 충돌도 많았지만 시간이 지나고 생각해 보면 프로젝트 성공이라는 하나의 목표를 가지고 열심히 달렸구나라는 에피소드로 이사님과 훗날 소주 한잔 기울이며 웃었던 기억이 납니다.

그렇게 매출 약 80% 완료 후 분양 대행 업무가 종료되고 간간이 이사님과 연락을 취하며 지내 오던 중 약 2년 후 가로수길 시행사 대표로부터 잔여 호실에 대한 분양 대행을 부탁한다며 그 당시 근무하던 프로젝트 현장까지 찾아오며 대행을 제안했었습니다.

다음 프로젝트 현장이 있었지만 가로수길에는 특별한 애정이 있었나 보다 싶었습니다. 박대순 이사도 시행사 실무진으로 참여한다는 말을 듣고는 또 한 번 서로 힘을 내 보기로 하며 프로젝트에 참여하기로 했었습니다.

잔여 물량에 대한 판매 촉진 방안, 광고 마케팅, 사전 영업 등을 시작하며 구두가 아닌 서면 분양 대행을 요구했지만 차일피일 미뤄지고 있던 시점에 지역 부동산 관계자들에게 대행을 진행하는 다른 회사가 있다는 연락을 받았습니다. 물론 박대순 이사도 전혀 모르는 일이었고 시행사 대표의 단독 결정이었습니다. 신탁사와 협의가 안 되었다 등등 말도 안 되는 소리를 하며 뒤통수를 제대로 얻어맞았던 기억이 있습니다.

박대순 이사도 나도 약속만 믿고 서면 계약을 하지 않고 업무 진행을 한 잘못도 있지만 신의를 배신으로 돌려주는 인생의 쓰디쓴 경험을 하게 되었던 현장으로 기억합니다.

지금은 잊은 일이며, 열심히 새로운 프로젝트를 찾아서 야생을 돌아다니고 있는 중입니다.

## l 소장님

🔖 INTERVIEW

> "남색 크라운에 빨간색 챙의 모자를 약간 삐뚤어지게 쓰고
> 아주 편하게 PT를 이어 가던 사람,
> 내가 PT를 끝냈을 때 질문이 많았던 사람이었고,
> 어디서 온 사람인지 파악이 잘 안 되지만 에너지는 넘쳤던 사람"
>
> — 이 정도로 기억된다. '그'와의 첫 만남에서 첫인상.

새로운 프로젝트가 시작되었다. 다소 당황스러운 상호를 가진 시행사가 주관사를 맡았고, 중견 건설사, 주요 테넌트 유치사, 컨설팅사 그리고 내가 몸담고 있었던 건축 설계사 등 여러 회사가 전문성을 최대한 살려 각자의 분야에서 최고의 결과물을 뽑아내고, 또 긴밀한 협업을 통해 최고의 시너지를 내야 하는 난이도 높은 프로젝트였다. 외부 경쟁사들과 싸움도 잘해야 하고, 내부가 불협화음 없이 유기적으로 돌아가야 치열한 경쟁의 어려운 싸움을 이길 수 있는 프로젝트였다. 이 둘을 동시에 해야 하는 역할을 맡은 사람이 '그'였다. 프로젝트의 주관사를 맡았고 건축 설계비 등 적지 않은 비용을 투자한 시행사의 실무 총괄 책임자. 그때는 몰랐지만 시간이 지나고 생각해 보니 '그'는 굉장한 책임감과 압박을 느꼈을 것이다. 하지만 '그'는 프로젝트가 끝날 때까지 시종일관 웃음과 여유를 잃지 않았고, 아주 좋은 분위기로 프로젝트를 마무리하는데 제일 큰 역할을 했다.

'그'를 만났던 첫날. 일주일 동안 밤낮 없이 준비한 PT가 끝났고, 질문들이 쏟아졌다. 킥오프 미팅이라 이슈도 없기 때문에 보통은 질문들이 많이 없는데 이번은 달랐다. 저녁 회식 자리에서 알게 된 사실이었지만 그때 질문을 제일 많이 한 사람은 시행사 대표였다. 그리고 회의를 이끌고 많은 대화를 유도했던 사람은 '그'였다. 킥오프 미팅이라도 최대한 많은 아이디어를 뽑으려고

분주하게 노력하던 모습이었지만 삐뚤어진 모자 탓이었는지 난 왜 저 사람이 회의를 이끄는 역할을 할까 궁금했었다. 마찬가지로 저녁 회식 자리에서 알게 되었다. 그 삐뚤어진 모자를 쓴 사람이 이번 프로젝트의 실무를 총괄하는 시행사의 키 맨이었다는 것을. 프로젝트를 진행하면서 차차 느낀 거였지만 '그'에겐 형식은 중요하지 않았다. 격의 없이 소통되는 실질적인 내용이 중요했던 것이다.

마감 일자가 다가올수록 퇴근 시간은 점점 늦어지고, 어쩌다 아주 빠른 퇴근(철야 후 PT)이 잦아질 때쯤 합사의 건축 설계 팀 회의 테이블 위엔 커피와 음료가 저녁마다 항상 가득 놓여 있었다. 저녁 먹고 커피를 사 오는 직원도 있었고, 다 같이 마시고 들어오는 날도 있어서 새벽까지 테이블 위에 있던 커피들은 버려질 때도 있었다. 흔한 인삿말조차 하지 않고 그저 테이블 위에 두고 갔기에 처음엔 암묵적인 압박일 수도 있겠다고 생각했다. 하지만 '그'는 그저 밤늦게까지 고생하는 우리가 안쓰러워서 본인이 할 수 있는건 그것 밖에 없다는 생각에 그렇게 부지런히 커피를 날랐다고 했다. 그리고 한참 뒤에 들었다, 그 커피 값이 불씨가 되어 당황스러운 상호를 가진 시행사를 그만뒀다는 얘기를.

인쇄소에서 밤을 새워 성과물들을 챙겨서 제출 장소로 향했다. 힘들었지만 나름 얻은 것도 많았던 프로젝트였다. 제출 과정에서 약간의 해프닝이 있었지만 무사히 잘 끝났다. 늘 그렇지만 제출하고 나면 그동안의 긴장도 풀려 피곤이 한꺼번에 몰려온다. 정말 피곤했다. 그런데 운전해서 집에 갈 생각을 하니 한숨이 나왔다.

그때 '그'가 와서 "소장님 고생 많으셨는데 집에는 편하게 가셔야죠. 대리 운전 불러 놨으니 한숨 자면서 가세요."라고 건네고는 쿨하게 갈 길을 갔다. 그때 처음 알았다. 술을 먹지 않고도 대낮에 대리 운전으로 집에 갈 수 있다는 사실을. 그리고 '그'의 배려심에 울컥했었다. 프로젝트는 유난히 힘들었지만 그래도 참 좋은 사람을 만났다는 생각에 집에 가는 길이 참 편안했던 기억이다.

프로젝트가 끝나고 '그'에 대한 느낌은 이랬다.

"킥오프 미팅에 삐뚤어진 모자를 쓰고 참석할 정도로
격의 없으려고 노력했던 사람이었고,
갑의 지위에 있지만 여러 협력사의 직원들과
파트너십을 잃지 않으려고 노력하였고,
인간적이고 따뜻한 사람이었으며,
상대방에 대한 배려가 몸에 배어 아주 자연스럽게
행동으로 나오는 사람이었고,
무엇보다 일과 사람에 진심이었다."

## 부산 친구

📎 INTERVIEW

저는 건축을 전공한 후, 우연한 기회에 분양 대행을 접하게 되었고 20년이 넘는 시간 동안 주거 및 비주거 상품, 혹은 혼재되어 있는 복합 건물 등 다양한 상품의 마케팅을 진행해 오며 현재는 "플러스비(Plus B)"라는 법인을 설립해서 운영하고 있습니다.

최근에는 부동산 디벨로퍼라는 새로운 분양에 도전하고 있으며, 제주도에 주거 상품을 개발하고 있습니다. 저자는 저와 오랜 시간 동안 업무 공조를 해 오고 있는 좋은 친구이자 훌륭한 비즈니스 파트너입니다.

### 📍 센텀 자동차 면허 학원

제 친구가 해당 사업 부지에서 자동차 정비 공장을 운영하던 위치여서, 각별한 인연이 있었던 사업지였습니다. 법적인 문제가 얽혀 있기도 했지만 수영강 조망권을 확보할 수 있는 특색 있는 입지였습니다. 결국, 토지주가 자체 사업을 진행하였는데, 오가며 해당 사업지 모델 하우스를 지날 때마다 생각이 나더군요.

### 📍 여수 트리마제

분양성 검토 당시 침체기에 주변의 유사한 상품들의 미분양 물건이 적체되어 있었기 때문에 부담이 많았던 상품입니다.

해당 사업지 인근 유사 상품을 검토한 적이 있었기 때문에 입지적 특장점을 잘 파악하고 있었는데, 상품적인 특장점이 없어서, 마케팅적으로 차별성을 부각시켜야 했습니다. 당시 파격적으로 "계약금 ZERO"를 제안하였고, 사업 주체의 수익과 자금력 회수 측면에서 난관이 있었기에 실현되지 못했습니다. 사업 주체의 결단력이 매우 필요한 상황이었는데, 여러 가지 고민을 하였겠지만, 현실적인 문제를 간과할 수 없기에 어쩔수 없었던 상황이였던 것 같습니다.

### 📍 경주 아파트

해당 사업지는 경주 지역에 가장 주거 선호도가 뛰어난 지역이었고, 기공급 상품들이 분양 호조를 보였기에, 매우 욕심이 났던 사업지였습니다. 때마침 현지에 아는 후배가 있어서 좀 더 상세한 지역적 상황들을 전달 받았습니다. 저희가 사업을 검토할 당시, 부산 지역 굴지의 기업에서 사업 부지 매입을 검토하고 있다는 정보가 있었고, 발 빠른 대처가 필요한 상황이었습니다. 결국, 그 업체가 매입하였는데, 지금도 두고두고 아쉬움이 남는 사업지입니다.

### 📍 해운대 시티코아

돌이켜 보면 제일 심혈을 기울였던 사업지였습니다. 해운대 지역은 제가 제일 잘 아는 사업지이기도 하였고, 지역 발전에 산 증거가 되는 지역이었고, 무엇보다 지역 대표성을 가질 수 있는 탁월한 입지였으니까요. 야심한 밤에도 지나가면서 잠시 차를 세워 두고 주변을 걸어 보곤 했었습니다.

저희들로서는 거의 확신을 가지고 덤벼들었던 기억이 납니다. 지금도 가끔씩 지나가면서 사업지를 보고 있는데, 아직까지는 원래의 모습을 유지하면서 개발자의 손길을 염원하고 있는 듯합니다. 꽤 많은 시간이 흘렀으나, 지금도 여러 가지 유형의 상품 개발이 가능하고, 특히, 가용 택지가 부족한 해운대 지역에서 디벨로퍼의 역량을 제대로 펼쳐 보일 수 있는 '기술의 장'이 될 수 있겠다는 생각이 듭니다.

부산의 중견 건설 업체가 매입해서 개발 준비를 하고 있는데, 어떤 모습으로 재탄생할지 내심 기대해 봅니다.

### ⓥ 울산 달동

울산은 경제지 표상 GRDP(지역 내 총생산)이 매우 높은 부유한 지역으로 인식되고 있습니다.

"그중에서 사업지가 속한 지역은 지역 중심지로 각광받는 자리였습니다. 필자와 해당 지역을 여러 차례 순회하였고, 평형 배분 및 설계 배치를 여러 차례 수정하면서 애정을 쏟았지만 경기 불황이 겹치면서 진행을 하지 못하였고, 울산 지역은 아직까지도 경기 회복을 못 하는 상황입니다. 결국 부동산은 입지나 상품성도 중요하지만 경제 상황이 가장 중요한 요소임을 다시 한번 깨닫게 되었습니다.

저희가 사업을 검토한 이후, 현재는 더 이상 사업 지연이 불가한 여러 상품들이 쏟아져 나와 그야말로 '미분양의 무덤'이 되어 버렸습니다. 그 사업을 진행 못 한 것이 한편으로는 다행일지도 모른다는 생각이 들기도 하지만, 경기가 회복된다면 꼭 빛을 볼 수 있는 사업지임은 분명합니다."

📍 **남원 신정동**

매우 급하게 사업 검토를 했던 기억이 납니다. 해당 지역에는 가 본 적도 없고, 참고할 만한 상품도 없고, 인터넷으로만 접한 해당 사업지는 고즈넉한 시골 풍경 그 자체였습니다.

이렇다 할 상품이 공급된 사례가 없었기에, 맨땅에 박치기하는 기분, 모든 것을 걸음마 준비하는 기분으로 작업에 몰두하였는데, 순간순간 과거로 회귀하는 듯한 기분이 들곤 하였습니다.

촉박한 시간 내에 보고서를 만들어 내느라 기존의 보고서에 비해 부족한 부분이 많았지만 실제 그 사업지를 매입하여 개발한다면 많은 아이디어를 쏟아 부을 수 있을 것 같습니다.

"그 이후에도 필자와 많은 프로젝트를 검토하면서, 지금은 누가 먼저랄 것도 없이 자연스럽게 보고서 목차에 따른 업무 분장을 하게 됩니다."

반세기가 넘어 버린 지금도 변함없는 열정을 가지고 자기 계발에 힘을 쏟는 필자에게 무한한 존경과 신뢰를 보냅니다.

# RECOMMENDED WORD

## 추천사

◇ RECOMMENDED WORD

**최필주 대표**
리즌아이 주식회사
대표

"부동산 개발 사업이나 수요자 입장에서의 부동산 분석에 관한 이론서는 있지만 사례 기반의 도서는 찾아보기 힘듭니다. 앞서 걸어간 선배님의 책을 읽으면서 인사이트를 얻을 수 있어 감사한 기회였습니다."

**양지호 건축사**
YG 건축사 사무소
대표

"부동산 개발 사업은 단순한 투자나 건설을 넘어, 사업 전반에 걸친 전략적 사고와 깊은 전문 지식이 요구되는 분야입니다. 이 책은 그동안 다양한 실무 경험을 통해 쌓아 온 지식과 사례를 바탕으로, 부동산 개발 과정의 핵심적인 요소를 잘 정리하고 있습니다. 특히, 실제 프로젝트에서 발생한 다양한 문제와 해결책을 구체적으로 다루며, 건축사로서의 관점에서도 매우 유익한 내용이 많습니다."

| **최동수 기술사**<br>전) 한국토지주택공사 | "건설업을 기술적으로만 접근하였습니다. 건축사 및 현장에서 관리·감독을 진행하는 기술자도 거시적인 측면에서 내가 만드는 상품이 어떻게 지어지는지 알 수 있으면 큰 도움이 될 것이라고 생각합니다. 해당 도서는 우리의 업이 어떤 고민을 통해 나왔는지 알 수 있게 도와줍니다." |
|---|---|
| **김천수 부장**<br>DSD 삼호 영업부 | "저자와 함께 다양한 사업지를 분석하며 깊이 있는 토론과 고민을 나눈 기억이 떠오릅니다. 그 시간들이 한 권의 책으로 탄생하게 되어 매우 기쁩니다. 이 책은 단순한 사례나 경험담을 넘어, 실제 프로젝트 과정에서 체득한 교훈과 통찰을 구체적으로 담아냅니다. 독자들은 저자의 경험에서 나오는 현실적 조언을 통해 사업에 대한 새로운 시각과 방향성을 얻을 수 있을 것입니다. 도전과 혁신을 꿈꾸는 이들에게 강력히 추천합니다." |

| | |
|---|---|
| **펴낸 날** | 2025년 3월 6일 |
| **저자** | 박대순 |
| **디자인·편집** | 서은영 |
| **책임마케팅** | 최필주 |
| **펴낸 곳** | 드림디벨롭 |
| **출판등록** | 제 2021-000046호 |
| **주소** | 김포시 김포한강9로 75번길 66 505호-F76 |
| **전화** | 010-5107-3800 |
| **이메일** | feelv77@naver.com |
| **ISBN** | 979-11-975778-7-1   13320 |

· 이 책은 저작권법에 따라 보호 받는 저작물이므로 무단 전재와 무단 복제를 금하며, 이 책의 내용을 사용하기 위해서는 일부라도 반드시 저작권자와 드림디벨롭의 서면 동의를 받아야 합니다.

· 잘못되거나 파손된 책은 구입한 서점에서 교환해 드립니다.

· 드림디벨롭은 독자 여러분의 아이디어와 원고 투고를 기다리고 있습니다. 생각하시는 기획이나 원고를 책으로 만들고 싶으시다면 드림디벨롭의 문을 두드려 주세요.